ZHONGSHAN
Programme

per le città
ITALY-CHINA
for the cities

a cura di/edited by
Alberto Clementi
Roberto Mascarucci

Piattaforma adriatica/Adriatic Platform
(coordinamento) Facoltà di Architettura di Pescara, Università G. D'Annunzio, Chieti-Pescara
Scuola di Architettura e Design di Ascoli Piceno, Università di Camerino
Facoltà di Architettura di Ferrara, Università di Ferrara
Facoltà di Architettura di Trieste, Università degli Studi di Trieste
Facoltà di Architettura, Università IUAV di Venezia

Presentazione

| I | **Un Programma Italia-Cina per le città**
Piergiorgio Ramundo | 6 |
| II | **Questo Libro**
Alberto Clementi, Roberto Mascarucci | 11 |

Introduzione

| III | **Strategie per la qualità urbana**
Alberto Clementi | 18 |

Esperienze di Riferimento

IV	**Infrastrutture e nuove centralità** Pepe Barbieri, Matteo Di Venosa	34
V	**Spazi pubblici: la tradizione italiana** Umberto Cao	46
VI	**La politica dei centri storici in Italia** Manuela Ricci	54
VII	**Recupero di aree dismesse** Giancarlo Carnevale, Esther Giani	66

Progetti per Zhongshan

VIII	Il contesto di Zhongshan Roberto Mascarucci	76
IX	La regione del Pearl River Delta Luisa Volpi	92
X	Inquadramento urbanistico Mariarosaria Rosa	100
XI	Master Plan del centro città di Zhongshan Alberto Clementi	110
XII	Porta urbana Ovest Ester Zazzero, Claudia Di Girolamo	120
XIII	Porta urbana Est Pepe Barbieri	130
XIV	Spazi pubblici e sostenibilità Susanna Ferrini	136
XV	Strategie rigenerative dello spazio pubblico Luigi Coccia, Marco D'Annuntiis, Federica Ottone, Massimo Sargolini	142
XVI	Ristrutturazione urbanistica Lucio Zazzara	152
XVII	Riqualificazione delle emergenze Livio Sacchi	158
XVIII	Corrispondenze tra Occidente e Oriente Antonello Stella, Andrea Pasquato, Marco Zuppiroli	166
XIX	Villaggi urbani: dieci passi verso il futuro Giancarlo Carnevale, Giovanna Fanello, Esther Giani, Francesco Guerra	176

Allegati

XX	Programma per la qualità urbana nella Provincia del Guangdong	186
XXI	Memorandum d'intesa sulla cooperazione tra la Provincia del Guangdong e l'Italia	190

Translations

	English Version	198

Presentazione

I   **Un Programma Italia-Cina per le città**
      Piergiorgio Ramundo

II   **Questo Libro**
      Alberto Clementi, Roberto Mascarucci

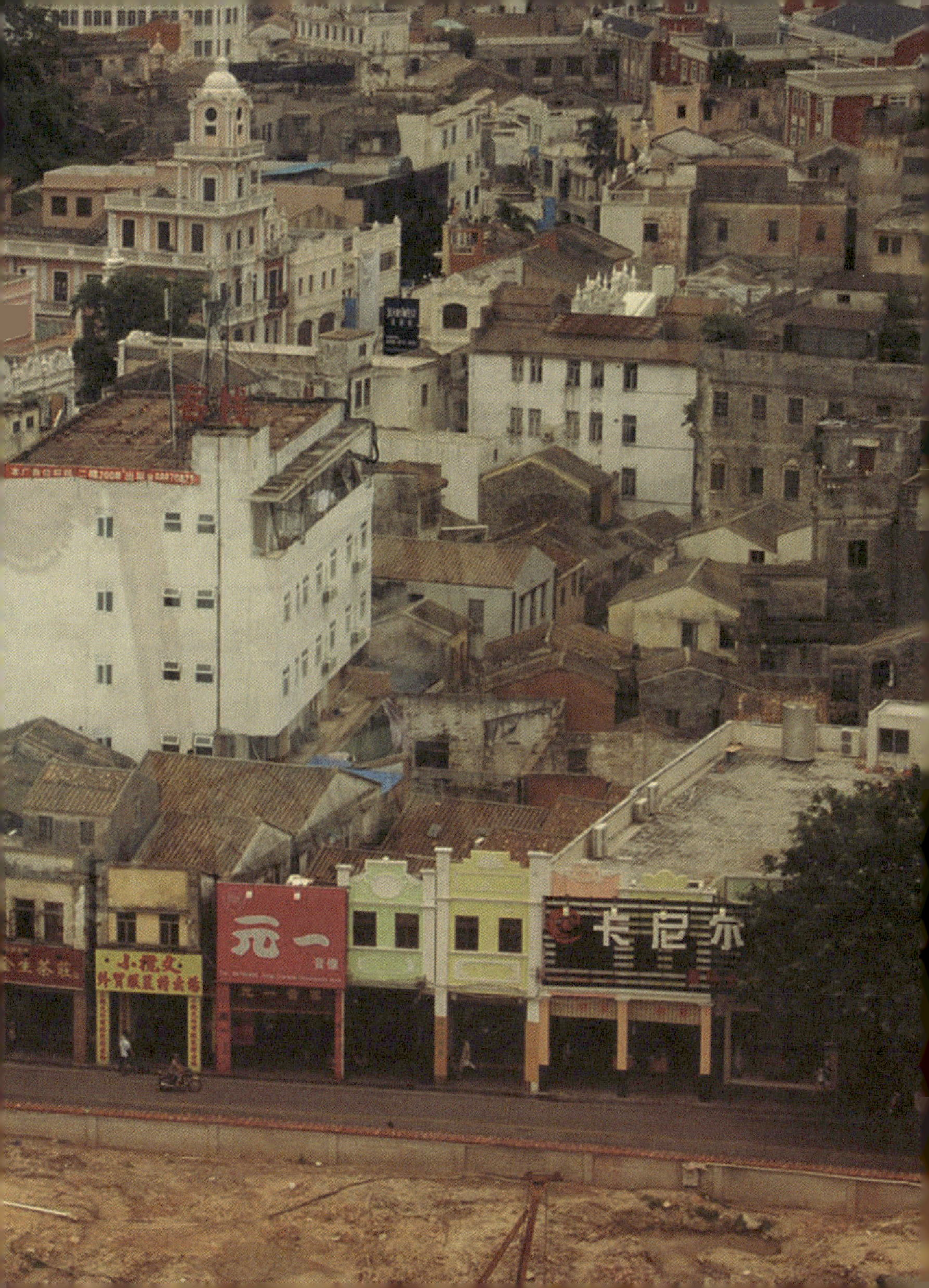
元一
卡尼尔

Un programma Italia-Cina per le città

Piergiorgio Ramundo

La partecipazione italiana ai processi di trasformazione urbana in Cina ha ricevuto un chiaro segnale di interesse e di volontà operativa al livello dei rapporti intergovernativi quando nel Memorandum del Comitato Governativo Italia-Cina, sottoscritto a Pechino il 13 novembre 2006, è stato espresso *"vivo interesse a collaborare nel campo degli insediamenti e servizi urbani in Cina, sulla base del forte bagaglio di esperienze già sviluppate in Italia in questo settore"*, indicando di *"voler favorire scambi scientifici, tecnologici e istituzionali nei settori della qualità insediativa, del recupero urbano, del restauro dei monumenti e dei centri storici culturali cittadini"*. Per dare immediato avvio operativo alla collaborazione, affrontando la straordinaria novità e dimensione del campo di intervento, l'accordo intergovernativo prevedeva anche *"di istituire un apposito gruppo di lavoro bilaterale per verificare la fattibilità di tali programmi, identificando gli interlocutori interessati a sviluppare tale partenariato e di fare ogni sforzo per la realizzazione dei programmi"*. Infatti, la dimensione e la novità dei fenomeni urbani in Cina sono tali che solo un processo di interazione e partenariato possono permettere di operare cogliendo il senso dei processi in atto, le domande e la capacità di risposta del sistema italiano.
Il percorso che aveva portato a questa manifestazione di effettivo reciproco interesse, così esplicita ed inconsueta per i protocolli diplomatici, era iniziato da parte italiana con la decisione politica di intensificare e riequilibrare i rapporti economici con la Cina, individuando il campo delle trasformazioni urbane come quello dove l'eccellenza italiana era più consolidata e riconosciuta. Nello stesso tempo, da parte cinese, il campo degli insediamenti urbani, con i suoi modelli, costi e conseguenze sociali, era diventato un tema costantemente richiamato nelle politiche e nelle decisioni relative allo sviluppo.
In particolare, sia il tema degli equilibri territoriali (citta'-campagna, zone costiere-zone interne, megalopoli-centri urbani regionali), sia quello della forma che le città andavano assumendo, erano al centro dell'attenzione politica, manifestata nel moltiplicarsi di confronti internazionali e di aperte discussioni. In questa nostra epoca, insieme al veloce e imponente sviluppo economico, la Cina ha prodotto la più impressionante trasformazione territoriale della storia umana, con il trasferimento di centinaia di milioni di persone dalle campagne alle città in pochissimi anni (oltre 400 milioni dal 1980 al 2010) e con effetti sulle strutture insediative senza precedenti in termini di dimensioni, di crescita e di forma. Le città sono state evidentemente il luogo e l'acceleratore delle trasformazioni economiche. Le economie di agglomerazione produttiva consentite dalla localizzazione nelle regioni costiere e lungo i principali nodi di trasporto, l'innovazione alimentata dalla prossimità ai principali centri di ricerca e formazione specialistica, la disponibilità di mano d'opera con bassissimi costi sociali e di insediamento, tutto ha contribuito alla crescita degli insediamenti urbani favoriti da questi fattori. I vantaggi hanno compensato le diseconomie di agglomerazione (limiti ambientali, costi insediativi crescenti con le dimensioni, adeguamento dei servizi sociali), soprattutto a spese del lavoro e della popolazione immigrata, stimata oggi in 230 milioni su 600 milioni di abitanti nelle città, senza diritto ai servizi ed alla spesa sociale. D'altra parte, avendo considerata la forza lavoro un fattore mobile senza costi insediativi, dipendente dalla domanda produttiva che si è localizzata secondo strategie e logiche di massima produttività e competitività, soprattutto internazionale, il processo di urbanizzazione ha seguito esclusivamente queste spinte, producendo la crescita di aree circoscritte, intorno ad agglomerati urbani esistenti o nuovi, lungo le aree costiere. Le strutture urbane, che si sono realizzate con i tempi e le dimensioni dei processi di urbanizzazione, sono state regolate a grandi maglie definite da vie di

comunicazione ed affidate a partire dal 1990, all'investimento immobiliare privato. Questo, sostenuto dai profitti e dalla liquidità accumulati con il boom economico, ha cercato la massima redditività, manovrando l'offerta e restringendola ai redditi più elevati. L'attività edilizia si è sviluppata con volumi difficilmente afferrabili nel nostro contesto, dell'ordine di 3-4 miliardi di mq di nuove costruzioni all'anno, soprattutto urbane.

La forma che ha caratterizzato questo sviluppo edilizio è risultata molto omogenea pur nell'immenso territorio cinese. Grandi lotti chiusi integralmente costruiti e isolati dal contesto, alta densità edilizia, separazione delle residenze dai servizi e dal commercio, tipologie standardizzate internazionali, tecniche di costruzione per grandi volumi, immagini e forme architettoniche assunte dal repertorio della computer graphic. L'esigenza di differenziazione competitiva, all'interno di un sistema sostanzialmente omogeneo di fattori di localizzazione e di crescita è stata affrontata al livello di immagine, con la ricerca di forme architettoniche eclatanti: per novità, dimensioni, soluzioni tecnologiche e tipologiche, materiali. Le nuove architetture di Pechino, Shanghai, Shenzen, Canton, sono il risultato di questa continua ricerca di differenziazione. I grandi eventi mondiali ospitati dalle città hanno contribuito allo stesso processo sempre attraverso nuovi interventi architettonici straordinari.

L'urbanizzazione con i suoi temi e problemi è entrata inevitabilmente e prepotentemente nelle politiche e nelle priorità pubbliche, nei documenti di Piano, nella vita economica come nella vita quotidiana dei cittadini. Nel Piano quinquennale 2005 – 2010 l'equilibrio urbano rurale era uno dei principali obiettivi politici per la redistribuzione degli effetti dello sviluppo, essenzialmente attraverso lo spostamento di popolazione dalle campagne alle aree urbane. Come il reddito, anche lo sviluppo del mercato interno, priorità anticiclica attuale, è ora condizionato dal processo di urbanizzazione, essendo le città il luogo della domanda solvibile dei redditi più elevati e dei bisogni più sofisticati, sia in termini di prodotti che di servizi. Tuttavia, la possibilità di dirigere i processi di urbanizzazione da parte dei governi locali è stata obiettivamente limitata, sia per la strategia della riduzione al minimo dei vincoli sugli investimenti privati, in particolare quelli immobiliari, sia per mancanza di esperienze, strutture e mezzi della pianificazione urbana, sia anche per l'assenza di interessi costituiti alternativi. Peraltro, gli investimenti edilizi privati sono determinanti per le stesse funzioni pubbliche, dato che circa il 50% del bilancio dei governi locali proviene dalla concessione di aree ai grandi operatori immobiliari.

All'interno di questo quadro generale di attenzione per i fenomeni della trasformazione insediativa, trainanti per l'intera economia, e di obiettiva difficoltà di governo degli stessi, è venuta emergendo una consapevolezza che quanto veniva prodotto sarebbe stato comunque il contesto della nuova società cinese, urbana e globalizzata, con il rischio immanente di perdita di specificità, di legame con gli interessi dei cittadini, di rapporto con la natura e di efficienza e di sostenibilità ambientale e soprattutto di cultura. Particolarmente esemplificativa di questa nuova visione delle trasformazioni urbane è stata la Conferenza Internazionale di Pechino del 9-11 giugno 2007 sul tema della Cultura Urbana, promossa congiuntamente dal Ministero delle Costruzioni e dal Ministero della Cultura. La Dichiarazione di Pechino sulla Cultura Urbana, adottata a conclusione della Conferenza, ha espresso innanzitutto preoccupazione: *"Le città corrono il pericolo di perdere le loro caratteristiche, tendono a diventare omogenee, la loro immagine sta divenendo banale, il loro ambiente si deteriora"*. Quindi, sono stati enunciati alcuni punti generali considerati qualificanti per lo sviluppo delle città:
- la cultura urbana del nuovo millennio deve avere le caratteristiche di una civiltà ecologica. I riferimenti fondamentali dello sviluppo urbano devono essere: ridurre la pressione sull'ambiente; ricostruire gli ecosistemi distrutti; raggiungere un nuovo equilibrio con la natura e tra la città e la campagna.
- lo sviluppo urbano deve riflettere gli interessi dei cittadini. Questi devono partecipare alle decisioni.
- lo sviluppo della cultura è una parte importante dello sviluppo urbano. Abbiamo bisogno di città del commercio e dell'industria. Ma soprattutto di città della cultura.

Il punto più significativo della Dichiarazione, per il giudizio che esprime sui processi in corso e per la ricerca di alternative, riguarda l'identità urbana ed il richiamo alla storia. *"Le città si assomigliano sempre di più perché progetti standardizzati sostituiscono tessuti ed edifici con caratteri locali definiti. Culture e caratteristiche locali scompaiono con le operazioni di rinnovo urbano. Il disegno di strade, spazi pubblici ed edifici dovrebbe riflettere la bellezza interna, la sensibilità ed i valori della città. Le sue caratteristiche uniche dovrebbero essere presenti in ogni dettaglio o evento. L'innovazione basata sulla continuità urbana è la chiave per creare una identità della città. Questa identità sarà il fattore di successo della città aumentandone la competitività. Una città di successo non dovrebbe essere solo l'attrazione del momento, ma la gloria della storia e l'orgoglio della nazione"*.

Il riferimento al patrimonio culturale urbano, nella sua accezione più ampia, oltre i limiti del patrimonio storico monumentale o etnico, crea la premessa per aprire il confronto sul tema della conservazione di valori non immediatamente funzionali ai meccanismi del mercato fondiario ed immobiliare che dominano lo sviluppo della città. D'altra parte, la sorte dei tessuti e delle tipologie urbane storiche o comunque preesistenti alla fase della liberalizzazione economica, di fronte alla monetizzazione dello spazio urbano in termini di rendita immobiliare, è segnata. In ogni città cinese, da Pechino al più remoto centro urbano, se ne vedono ogni giorno gli effetti: distruzione totale e ricostruzione dei comparti valorizzati dallo sviluppo urbano, sostituzione con le destinazioni d'uso e le tipologie più redditizie, dislocazione forzata della popolazione insediata. La domanda e l'obiettivo di introdure fattori di "qualità" nella pianificazione dell'organismo urbano, oltre singoli episodi architettonici, per quanto rilevanti e riusciti, richiedono processi, programmi, mezzi, esperienze, strumenti, anche istituzioni, sostanzialmente innovativi nel governo delle città in Cina. All'attuale esclusiva efficienza dei governi locali nella pianificazione dell'uso del suolo e delle principali infrastrutture di trasporto, andrà affiancata l'attenzione e la considerazione per il valore dell'organizzazione dello spazio urbano alla dimensione dei cittadini, alla loro cultura, ai loro bisogni, per la storia dei luoghi e delle forme dell'abitare nella città. Un'identità ricostruita attraverso la coscienza dei cittadini implica il riconoscimento dell' appartenenza al luogo, quindi la stabilità di relazioni sociali e fisiche con la residenza e le funzioni urbane. Non a caso tra gli elementi centrali della nuova riflessione si vede riemergere la questione del recupero identitario dei tessuti urbani, inteso sia come valorizzazione-ricostruzione di preesistenze, sia come ricerca di elementi di disegno e tipologia edilizia in continuità con le specifiche tradizioni locali. Un fattore determinante dell'identità è dunque rappresentato dalla storia degli insediamenti, con la permanenza dei segni, dei monumenti e dei caratteri del passato. A questo clima di ricerca di strategie di qualificazione dello sviluppo delle città si deve associare l'interesse cinese per l'esperienza e la partecipazione dell'Italia. La collaborazione italiana offre, infatti, riferimenti importanti in questa direzione. Particolarmente utile risulta l'esperienza italiana come capacità ed esperienza nel campo della "qualità urbana" intesa come identità, storia, cultura, partecipazione dei cittadini e soddisfazione dei loro bisogni. In particolare, si guarda all'Italia come un sistema che ha fatto della protezione del patrimonio storico non solo uno dei suoi caratteri di identità, ma che ha saputo far diventare il patrimonio un fattore di sviluppo economico e culturale che pervade l'intero sistema. In un processo che vede la ricerca sulla città e la valorizzazione della storia come fattore di qualificazione del sistema insediativo, l'Italia rappresenta un prezioso punto di riferimento avendo fondato la sua struttura insediativa su reti di centri urbani profondamente radicati nel territorio e dove si conservano i segni della storia. In Cina sono ben conosciute le aree di eccellenza della esperienza italiana di conservazione del patrimonio storico e governo dello sviluppo urbano e ben presenti i punti di forza di cui l'Italia dispone per la valorizzazione del patrimonio storico e culturale in relazione alle esigenze di qualificazione delle città. Punti di forza che possono essere così riepilogati:
- la priorità assegnata alla conservazione e valorizzazione del patrimonio storico nella pianificazione urbana e regionale;

l'esperienza acquisita in materia di recupero e riqualificazione di centri storici, edifici monumentali, spazi collettivi, verde urbano;
- lo sviluppo di strutture scientifiche, tecniche ed economiche legate alla conservazione e valorizzazione del patrimonio storico, culturale, paesaggistico;
la qualità della vita nelle città italiane, garantita in larga misura dalla permanenza delle strutture storiche e da sistemi territoriali articolati in reti di centri di dimensioni e caratteri distinti;
- la promozione della cultura in contesto urbano, specie nelle modalità utili alla vivacizzazione della vita sociale (festival ed altri grandi eventi *en plein-air*, grandi attrattori museali ed archeologici, grandi istituzioni urbane della cultura e dello spettacolo);
- le metodologie di pianificazione dello sviluppo urbano basate su procedure di governance partecipata, che garantiscono l'identificazione e la sostenibilità dei programmi in funzione e con il consenso dei cittadini.

Si è aperto così un campo di collaborazione con la Cina di straordinaria potenzialità per l'Italia, per il suo sistema scientifico e professionale associato all'urbanistica ed all'architettura, per il suo sistema economico sviluppato sulle risorse culturali, per la ricerca e l'innovazione in campo edilizio ed insediativo che si possono sperimentare in un contesto dinamico e articolato come quello urbano cinese. Da parte italiana si è quindi proposto il tema globale della *"Qualità urbana"* come campo che potesse rappresentare le nostre aree di eccellenza e potesse aprire le prospettive di partecipazione più promettenti rispetto alle urgenze ed alle domande dello sviluppo delle città cinesi.

Nel primo caso di accordo operativo per la collaborazione italiana a livello territoriale, previsto dagli accordi del novembre 2006 e concluso nel dicembre 2007 con la Provincia del Guangdong, tra le diverse azioni individuate è stata inserita come eminente la collaborazione italiana nel campo della "Qualità urbana", a conferma dell'interesse e della priorità degli interventi per l'identità e la specificità della forma delle città. Da parte italiana, l'interlocutore in grado di rappresentare nella maniera più completa le competenze, esperienze e riflessioni sul tema della qualità insediativa è stato individuato nell'insieme delle Facoltà di Architettura italiane, coordinate dalla Conferenza dei Presidi ed articolate in piattaforme a carattere territoriale.

Il MOU concluso con l'Associazione per la Pianificazione Urbana del Guangdong a dicembre 2008 ha indicato i primi impegni della collaborazione, che con il progresso dei rapporti con le municipalità si è concentrata sulle singole città del Guangdong che hanno avviato la collaborazione: Canton, Foshan, Zhongshan, Zhaoqing, Huizhou. I raggruppamenti delle facoltà di Architettura hanno effettuato una prima ricognizione dei temi relativi all'assetto e alla qualità degli insediamenti che sono stati indicati dalla controparte locale durante il primo sopralluogo in Guangdong, realizzato nei mesi di maggio e giugno 2009 e sono ora in procinto di avviare, insieme alle controparti cinesi, l'individuazione di concrete iniziative da realizzare negli insediamenti urbani del Guangdong a supporto della strategia della "Qualità urbana" delle città cinesi.

…

Questo Libro

Alberto Clementi
Roberto Mascarucci

Per rispondere al meglio alla sfida della collaborazione con il governo cinese sui temi della qualità urbana, e per dare adeguato seguito alle intese per la sperimentazione su alcune città-pilota della provincia del Guangdong, si è pensato di ricorrere ad una formula decisamente innovativa: coinvolgere l'intero mondo della ricerca architettonica e urbanistica italiana, per il tramite della Conferenza dei Presidi delle Facoltà di Architettura.

L'obiettivo era evidente: cercare di restituire al meglio le nostre capacità progettuali, facendo appello istituzionalmente alle risorse disponibili presso le singole università, piuttosto che ricorrendo discrezionalmente a singole individualità, oppure a specifiche amministrazioni pubbliche.

Ma in realtà, il contributo di metodo che s'intendeva portare a questa formidabile occasione di confronto con la parte cinese, andava anche oltre l'offerta di competenze accreditate dalle università. Implicitamente si voleva infatti affermare una tesi altrettanto innovativa, in grado di esprimere al meglio le potenzialità del nostro sistema, anche oltre le pratiche correnti. La qualità del progetto per la città non dipende soltanto dal valore dei protagonisti in gioco o dall'efficacia delle procedure adottate, concorsuali o d'incarico diretto.

E' piuttosto l'esito di un valore aggiunto, che nasce dalla natura e dall'intensità delle relazioni d'interdipendenza tra il mondo della ricerca e della sperimentazione, l'amministrazione di governo del territorio, il mondo delle imprese e della società locale. Quanto più il progetto esprime la condivisione e la convergenza delle strategie di questi differenti sistemi di azione, tanto più c'è da aspettarsi il raggiungimento di una qualità urbana nel senso voluto dalla "Dichiarazione di Pechino" sulla cultura urbana richiamata da Ramando nel suo precedente scritto.

Muovendo dunque dalla proposta di *un'esperienza italiana ispirata alla circolarità del modello relazionale "ricerca-attuazione-amministrazione"*, ideata da Ramundo e Clementi e approfondita nelle diverse sedi in cui è andato lentamente prendendo corpo il programma Italia-Cina per le città, si è sviluppata la successiva iniziativa della Conferenza dei Presidi.

All'interno di questa prospettiva di cooperazione interistituzionale, e in attesa degli accordi con le Regioni e le Associazioni delle imprese, le Facoltà di Architettura hanno cominciato a collaborare concretamente con la Provincia del Guangdong, al fine di sperimentare il possibile contributo della parte italiana alla riqualificazione di cinque città-laboratorio: Canton, Foshan, Zhongshan, Zhaoqing, Huizhou. Per far fronte ad un simile impegno, per noi assolutamente inedito, si sono organizzate cinque *piattaforme interfacoltà*, in funzione delle loro vocazioni emergenti e delle appartenenze a comuni contesti macroregionali. Il programma "Qualità Urbana" tra Italia e Cina è diventato così l'occasione per sperimentare nuove occasioni e nuove modalità di relazione tra le stesse università italiane. Attraverso un libero confronto, si sono rapidamente costruiti embrionali tavoli di cooperazione intersede, con l'intenzione di esplicitare e valorizzare le specificità delle singole facoltà, in un modello di relazioni reticolari che in futuro dovrebbe consentire di superare finalmente la tendenza alla frammentazione e alla genericità che affligge il sistema universitario italiano.

Questo libro presenta i primi risultati degli studi e delle proposte progettuali elaborate per la città di Zhongshan, nell'ambito della "piattaforma adriatica" tra le facoltà di architettura di Ascoli, Ferrara, Venezia, Trieste, con il coordinamento di Pescara.

La cooperazione tra le diverse facoltà, mirata a far conoscere e a mettere alla prova il know how italiano in materia di strategie per la qualità urbana e territoriale, si è articolata dapprima nell'individuazione delle diverse tematiche ritenute significative per il contesto cinese, e poi nella loro attribuzione al coordinamento di una singola sede.

L' applicazione a Zhongshan è avvenuta calibrando le proposte progettuali sulle attese e sulle specificità del contesto locale, dopo che alcune missioni in Cina e in Italia delle rispettive delegazioni avevano consentito di mettere a punto questo modello di cooperazione.

Le tematiche assunte come prioritarie sono state:

T1. Infrastrutture e assetti urbani sostenibili
Temi emergenti: progettazione di nuove opere infrastrutturali, soprattutto per il trasporto su strada e su ferrovia, e previsione del contestuale sviluppo urbano, con particolare considerazione degli obiettivi di sostenibilità ambientale e paesaggistica degli interventi.

T2. Paesaggi culturali
Temi emergenti: conservazione e recupero dei centri storici e degli edifici di interesse storico-culturale, con particolare riferimento alle tecniche di consolidamento antisismico; valorizzazione del patrimonio culturale: progettazione delle reti museali; progettazione dei parchi e siti archeologici, finalizzati al turismo interno e internazionale.

T3. Paesaggi in abbandono
Temi emergenti: recupero e trasformazione degli spazi produttivi dismessi o in via di dismissione. Tutela e valorizzazione delle aree fluviali, nonché delle trame insediative locali, in particolare in aree agricole di rilevante valore storico-culturale. Recupero del patrimonio abitativo obsoleto.

T4. Spazi aperti e spazi pubblici urbani
Temi emergenti: progettazione di piazze urbane e nuovi spazi di aggregazione collettiva, con l'obiettivo di migliorare l'inclusione e la coesione sociale locale; trasformazione dei vuoti urbani, brownfields e aree sottoutilizzate, da riconvertire a luoghi identitari ricchi di valori d'uso ma anche di valori figurativi e simbolici; creazione di nuove reti continue di spazi aperti, greenways, blueways, e spazi per il traffico slow (go green), intese come infrastrutture per la messa in sostenibilità della città esistente.

T5. Nuove centralità urbane
Temi emergenti: configurazione di poli urbani a valenza commerciale-direzionale, e loro traduzione in aree di nuova centralità ad elevata accessibilità multimodale.

Come richiesto da parte cinese, i diversi temi sono stati poi incrociati con le aree d' intervento selezionate per Zhongshan: *a. area di centro città; b. villaggi storici inglobati nella periferia; c. luoghi identitari (spazi monumentali, emergenze architettoniche, edifici di valore storico-culturale) disseminati nella città.*

In particolare, nel *Master Plan dell'area centrale* convergono almeno tre tematiche:
- il sistema dell'accessibilità, e la configurazione delle porte urbane d'ingresso, come spazi intermodali ad elevato valore architettonico e funzionale, in previsione anche degli effetti della incipiente motorizzazione di massa; la organizzazione dell'accessibilità in chiave sostenibile tiene conto anche dell'inquadramento della mobilità a livello urbano-territoriale, con le nuove prospettive aperte dal ponte sul Pearl Delta River in corso di realizzazione;
- le reti di attraversamento interne all'area centrale, come reti di spazi aperti a valenza pubblica, definite nei loro valori figurativi, ambientali e funzionali, e di connessione tra emergenze identitarie (edifici pubblici, altri edifici notevoli);
- le strade mercato, assunte come declinazione specifica del tema più generale delle strutture commerciali a forte riconoscibilità, per le loro differenze sia tipomorfologiche che funzionali.
Sul *recupero e la valorizzazione dei villaggi inclusi* nella periferia converge in particolare il tema della

Riqualificazione dei paesaggi in abbandono. Infine sul restauro, recupero, rifunzionalizzazione, o ristrutturazione dei luoghi identitari disseminati nella città, converge in particolare il tema della tutela e valorizzazione del patrimonio culturale. Ai diversi gruppi di lavoro allestiti presso le facoltà è stato richiesto di produrre una varietà di elaborazioni, con particolare riferimento a:
- un *lessico della qualità urbana*, in grado di restituire i termini di riferimento sia teorici che delle pratiche d'intervento rappresentative dell'esperienza italiana;
- le *interpretazioni del contesto*, sulla base delle metodiche e delle strumentazioni più avanzate in uso nel nostro Paese;
- *indirizzi guida progettuali*, con allegate le best practices desunte ancora dall'esperienza italiana;
- eventuali *esemplificazioni progettuali*, come dimostrazione dei risultati possibili.

La struttura del libro qui presentato riflette in linea di massima le articolazioni previste nel nostro programma. I risultati peraltro appaiono ancora largamente incompleti. Riflettono le difficoltà di un lavoro che richiede assidue verifiche sul campo, e la comprensione dei reciproci punti di vista tra la parte italiana e quella cinese.

Ma soprattutto, scontano le frequenti battute d'arresto e i cambiamenti di rotta di questo complesso e innovativo programma, condotto per parte nostra sotto la responsabilità del Ministero degli Affari Esteri e del Ministero per lo Sviluppo Economico, e che ha risentito pesantemente dei tagli imposti dalle improvvise difficoltà economiche del nostro Paese. Nella prima parte si richiamano le pratiche correnti che nel nostro Paese caratterizzano in particolare le strategie dell'infrastrutturazione urbana e territoriale, del recupero dei centri storici, della qualificazione degli spazi pubblici, e della rifunzionalizzazione degli spazi dismessi o sottoutlizzati. Nella seconda parte sono presentati i risultati delle prime esplorazioni progettuali su Zhongshan, nel tentativo di mettere alla prova le esperienze già acquisite e di individuare le ipotesi da approfondire in seguito. Ci auguriamo che questo esperimento così promettente e innovativo ritrovi slancio nelle future politiche di cooperazione tra l'Italia e la Cina, contando molto sull'iniziativa delle Regioni e delle imprese che abbiamo immaginato fin dall'inizio come gli indispensabili partners per una reale strategia della qualità nelle trasformazioni urbane.

Alberto Clementi; Roberto Mascarucci | 15

Introduzione

III   **Strategie per la qualità urbana**
Alberto Clementi

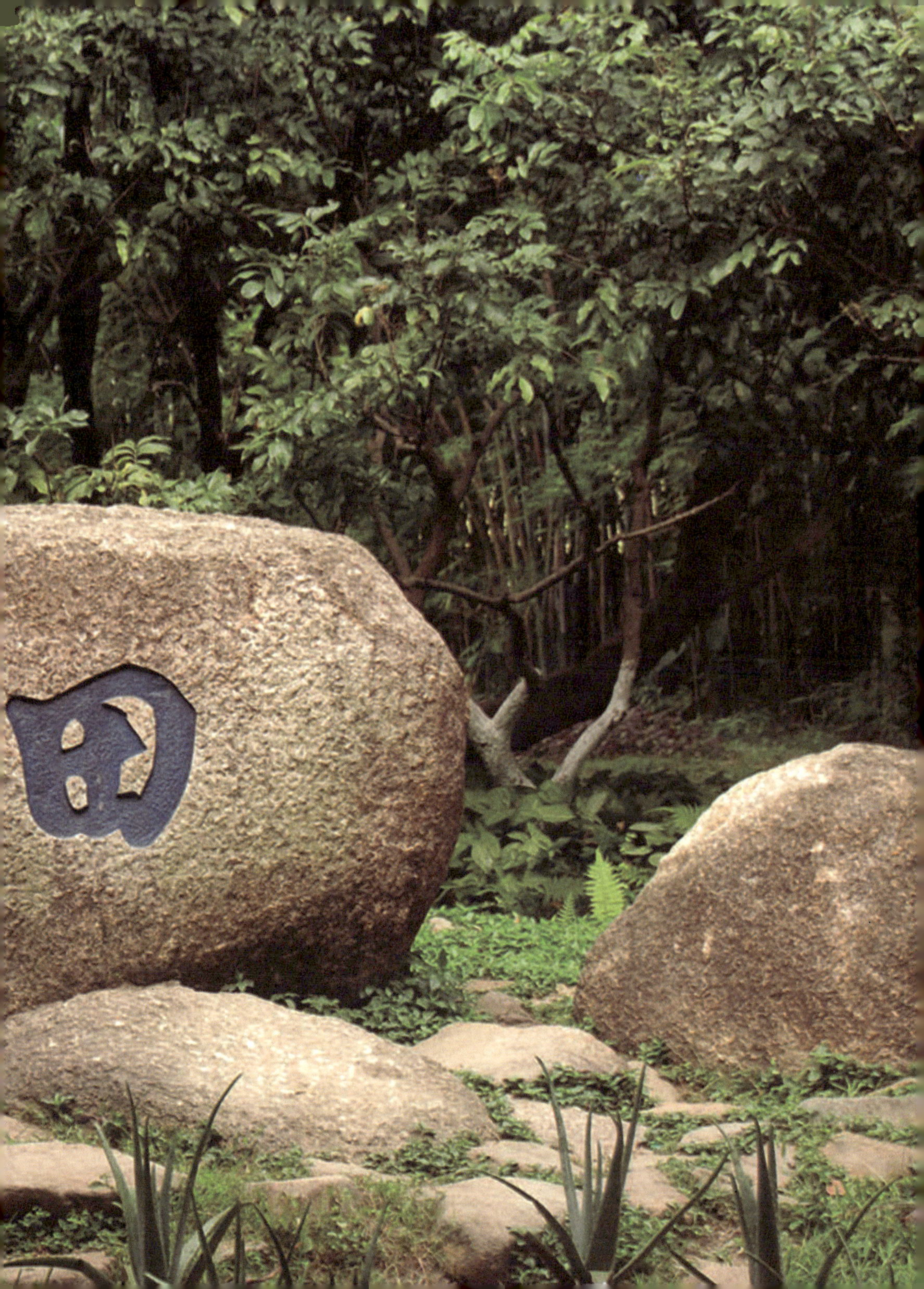

Strategie per la qualità urbana

Alberto Clementi

Università G. D'Annunzio, Chieti - Pescara

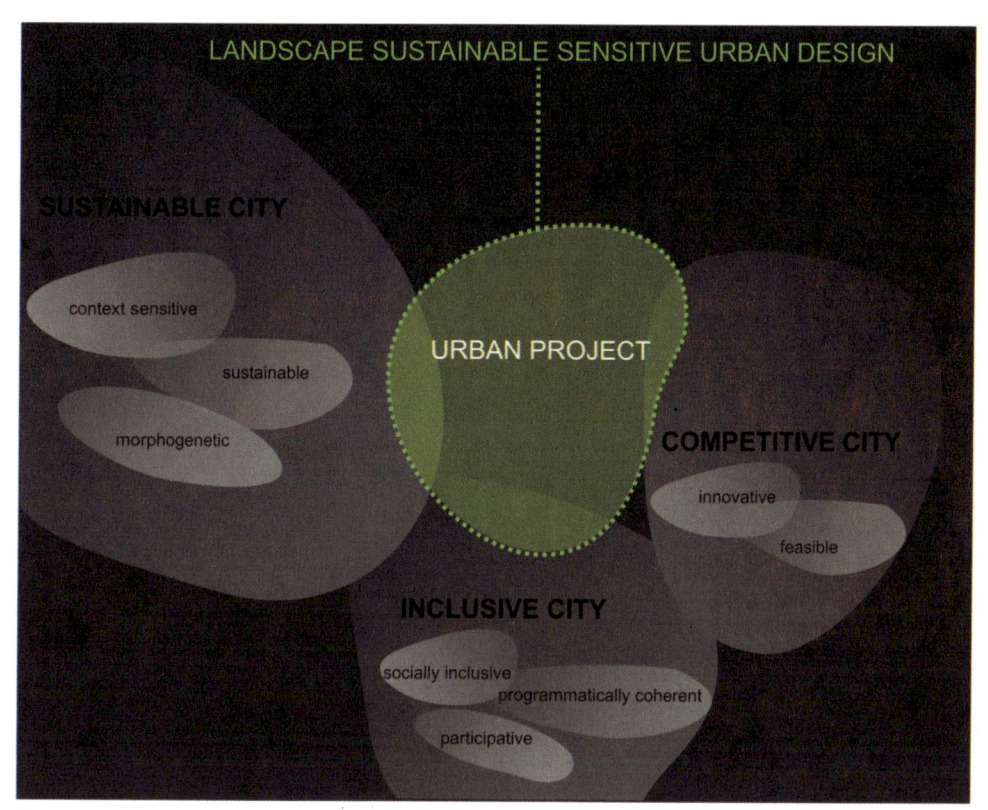

figura 1 Un modo di intendere il progetto urbano

Il territorio italiano riflette una composita varietà di qualità insediative locali, espressione della straordinaria diversità dei paesaggi che lo compongono, e che conservano tuttora una loro marcata individualità, nonostante le forti tendenze all'omologazione associate alle trasformazioni delle epoche più recenti e alla crescente massificazione dei processi di costruzione abitativa.
La qualità di questo territorio, ben conosciuta nell'opinione pubblica internazionale, rappresenta in gran parte l'esito di processi secolari di sedimentazione e accumulazione selettiva degli strati insediativi che si sono succeduti nel tempo. Si sono così andati formando lentamente contesti di paesaggio fortemente differenziati tra loro, i quali hanno saputo intrecciare in modo mirabile l'adattamento da parte dell'uomo degli ambienti naturali locali, e la individualità delle tipologie insediative, che riflettono a loro volta le profonde diversità delle società locali e le incessanti evoluzioni delle culture materiali che hanno segnato la storia millenaria di questo Paese. La natura e la storia hanno modellato paesaggi di grana fine, percepiti oggi dal nostro sguardo come un'infinita varietà di *stanze territoriali* dalle proporzioni armoniose e ben misurabili, ciascuna dotata di una propria individualità che spicca per contrasto con le altre contigue anche a breve distanza (Purini, 2008).
Questa singolarità del paesaggio italiano sembra resistere alla forza della modernità, la quale tende a stravolgere il senso dell'esistente, generando una proliferazione inarrestabile delle nuove urbanizzazioni che tendono ad incorporare le permanenze in una nuova rete di relazioni tra spazio e tempo, tra locale e globale, tra naturale e artificiale.

Alberto Clementi

Scoprire il segreto che permette ai centri storici e alle altre permanenze storico-culturali di sopravvivere al dilagare della massa informe delle periferie moderne, e anzi di continuare ad irradiare valori identitari che appaiono brillare sempre di più proprio a contrasto con l'anonimato e l'opacità della città contemporanea, ci appare di notevole aiuto nella riflessione sulla qualità e sul progetto urbano. La lezione che proviene dallo studio dei processi di costruzione del nostro territorio storico e della loro vitalità nel conflitto con la modernità, può contribuire significativamente alla ricerca sui metodi e le forme del progetto, e sulle sue capacità generative della qualità, anche quando l'obiettivo è di individuare le condizioni di adattamento delle strategie alla profonda diversità dei contesti dell'Italia e della Cina. Nelle note che seguono, cercheremo di ricostruire sinteticamente i principali caratteri del progetto urbano in Italia e il suo possibile contributo alla qualità dello spazio, allo scopo di agevolare il confronto critico con la situazione cinese, valutando potenzialità e limiti dell'esperienza italiana in una prospettiva comparata tra i due Paesi.

Quando diciamo qualità
Nonostante l'uso intuitivo che facciamo correntemente della nozione di qualità, sia urbana che progettuale, la definizione di questo concetto appare ambigua, e si scontra con una molteplicità di difficoltà teoriche che appaiono tuttora irrisolte. Ai fini del presente contributo, per motivi di semplicità, ci riferiremo comunque ad un'interpretazione della qualità che possa essere trattata *nell'ambito di processi di valutazione intersoggettivi*, che consentono di individuare comparativamente le soluzioni migliori, alla luce delle domande da affrontare, degli obiettivi e dei criteri posti a base del progetto, in considerazione dei riferimenti culturali più complessivi che orientano le scelte architettoniche e urbanistiche (Clementi, 2010 a).
In questa prospettiva, la qualità non viene intesa come espressione di verità assolute, fondate sull'adesione a specifiche tradizioni culturali o ideologie disciplinari. Appare invece come esito precario di verità relative, argomentabili intersoggettivamente, che per quanto possibile emanano dalle strutture di senso e dai contenuti dei singoli progetti, piuttosto che dalle intenzioni degli autori o dalle volontà dei committenti. Più in concreto, potremmo affermare che la qualità urbana può essere effettivamente giudicata come un valore tangibile, in quanto è percepibile nell'esperienza diretta da parte di quanti abitano o usano un determinato spazio. Di conseguenza, la *qualità dei progetti* dovrebbe essere misurata considerando la *qualità da loro indotta nelle trasformazioni* delle forme insediative e dell'ambiente di vita locale, almeno nel modo in cui viene esperita dalle popolazioni interessate, oltre che naturalmente giudicata dagli esperti e dagli addetti ai lavori. Alla luce di questa constatazione, non dovrebbe essere difficile valutare oggettivamente la qualità di un progetto, almeno a posteriori, a partire dalle reali condizioni d'uso e di senso degli spazi realizzati.
Ma questa ovvia osservazione, che nei fatti rinvia la qualità del progetto -*oltre che ai suoi contenuti intrinseci- anche alla qualità urbana generata nel contesto*, se aiuta ad impostare correttamente la valutazione a partire dagli effetti prodotti, piuttosto che dalle argomentazioni disciplinari sull'opera spesso troppo autoreferenziali, non risolve affatto il problema della *valutazione preventiva*, da esercitare in una fase critica del progetto, quella iniziale, in cui ancora poco sappiamo circa le sue future conseguenze. Appare allora preferibile ricorrere ad un diverso approccio, che ci consenta di anticipare il giudizio rispetto allo stato finale, a trasformazione avvenuta. In questa prospettiva, possiamo assumere che la *qualità totale del progetto*, (ovvero il suo configurarsi come efficace contributo alle condizioni di qualità urbana del contesto di intervento), costituisce l' esito del suo modo di integrare le diverse variabili in gioco e la varietà degli interventi in programma, secondo relazioni di interdipendenza che vanno instaurate di volta in volta, sulla base delle strategie degli attori coinvolti e delle condizioni di trasformabilità del contesto.

Requisiti di qualità del progetto

La qualità totale diventa così l'*espressione di un valore relazionale* generato dalla convergenza nel progetto delle diverse variabili in gioco, e al tempo stesso dalla coerenza tra i diversi interventi prefigurati, conferendo il senso di una strategia complessiva, integrata, e mirata agli obiettivi da raggiungere. Per ciò che attiene l'integrazione tra le variabili strategiche, in prima approssimazione si può fare riferimento alle valenze di contesto, di sostenibilità, di efficacia programmatica, di capacità morfogenetica, di innovatività e di fattibilità degli interventi. In particolare, la qualità del progetto dipenderà dal perseguimento corale dei seguenti requisiti:

a. la *adesione critica al contesto*, ovvero la appropriatezza dei rapporti istituiti dal progetto con i *caratteri identitari e i valori riconosciuti del contesto* di intervento;

b. la *sostenibilità ambientale e paesaggistica* delle trasformazioni;

c. la *aderenza programmatica* alle *esigenze funzionali* da soddisfare e agli *obiettivi di sviluppo* da promuovere, nonché la *partecipazione consapevole* degli attori interessati, tutte condizioni necessarie per conseguire una elevata vivibilità urbana negli spazi previsti ed insieme il rafforzamento della coesione della società locale;

d. la *figurabilità degli spazi e la creazione di nuovi valori di forma* connessi alle valenze estetiche, simboliche e morfogenetiche del progetto;

e. la *capacità d'innovazione*, ovvero il contributo creativo alla re-interpretazione dell'esistente aprendolo ai valori che caratterizzano la cultura e l'economia contemporanea;

f. la *fattibilità* tecnica, economica, sociale e amministrativa dei processi di attuazione del progetto, con l'obiettivo comunque di minimizzare per quanto possibile i costi e di rendere certi i tempi di realizzazione, compatibilmente con gli obiettivi da perseguire.

Queste categorie, che articolano la qualità totale del progetto, possono essere formulate diversamente, in particolare considerando le nuove strategie urbane appena varate dall'Unione Europea, con la "Carta di Toledo" deliberata alla conclusione della presidenza spagnola (giugno 2010). Assumendo come riferimento l'idea europea di una città più *sostenibile* ambientalmente e paesaggisticamente, più *inclusiva* socialmente, più *intelligente* e competitiva economicamente, le variabili si ricompongono infatti in un diverso ordine, che comunque conferma la sostanza del ragionamento appena fatto.

In particolare apparterrebbero alla dimensione della sostenibilità i valori di contesto, della sostenibilità paesaggistico-ambientale, della figurabilità degli spazi; alla dimensione della inclusività sociale, la aderenza programmatica e il protagonismo delle popolazioni; e infine alla dimensione della competitività economica le valenze di innovazione e di fattibilità degli interventi (fig.1). Alla conclusione di questo sintetico ragionamento, si può infine ritenere che la qualità complessiva del progetto urbano, *ovvero la sua capacità di contribuire efficacemente al miglioramento delle condizioni di abitabilità e di qualità della città esistente ai fini del suo sviluppo competitivo, coeso e sostenibile come richiesto dalla Unione Europea*, risiede proprio nel modo di combinarsi di questa pluralità delle variabili strategiche, che danno luogo ogni volta ad un "integrale" di valore variamente connotato dall'incidenza delle diverse variabili. Alla luce di questa concezione operativa della qualità, proveremo a richiamare la nuova filosofia che va emergendo in Italia e in Europa nel modo d'intendere il progetto urbano, ciò che abbiamo chiamato il" progetto sensibile al paesaggio e alla sostenibilità".

Verso il "Landscape and Sustainability Sensitive Design"

Il crescente interesse anche in Italia per il Landscape Urbanism, sta conducendo al mutamento dei quadri cognitivi e delle strategie di progettazione per la città. Sono idee nuove che contribuiscono ad allontanarci definitivamente dai paradigmi della modernità "solida", eccessivamente condizionati da una nozione *oggettuale dello spazio* e *a-temporale del progetto*, oltre che da un approccio eccessivamente

orientato all'imposizione dell'intenzionalità da parte dell'autore. In analogia con il paesaggio, si tende ora a privilegiare la processualità piuttosto che la compiutezza delle trasformazioni, integrando processi naturali e di sviluppo urbano nel "comune disvelamento di un'ecologia artificiale" che rappresenta la vera novità dell'epoca contemporanea. Assumere la città come un'ibrida ecologia vivente conduce tra l'altro alla dissoluzione di antichi dualismi come quello tra natura e cultura, e favorisce "un'attitudine produttiva verso l'indeterminazione, l'apertura senza fine, la mescolanza e la transdisciplinarità".
Inoltre la metropoli emergente non ci appare più come un sistema regolabile dirigisticamente, ma "uno spesso groviglio vivente di tessere accumulate e sistemi stratificati, priva di una singola autorità di riferimento o di controllo" (Corner, 2003). Questo nuovo approccio suggerisce un ripensamento radicale del modo d'intendere il progetto. Non è più una prefigurazione di visioni future da raggiungere, quanto uno stimolo alle trasformazioni che mettono in gioco la capacità di auto-organizzazione da parte delle società locali. La stessa forma deve essere riconcettualizzata: non va più intesa come un fine in sé stesso, quanto piuttosto il risultato aleatorio di una varietà di processi conformativi (Mertins, 2003). Questi nuovi principi del LSSD sono ancora allo stato nascente, e si scontrano con tradizioni ben radicate in Italia. In particolare mettono duramente in discussione il nostro modo d'intendere il paesaggio, il progetto urbano, il progetto per la città sostenibile.

Paesaggio. Il peso della tradizione
L'Italia vanta una lunga tradizione di tutela del paesaggio, rafforzata da un esplicito riconoscimento della Carta Costituzionale. Il paesaggio è assunto come un valore primario di natura estetico-culturale, *che si impone a tutti gli altri valori*, compresi quelli economici. Ciò consente ad esempio di imporre vincoli di tutela alla proprietà senza alcun risarcimento economico. Alla forza delle leggi e degli apparati amministrativi non hanno però corrisposto risultati altrettanto apprezzabili. Il nostro "bel paesaggio" è stato devastato dal dilagare della crescita urbana, senza qualità e senza progetto. Proprio le carenze della progettualità sono al centro delle critiche che l'architettura e l'urbanistica muovono al mondo dei "beni culturali", responsabile di agire solo sui paesaggi di pregio, attraverso vincoli e regole coercitive. Le condizioni sono cambiate a seguito dell'adozione della Convenzione europea del paesaggio e il conseguente adeguamento del nostro quadro legislativo (2004-2006). La Convenzione ha affermato un nuovo modo di intendere il paesaggio e il suo *valore sociale*, oltre la percezione estetica. Estende infatti l'interesse a *tutti i paesaggi*, non solo quelli più pregiati. Considera i paesaggi *realtà viventi* in continua evoluzione, invece che quadri da conservare staticamente. Propone una visione non più statocentrica, bensì di *networking tra istituzioni e società* civile. Include il punto di vista della società nelle sue diverse articolazioni locali e sovralocali, insieme a quello degli esperti e delle istituzioni. Chiede *strategie attive di intervento* e di capacitazione degli attori, progetti e non soltanto vincoli. Negli ultimi anni, muovendo da questi principi si è dato avvio ad una grande opera di ripianificazione del paesaggio, forse la più importante oggi in Europa. Le Regioni, d'intesa con il ministero dei Beni culturali, stanno elaborando nuovi Piani Paesaggistici regionali, i quali prevalgono giuridicamente sui piani urbanistici comunali. Purtroppo però gli obiettivi di qualità del paesaggio solo raramente vengono integrati dagli strumenti urbanistici alla scala locale, e tende a permanere la atavica schizofrenia tra urbanistica e paesaggio. Di fatto, in Italia, il Landscape Urbanism non sembra ancora essere riuscito a permeare adeguatamente i comportamenti dei pianificatori, degli architetti e delle amministrazioni di governo del territorio (Sampieri, 2008).

Progetto urbano. Verso l'integrazione delle strategie
Intanto il progetto urbano è andato notevolmente evolvendo, anche sotto la spinta dei modelli proposti dall'Europa, in particolare con i programmi di riqualificazione dei quartieri più svantaggiati (programmi

comunitari Urban). Il punto di arrivo di queste sperimentazioni è stato quello di farci ripensare la stessa nozione del Progetto Urbano, oltre quella convenzionale di un insieme coerente di opere edilizie e opere pubbliche, corredate delle procedure di reperimento delle relative risorse economico-finanziarie.

Ci si è orientati ad intendere invece il *Progetto urbano come combinazione finalizzata di azioni per lo sviluppo e il welfare locale, per l'ambiente, per la mobilità, insieme a quelle più tradizionali per l'urbanistica, l'edilizia e le opere pubbliche*. Una combinazione a geometria variabile, con un grado d'intersettorialità tra le dimensioni spaziali, economiche e sociali, che dipende volta per volta dalla specificità del contesto, dalla complessità e dalla rilevanza dei problemi da affrontare localmente, e dalla disponibilità degli attori in gioco.

Concepito in questo modo, il Progetto urbano tende ad assumere un ruolo che lo differenzia nettamente dagli altri strumenti urbanistici praticati correntemente. Acquista infatti " uno statuto composto, alla confluenza tra dimensioni strategiche, spaziali, istituzionali connesse alla progettazione degli interventi più rilevanti di trasformazione della città. Si configura come uno *strumento strategico*, perché è l'espressione di un processo di costruzione cooperativa di un contesto d'azione comune, mirato a facilitare la risoluzione di situazioni decisionali complesse nelle quali sono implicati molteplici attori pubblici e privati. Al tempo stesso non tradisce la sua origine di *strumento architettonico-urbanistico* di configurazione della trama spaziale, perché nel suo disegnare i nuovi assetti e le nuove forme fisiche degli spazi urbani tende ad imprimere anche un ordine culturale alle trasformazioni, contribuendo a trasmettere lo spirito del tempo e l'idea della città voluta" (Clementi, Ricci, 2004).

Città sostenibile. Un' innovazione allo stato nascente

Più in ritardo appare la progettazione ispirata alla filosofia della sostenibilità ambientale. In Italia sono ancora rare le esperienze di *"messa in sostenibilità della città esistente"*, anche nella versione più limitata della realizzazione di nuovi quartieri ecosostenibili. Di fatto, le strategie per lo sviluppo sostenibile sono affidate generalmente alla settorialità degli approcci per l'energia, la mobilità, l'acqua, i rifiuti, mentre l'urbanistica appare confinata ad un ruolo tutto sommato marginale (Clementi, 2010 b). I risultati più interessanti sono stati finora raggiunti dalla progettazione alla scala edilizia, ormai in grado di sperimentare nuovi linguaggi architettonici, in cui architettura, ingegneria e tecnologia tendono a fondersi generando nuove configurazioni degli involucri e degli spazi costruiti. Per contro, il progetto urbano finalizzato alla sostenibilità rimane sostanzialmente poco esplorato, e per la verità anche poco frequentato. Così l'approccio all'ecosostenibilità sembra caratterizzarsi in funzione delle diverse pratiche disciplinari, e in particolare delle tecnologie ambientali, senza marcare in modo riconoscibile l'urbanistica del progetto.

In definitiva si può affermare che in Italia l'urbanistica della sostenibilità sta muovendo ancora i suoi primi passi. Però il dibattito sembra ormai maturo per un salto di qualità, che dovrebbe caratterizzare i piani e i progetti dei prossimi anni, anche per l'impulso proveniente dall'Unione europea.

Va però messa in luce una differenza radicale rispetto alla situazione cinese e di altri Paesi in rapido sviluppo. In Italia, come in Europa, la questione di fondo riguarda la riconversione sostenibile della città esistente, con modeste quote di nuove urbanizzazioni. Non c'è spazio per progettare nuove città nel segno della sostenibilità, a differenza di quanto sta avvenendo in Oriente alle prese con formidabili processi di inurbamento veloce.

Potenzialità e limiti dell'esperienza italiana

L'esperienza italiana, con le sue luci ma anche con le ombre, rappresenta un interessante banco di prova delle strategie di progetto mirate alla qualità urbana. Il fitto e pervasivo reticolo di permanenze della storia – grazie anche alla solidità della cultura della conservazione di cui è largamente intrisa l'architettura e l'urbanistica del nostro Paese- è sopravvissuto in gran parte alle ondate di sviluppo portate dalla modernità, e nonostante numerose eccezioni, riesce a fungere tuttora da matrice della qualità insediativa dentro le città e nei territori aperti.

Il progetto contemporaneo è costretto a misurarsi con la forza di questo patrimonio di permanenze. Raramente si dimostra capace di reinterpretarle criticamente, all'interno di una nuova cultura dell'abitare più aderente allo spirito del nostro tempo. Più spesso, sembra propenso a rispettarle, conservandole come spazi a cui vanno delegate le funzioni simboliche di rappresentazione dell'identità locale e quelle di governo del territorio.

Intanto va emergendo un approccio innovativo, il *Landscape Sustainable Urbanism*, che ben traduce l'esigenza di far convergere l'insieme delle strategie di paesaggio, strategie urbanistiche e strategie della sostenibilità ai fini della revisione del progetto urbano. La prospettiva d'innovazione del progetto dovrebbe in questo senso condurre alla nuova cultura del *Landscape and Sustainability Sensitive Urban Design*, come superamento delle attuali pratiche progettuali che mantengono separati i diversi approcci del paesaggio, dell'ambiente e della città sia all'interno delle università che delle pratiche professionali. La forte inerzia e i tempi lunghi delle trasformazioni, la piccola scala del territorio e del paesaggio, il diffuso prevalere della cultura della conservazione, la libertà di autoaffermazione delle singole individualità, conseguenza di una malintesa democratizzazione dei diritti di accesso al mercato fondiario ed immobiliare, a cui fa un debole riscontro la rigidità degli strumenti di governo della città e del territorio, la complessità delle mediazioni tra i diversi attori istituzionali, economici e sociali coinvolti nella costruzione della città: tutte queste sono condizioni che distinguono radicalmente il contesto italiano da quello cinese.

Pur riconoscendo la profonda diversità delle condizioni d'intervento, la riflessione sui segreti che consentono di mantenere in vita la mirabile qualità dei nostri paesaggi e città, può diventare una risorsa non trascurabile, anche quando si devono affrontare le gigantesche sfide poste dalla trasformazione delle città in Cina. Almeno questo è il senso della collaborazione in corso con le autorità del Guangdong a cui è destinata la pubblicazione e le riflessioni presentate in questo scritto introduttivo.

Riferimenti bibliografici

Clementi A., 2010 a, *Quod. Un dottorato per l'Europa*, in Clementi A., M.Angrilli, a cura di, Quod. Quality of Design, List, Barcellona -Trento

Clementi A., 2010 b, a cura di, *EcoGeoTown*, List, Barcellona -Trento

Clementi A., Ricci M., 2004, *Ripensare il progetto urbano*, Meltemi, Roma

Corner J., 2003, *Landscape Urbanism*, in M.Mostafavi and C.Najle, edited by, "*Landscape Urbanism. A Manual for the Machinic Landscape*", AA publications, London

Mertins D., 2003, *landscapeurbanismhappensintime*, in M.Mostafavi and C.Najle, (op.cit.)

Purini F, 2008, *La misura italiana dell'architettura*, Laterza, Roma-Bari

Sampieri A., *Nel paesaggio*, Donzelli, Roma

III

Prove di Innovazione

Progetto urbano per San Lorenzo
Pescara Ecolab
Recupero urbano St.Adrià de Besos

Progetto urbano per San Lorenzo, Roma
Il progetto di riqualificazione del quartiere di San Lorenzo a Roma, è stato sviluppato nell'ambito del laboratorio urbano UrbLab, promosso dalla Lega delle Cooperative con il patrocinio della Camera di Commercio. Il quartiere, trasformatosi nel tempo da periferia interna a luogo *trendy* di intensa vitalità notturna, è da tempo al centro di un intenso conflitto sociale dovuto alle pressioni speculative del mercato e alla combattività dei suoi abitanti. I progetti finora tentati si sono spuntati di fronte alle difficoltà di raggiungere il necessario consenso alla trasformazione.
Il Progetto mette alla prova la metodologia dei Progetti Urbani appena inaugurata dal nuovo PRG. Ma, diversamente dalle pratiche correnti, è pensato come strumento strategico, mirato a far convergere sulla stessa area un insieme di politiche economiche e sociali oltre che urbanistiche, ambientali, per la mobilità e le opere pubbliche. Ricorre a procedure di concertazione multilivello e multiattoriale pubblico-privato, assumendo una visione guida condivisa come sfondo delle possibili intese.
Questo nuovo modo d'intendere il Progetto Urbano prende la forma di una Carta del Quartiere, un documento di natura strategica che si articola nella Visione Guida, nel Quadro di Programmazione con le valutazioni di fattibilità degli interventi, e nel Quadro di Coerenza dei Progetti d'area, programmati a breve e a medio termine.

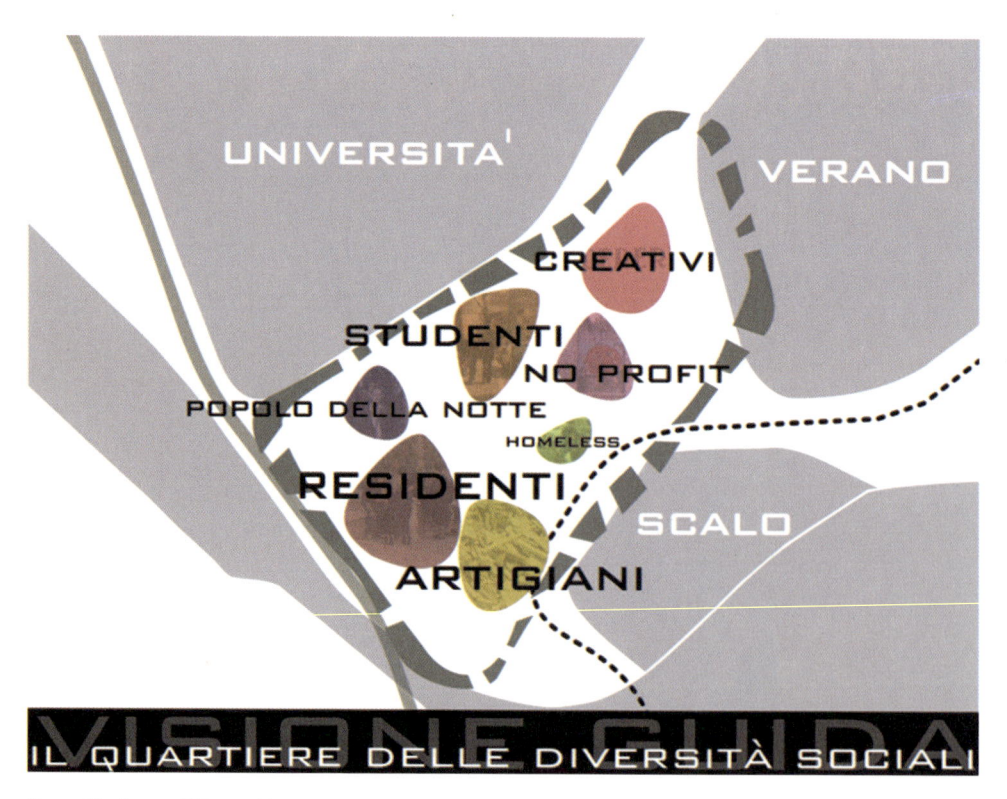

figura 2 San Lorenzo Visione guida

figura 3 Progetto d'Area per la riqualificazione ambientale del viadotto

figura 4 Nuovo parco del Verano

Pescara Ecolab

Il progetto è l'esito di un workshop internazionale organizzato presso la facoltà di architettura di Pescara (2009) con l'intento di sperimentare l'idea di città sostenibile. L'area di progetto è situata nella periferia interna, in prossimità del fiume, ed è destinata a funzioni industriali, in gran parte in dismissione. Sono presenti detrattori ambientali di forte impatto (depuratore, ex inceneritore), e soprattutto un enorme cementificio ancora in funzione. Questa tipica periferia *brownfield*, contigua all'aeroporto nel cuore dell'area metropolitana Pescara-Chieti, rappresenta una potenziale area di nuova centralità alla scala territoriale.

Il programma prevede di innescare i processi della riqualificazione a partire dal fiume, realizzando dove possibile blueways e greenways, e nuovi collegamenti viari mirati a rompere le attuali condizioni di isolamento urbano. L'azione sulle reti della sostenibilità (acqua, verde, energia, mobilità, spazi pubblici) è mirata a trascinare la trasformazione di alcune aree-chiave, sottoposte preventivamente a progetti evolutivi di contesto.

Gli interventi riguardano in particolare: a. la realizzazione di una minicittà della musica adiacente al fiume (recupero dell'ex-inceneritore); b. la trasformazione progressiva del cementificio come nuovo insediamento direzionale, culturale e residenziale; c. la rimodellazione dell'area del depuratore al fine di ridurne l'impatto ambientale e paesaggistico; d. la trasformazione progressiva dell'area industriale in un ecovillage, destinato inizialmente ad ospitare "creativi", artisti e giovani famiglie. Il progetto dell'ecovillage prevede in particolare la sistemazione delle coperture come un grande tetto-giardino per ridurre l'inquinamento sonoro del vicino aeroporto.

figura 5 Pescara Ecovillage. Stato di fatto

figura 6 Pescara Ecocity. Concept design

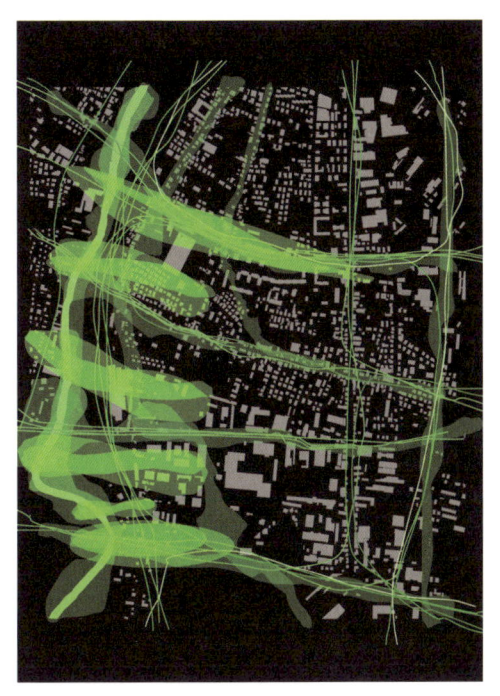

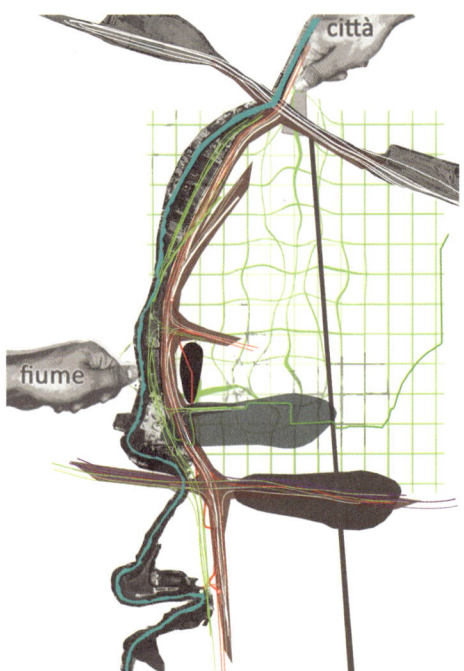

figura 7 Master Plan

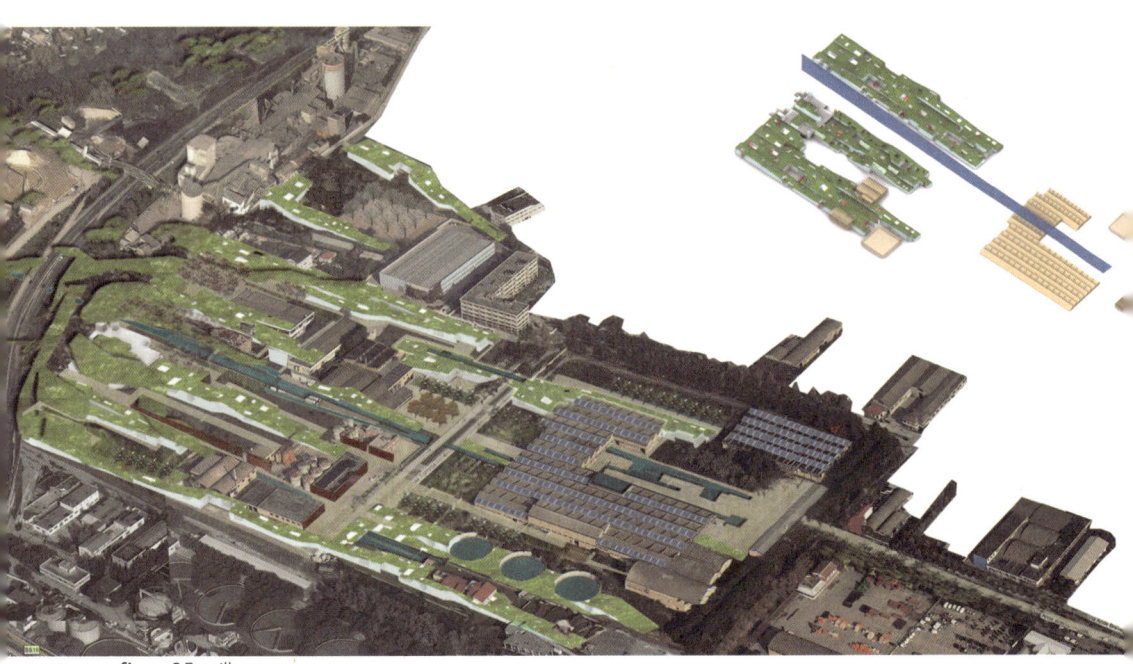

figura 8 Ecovillage

Alberto Clementi | 29

Recupero urbano, St. Adrià de Besos, Barcellona

Questo progetto è stato prodotto nell'ambito del recente workshop internazionale "Recycling Urban Industrial Landscapes", organizzato a Barcellona dal Centro di Cultura Contemporanea per conto dell'amministrazione comunale. Il tema riguarda in particolare il recupero di una grande centrale termoelettrica a St. Adrià de Besòs, tra le maggiori della Spagna, destinata ad uscire dalla produzione nel corso dell'anno. Si tratta di un'opera di pregevole fattura, che per i suoi forti valori simbolici è diventata oggetto di movimenti urbani, che ne reclamano la salvaguardia, almeno per le tre altissime ciminiere che caratterizzano il paesaggio della periferia di Barcellona.

Il progetto si articola in una varietà di strategie alle diverse scale, imperniate sul "soft repairing" della struttura principale, da trasformare in un Centro multiculturale di valenza euromediterranea (Officina Mediterranea). Il Centro s'integra funzionalmente con la vicina area del Parco Forum 2004, e con le nuove aree di centralità previste lungo la fascia costiera verso St. Adrià de Besòs, prolungando l'effetto di rigenerazione della costa già promosso da Barcellona. Il recupero dell'area industriale in dismissione è associato anche alla riqualificazione dell'estesa periferia urbana e industriale che si sviluppa alle spalle della costa, a partire dall'Ensanche di Cerdà, fungendo da attivatore dei processi di trasformazione fisica e funzionale dei territori dell'entroterra.

Le previste nuove reti della sostenibilità assumono un ruolo strategico, poiché sono chiamate ad agire come catalizzatori dinamici ("enzimi") dei processi di riqualificazione della periferia. Il progetto intende porsi come un'applicazione esemplare dei nuovi principi per la città "più sostenibile, inclusiva e intelligente" sanciti dalla Carta europea di Toledo (2010).

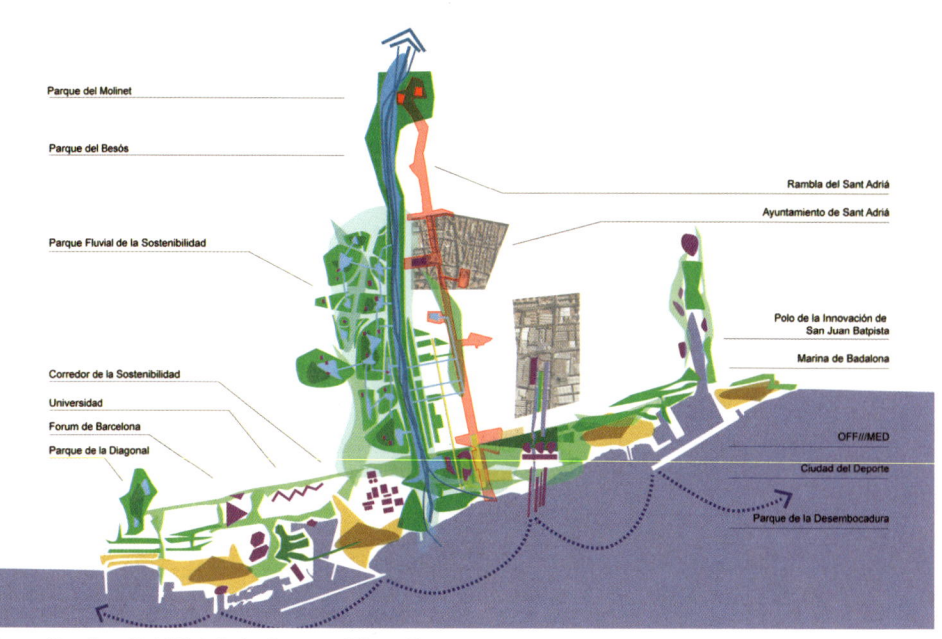

figura 9 Barcellona, St. Adrià de Besòs. Conceptual Master Plan

figura 10 Assetto proposto

figura 11 Vista dell'area di progetto

Alberto Clementi | 31

Esperienze di Riferimento

IV	**Infrastrutture e nuove centralità**
	Pepe Barbieri, Matteo Di Venosa
V	**Spazi pubblici: la tradizione italiana**
	Umberto Cao
VI	**La politica dei centri storici in Italia**
	Manuela Ricci
VII	**Recupero di aree dismesse**
	Giancarlo Carnevale, Esther Giani

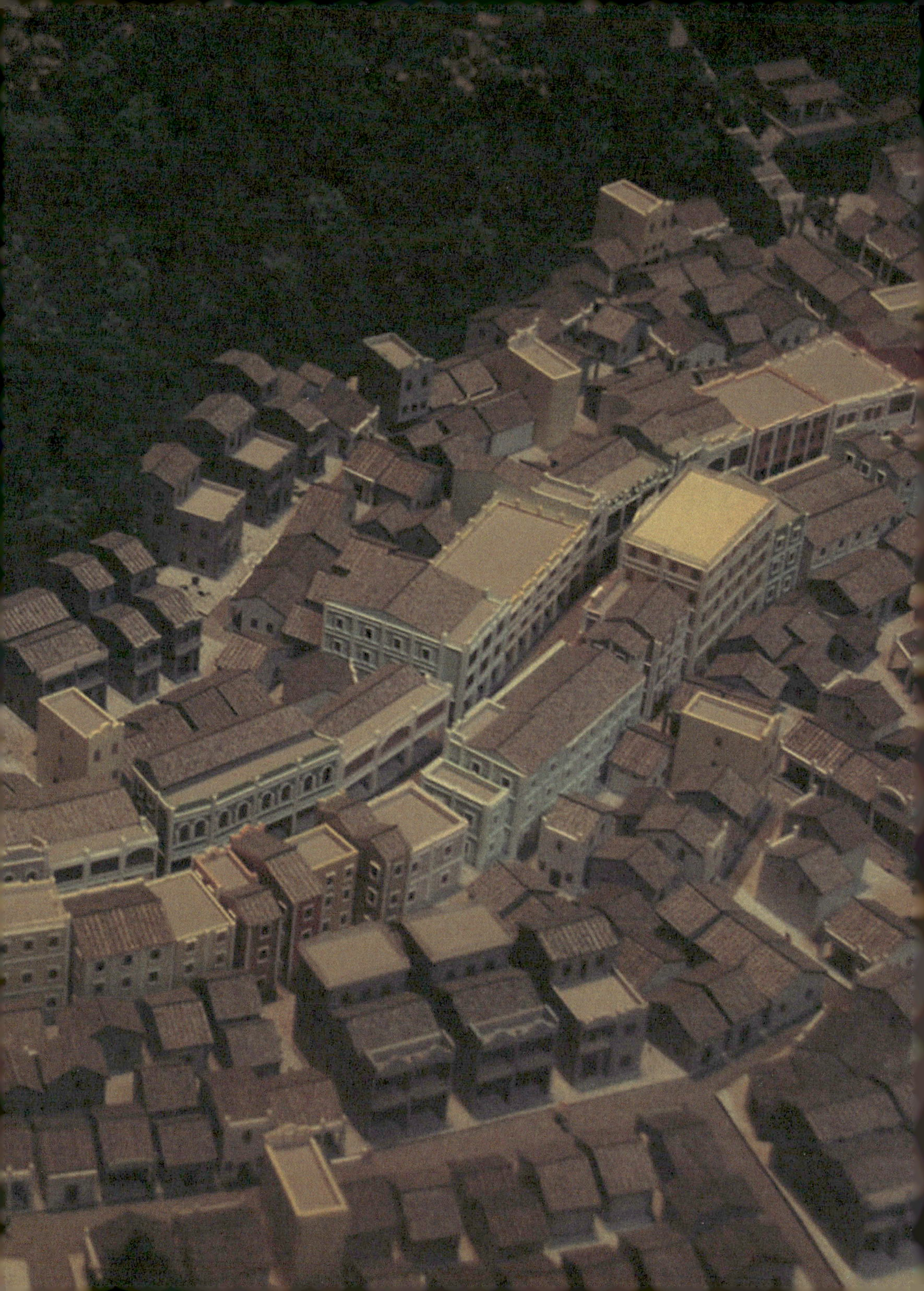

IV
Infrastrutture e nuove centralità

Pepe Barbieri
Matteo Di Venosa*

Università G. D'Annunzio, Chieti - Pescara

Progetto di infrastrutture come progetto di territorio

Il *progetto di infrastruttura* assume la valenza di *progetto di territorio* quando riesce ad innescare un processo di riqualificazione diffusa dei contesti interessati, orientando le molteplici azioni di trasformazione dei differenti soggetti territoriali (pubblici e privati), verso un'*idea di futuro condivisa e sostenibile*. Non solo, quindi, un progetto di infrastruttura che si distingue per efficacia tecnica e valori formali, ma anche, come una occasione per generare valore aggiunto territoriale attivando politiche complementari che qualificano i contesti interessati incrementandone i livelli di competitività e di qualità abitativa. Assumere la centralità di questi temi significa tentare di riscattare l'autoreferenzialità disciplinare ed operativa che connota molti progetti infrastrutturali affermando, al contrario, la necessità di esplorare, attraverso un approccio progettuale intersettoriale e trans-scalare, i molteplici significati relazionali delle reti infrastrutturali. In particolare, si tratta di assumere una duplice ed interrelata strategia progettuale. Da un lato, indagare le potenzialità delle reti della mobilità di *riconfigurare le trame d'impianto degli spazi ad esse associati*; dall'altro, innestare nei territori attraversati dalle reti alcuni dispositivi di *valorizzazione contestuale* (nuove centralità urbane e metropolitane, attrezzature, servizi, piattaforme logistiche) che fanno leva sulle reti infrastrutturali come matrici di sviluppo e di qualificazione territoriale. È all'interno di questa duplice prospettiva di ricerca che si muovono alcune tra le più interessanti sperimentazioni progettuali condotte recentemente nel nostro Paese nel campo del progetto territoriale delle reti infrastrutturali. Le proposte per la nuova *Pedemontana lombarda (fig.1 e 2)* e per il *Passante di Mestre (fig. 3 e 4)* si configurano, infatti, come disegni strategici che interpretano il tema delle *compensazioni ambientali* come *progetto di valorizzazione degli spazi aperti* (residuali ed agricoli) dislocati ai margini dei tracciati stradali. La riqualificazione di tali spazi diventa, così, l'occasione per creare nuovi paesaggi e per incrementare i livelli di abitabilità di conurbazioni estese e densamente popolate (le urbanizzazioni diffuse della Lombardia e del Veneto-centrale).

Visioni d'insieme

I progetti di infrastrutture, intesi come progetti di territorio, trovano la loro più efficace rappresentazione e comunicazione attraverso *immagini d'insieme e quadri di coerenza* entro cui si tenta di costruire la fattibilità sociale, politica e territoriale delle scelte progettuali. Le *visioni guida* consentono di mettere a fuoco la figura spaziale associata alle trasformazioni auspicate identificando, nel contempo, quelle azioni cardine sulle quali puntare per la salvaguardia e lo sviluppo di un'area geografica. La forza retorica e la natura strategica delle *visioni guida* connota numerose esperienze di progettazione infrastrutturale, sia in Italia che all'estero. Negli esempi più avanzati la riorganizzazione delle reti della mobilità promuove un uso più equilibrato del territorio attraverso l'incentivazione della mobilità collettiva a bassa emissione (ferroviaria, marittima, fluviale e ciclabile); l'integrazione delle differenti modalità di trasporto; la qualificazione delle reti infrastrutturali come *sistemi intelligenti* in cui trovano applicazione le più innovative tecnologie dell'informazione e della comunicazione digitale.

Le strategie progettuali appena richiamate hanno orientato la Visione guida associata al *progetto di variante della statale adriatica* recentemente promosso dall'Anas nell'ambito di uno specifico *Studio di Fattibilità*. Questa ricerca si contraddistingue per alcuni elementi di interesse. Da un lato, il progetto della nuova viabilità adriatica, nel tratto compreso tra le Marche e il Molise, si configura come nucleo-chiave di un progetto di territorio rispetto al quale sono valutate la coerenza e la valenza strategica delle differenti scelte puntuali promosse dai numerosi soggetti istituzionali (fig. 5); dall'altro, il progetto di territorio associato alle reti della mobilità interessa ed organizza una città di scala vasta che si sviluppa lungo la dorsale adriatica per circa 400 Km e che, grazie al progetto integrato delle infrastrutture tenta di innalzare i suoi livelli di abitabilità, di competitività e di coesione interna (fig.6 e 7). Il caso adriatico, come quello lombardo e veneto, dimostrano come sia possibile, attraverso una visione avanzata ed integrata delle reti della mobilità, organizzare conurbazioni estese ed articolate che travalicano i limiti amministrativi comunali ed aspirano a diventare iper-città reticolari e metropolitane. Va sottolineato che l'aspirazione olistica cui tendono le visioni di insieme non è il risultato di una pretesa razionalista ed omnicomprensiva. Al contrario, il progetto di infrastruttura/territorio prende forma all'interno di un processo dinamico di apprendimento riflessivo in cui i differenti soggetti in gioco si riconoscono in un futuro comune e condiviso. Ed è in tale prospettiva che si afferma il *valore culturale* dei progetti di infrastruttura e di territorio.

Qualità diffusa

Ciò che in definitiva connota in modo innovativo il progetto di infrastruttura come progetto di territorio è la ricerca di una *qualità diffusa* delle trasformazioni spaziali auspicate. Una qualità contestuale che riguarda i processi e le relazioni; che esalta il valore relativo delle consonanze e delle sintonie tra le parti, piuttosto che le proprietà di opere eccezionali, ed isolate. La nozione di qualità diffusa tende ad associarsi ai valori identitari dei luoghi ma anche alle loro proprietà topologiche e connettive, sottolineando l'importanza del contesto come materiale del progetto. Questi temi qualificano le esperienze di ricerca condotte negli ultimi anni in alcune scuole di Architettura italiane nell'ambito dei Progetti di Rilevante Interesse Nazionale. La nozione di *qualità diffusa* è quindi strettamente legata a quella di *contesto*. Quest'ultimo viene inteso come spazio fisico, ma anche come l'insieme mutevole degli aspetti normativi, sociali e culturali che condizionano il progetto ed i suoi esiti configurativi. Ordire e tessere insieme (*cum-textere*), connettere e dare continuità rappresentano le strategie progettuali che danno prospettiva ad un progetto di infrastruttura che si afferma come progetto culturale e di territorio.

Quattro strategie per il miglioramento della qualità urbana

Un'architettura dei flussi e delle reti

Uno dei principali indicatori di qualità delle città –nelle nuove dimensioni metropolitane - è dato dal grado di efficienza raggiunto nel garantire una estesa e diffusa *accessibilità*. Le diverse reti della mobilità – stradali, underground, ferroviarie – devono essere accortamente tracciate e opportunamente interconnesse in nodi di scambio strategicamente collocati nel territorio urbano. Ma la sola efficienza non basta. Occorre anche che le diverse reti e i relativi nodi siano pensati come una grande e differenziata sequenza di architetture in grado di esprimere i molteplici e articolati caratteri dei diversi contesti. Il progetto delle infrastrutture deve concorrere a rendere evidenti e riconoscibili - assicurandone la continua fruibilità - le diverse parti dei territori urbani antichi e nuovi. E' questo un processo di "differenziazione intelligente" che deve modificare gli usuali processi di trasformazione e crescita nei quali, attraverso la omogeneità della costruzione, si annullano importanti valori identitari. E' necessario quindi associare al progetto delle infrastrutture *la formazione di nuovi poli di centralità urbana e territoriale* e, nello stesso tempo, ridefinire le *centralità esistenti* nell'ambito di una visione strategica dello sviluppo capace di interpretare i valori significativi della stessa morfologia originaria del territorio nel suo rapporto con le stratificazioni storiche della costruzione urbana. In questi nodi strategici è opportuno far convergere progetti multilivello e multisettoriali, destinati ad assecondare una trasformazione del territorio in cui reti infrastrutturali e nuovi poli di centralità diventano le matrici di assetti insediativi contemporanei coerenti con gli obiettivi più generali di sostenibilità, competitività e coesione.

Infrastruttura come spazio pubblico

Perché svolgano in pieno il loro ruolo nel disegno dei territori contemporanei occorre che le infrastrutture siano considerate non solo come necessario "servizio per la mobilità", ma anche come "spazio pubblico". E' necessario immaginare – *di nuovo* – la strada come una successione di eventi spaziali che è possibile utilizzare in modo multiforme, sia da parte degli stessi utenti della strada, sia da parte degli abitanti dei territori attraversati. Questa prospettiva raccoglie la domanda latente di nuove forme di socialità metropolitane - il rapporto con le nuove centralità del territorio e le nuove valenze dei tradizionali spazi di servizio associati alla strada - ma anche una più congrua valorizzazione della strada come capitale

figura 1 Autostrada pedemontana lombarda. Il progetto delle greenways

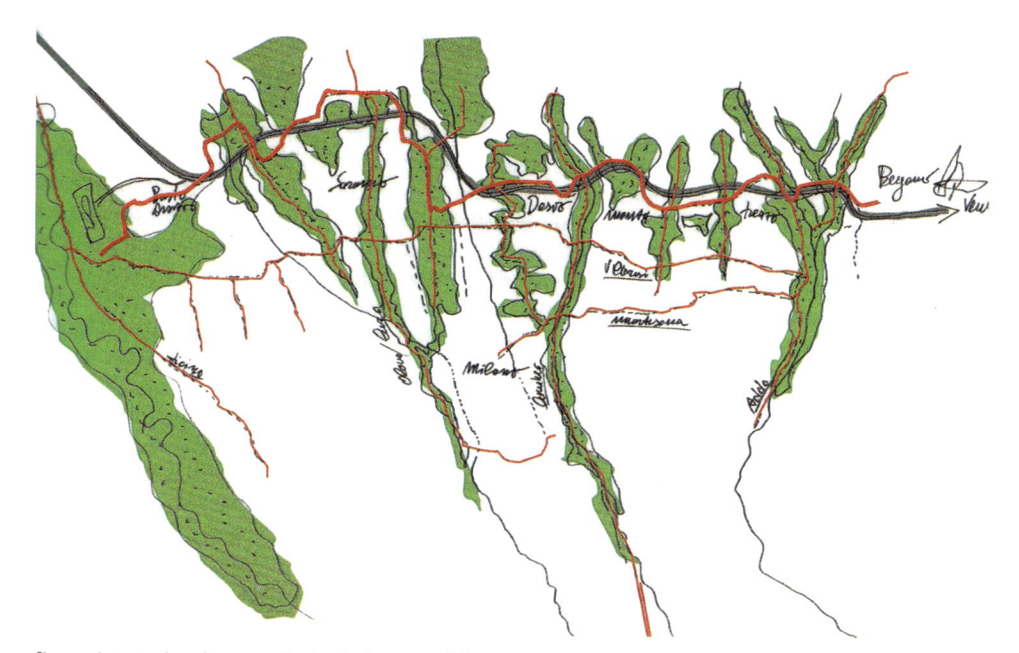

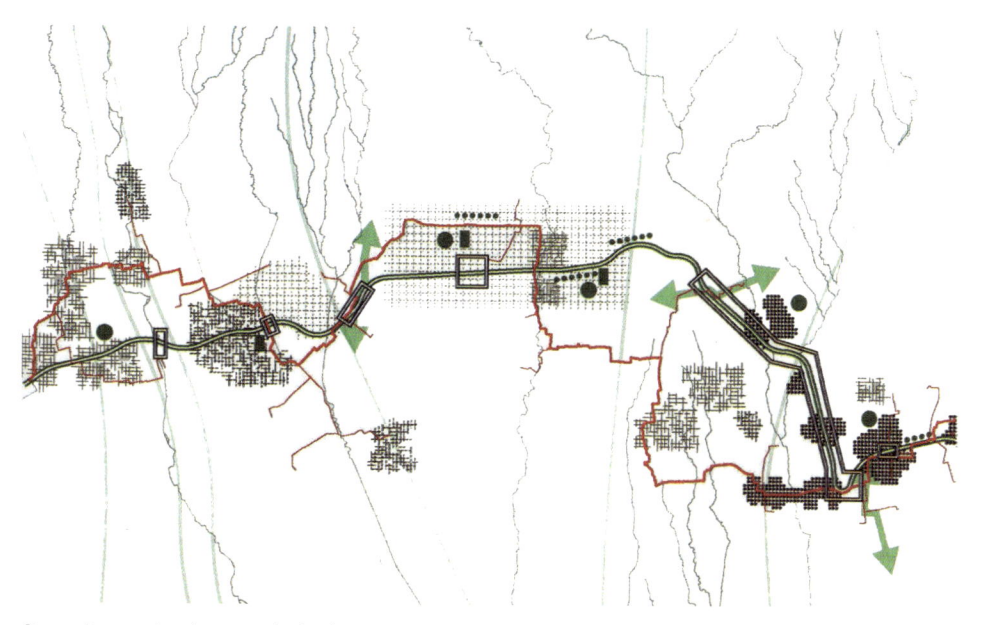

figura 2 Autostrada pedemontana lombarda. Masterplan

Pepe Barbieri; Matteo Di Venosa | 37

fisso, potendolo utilizzare *non monofunzionalmente, ma in modo plurimo, innovando pratiche ed usi*. La strada come sistema di spazi pubblici va progettata nel segno dell'*ibridazione*, di funzioni come di figure. Si deve, in particolare, prevedere un'*utilizzazione articolata e variata delle sezioni* in rapporto alla possibilità di affiancare le diverse velocità e possibilità di movimento: fino alla sosta. Si altera così la monofunzionalità della strada verso utilizzazioni molteplici per le quali è possibile di volta in volta mettere in valore il rapporto con il suolo, i suoi bordi, lo stesso intero spessore della strada: la possibilità cioè di poter considerare l'infrastruttura non soltanto un segmento di rete o un nastro, ma una architettura complessa. Formata quindi di più parti e stratificazioni utili ad una maggiore ricchezza di usi e significati.

Territori dell'energia

Il sistema infrastrutturale può rappresentare "l'incubatore" di una trasformazione positiva del territorio anche nel dare rilevanza ai temi dell'innovazione, non solo per quanto riguarda le procedure, i materiali e le tecniche da adottare nei diversi livelli e fasi dei piani e dei progetti fino alla realizzazione; ma anche per la possibilità di far convergere strategie di settore nella gestione dei diversi servizi di rete, in particolare per ciò che attiene le innovazioni in materia di *mobilità sostenibile* e di *produzione di energie rinnovabili*. In generale, anche in ambito urbano, si sta superando il concetto di un hub centralizzato a servizio di grandi aree territoriali, prefigurando uno scenario di produzione energetica distribuita, differenziata e consumata in loco (auto-prodotta/consumata).Si forma così una *città arcipelago* organizzata attraverso congegni spaziali territoriali (cluster o piattaforme) concepiti come isole dell'energia dalla variabile dimensione e configurazione. La progettazione energetica del territorio deve poter esprimere anche diversi potenziali simbolici e configurativi, estratti dalle identità presenti, che chiamano in causa, con inediti valori estetici, le diverse componenti naturali ed artificiali – le nuove centralità, la aree aperte e quelle dei parcheggi, gli svincoli – generando un nuovo paesaggio della sostenibiltà e dell'energia. Nella eco-città le grandi reti infrastrutturali – soprattutto con l'utilizzazione del "bordo-strada" – potranno contribuire con diversi dispositivi (fotovoltaico, mini-eolico) alla produzione di energia rinnovabile.

Produrre figure

Nella città contemporanea si sperimenta uno spazio plurimo, multidirezionale e multistratificato che richiede la *produzione di figure* – quali *landmark* – in grado di trasformare un caos percettivo tendenzialmente indifferenziato in un *insieme strutturato*. Una intelaiatura di componenti identitarie diverse, messe tra loro in relazione e in tensione.Le grandi infrastrutture e le diverse "centralità" sono tra i *monumenti* di questo spazio. E' indispensabile infatti *comprendere anche architettonicamente* i caratteri salienti dei sistemi infrastrutturali – la loro *figura* nel territorio, il disegno dei tracciati, la forma dei manufatti, le attrezzature - per individuare i nodi strategici di *connessione* con la forma dei luoghi e degli insediamenti e stabilire nuovi rapporti nel paesaggio urbano. L'eccezionalità di alcune infrastrutture, della loro forma, e, spesso, della loro "dismisura", può rappresentare un problema, ma anche una opportunità, nel confronto tra la loro, spesso, ingombrante presenza – il loro carattere *non familiare* – e la più consueta forma degli ambienti insediativi. Si generano spazi di incerto destino che possono essere attivati nel rapporto con le reti: dispositivi plurimaterici e polisenso che coincidono con nuove centralità: *infrastrutture complementari, centri di servizio, antichi luoghi simbolici e nuovi monumenti urbani.*

* Il contributo è l'esito di un lavoro comune dei due autori. In particolare si deve a Pepe Barbieri il paragrafo: *Quattro strategie per il miglioramento della qualità urbana*; a Matteo Di Venosa il paragrafo: *Progetto di infrastrutture come progetto di territorio.*

figura 3 Passante verde di Mestre. Concept

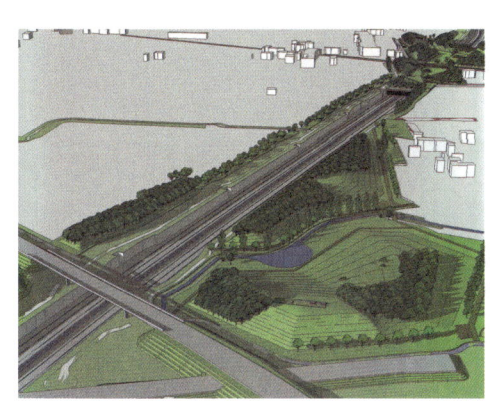

figura 4 Passante verde di Mestre.
Il disegno strategico delle opere di compensazione ambientale

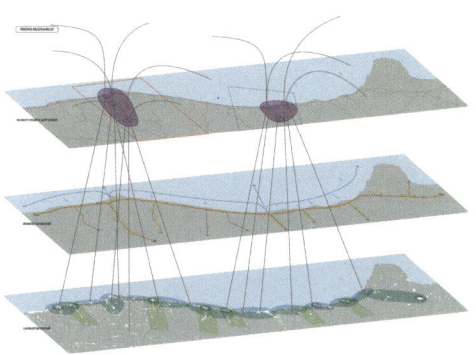

figura 5 La nuova statale n.16 adriatica. Visione guida

Pepe Barbieri; Matteo Di Venosa | 39

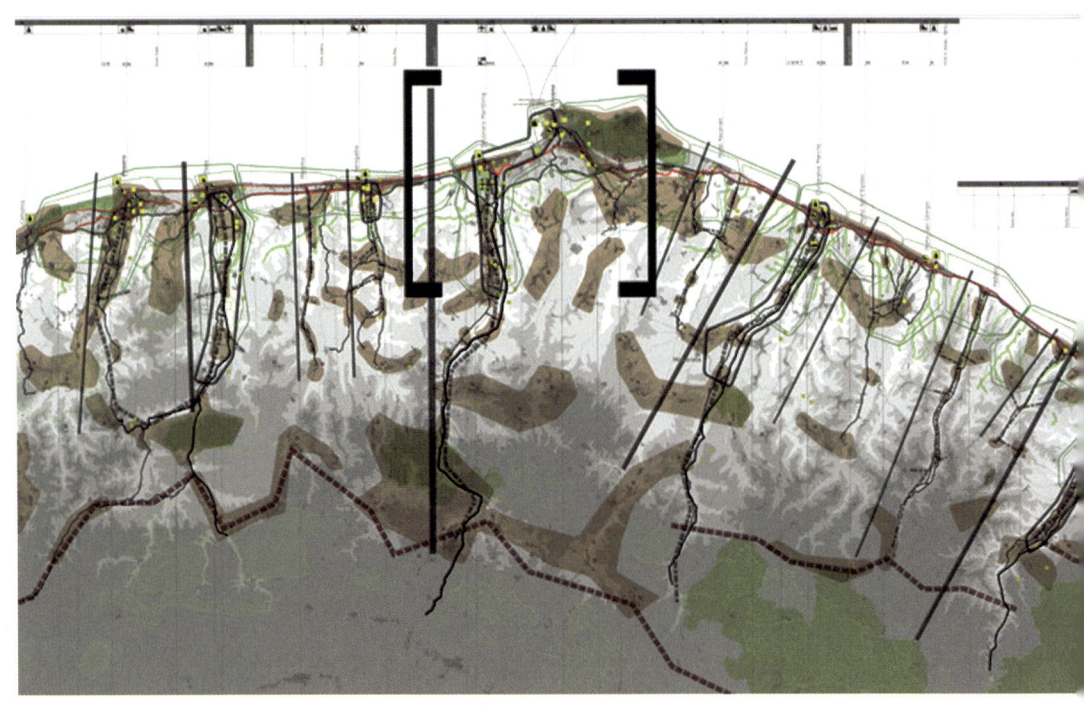

figura 6 La nuova statale n.16 Adriatica. Masterplan e progetto di territorio

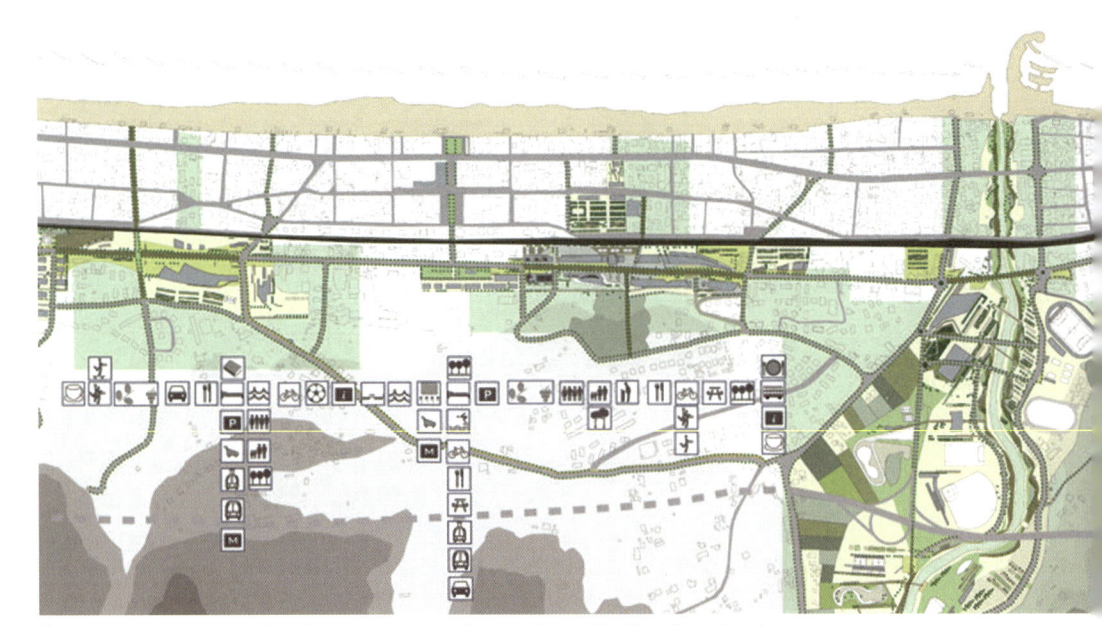

figura 7 La nuova statale adriatica nel tratto compreso tra Pescara e Francavilla a Mare. Progetto urbano

Infrastrutture e nuove centralità

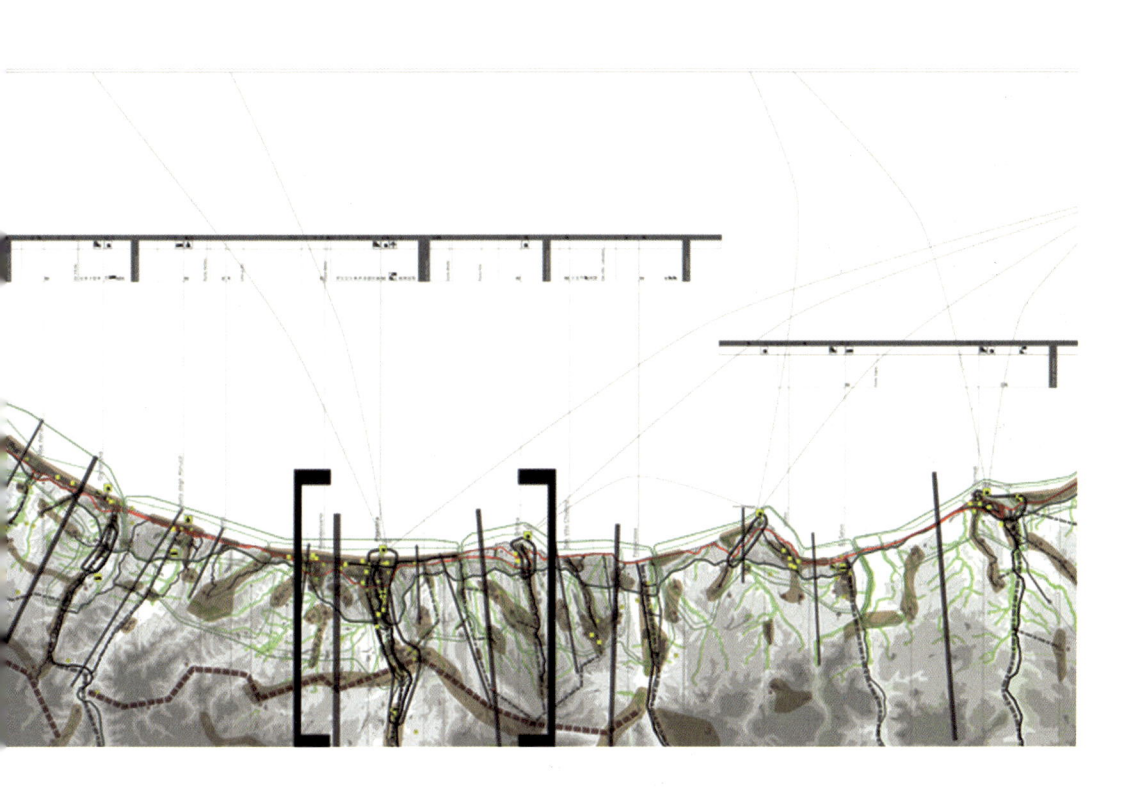

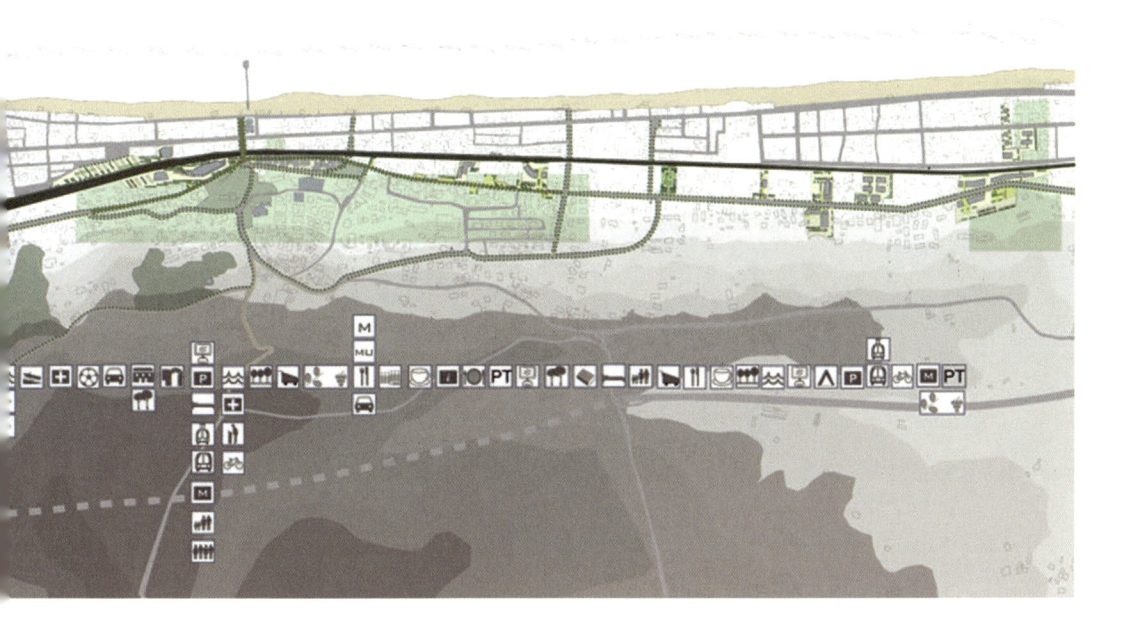

Pepe Barbieri; Matteo Di Venosa | 41

figura 8 Torino, spazi pubblici della Spina
figura 9 Jean Nouvel, Metrò, Perugia
figura 10 Jean Nouvel, Metrò, Perugia

figura 11 Riccardo Morandi, Viadotto della Magliana, Roma
figura 12 Jean Nouvel, "Kilometro rosso", Bergamo

figura 13,14 sistemazione del viadotto di accesso a Pescara

figura 15, 16,17 Nuovi spazi pubblici, workshop, Pescara

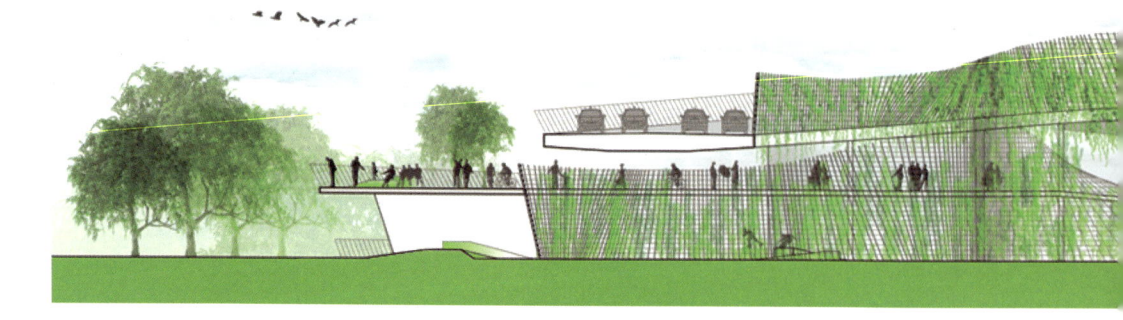

Pepe Barbieri; Matteo Di Venosa | 45

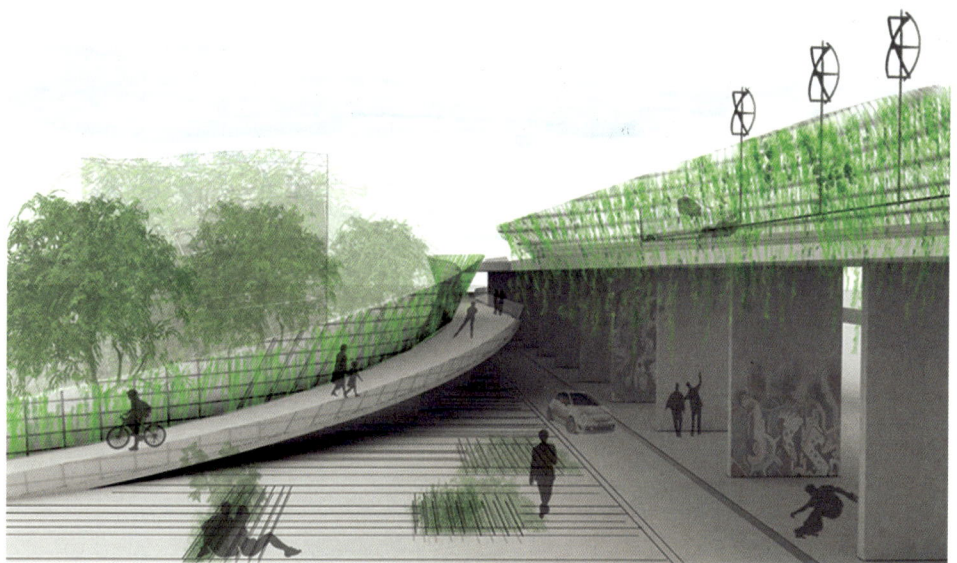

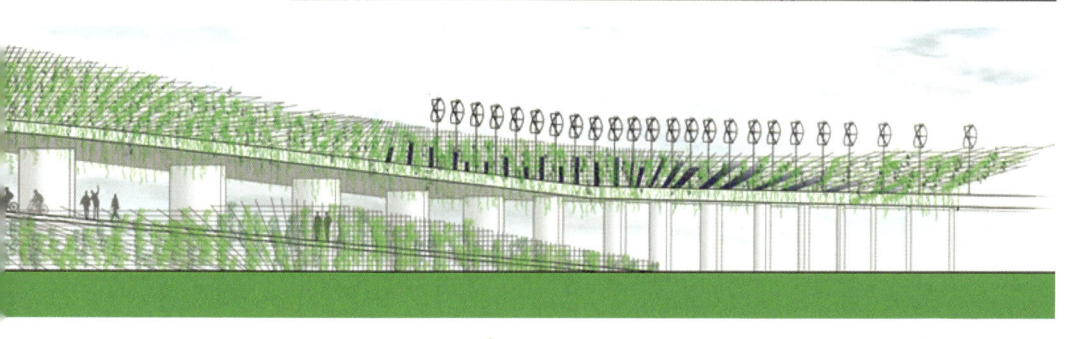

Spazi pubblici: la tradizione italiana

Umberto Cao

Scuola di Architettura e Design di Ascoli Piceno, Università di Camerino

La città ideale ha il suo principale riferimento iconografico nella tavola prospettica del XV secolo (anonimo della scuola di Piero della Francesca) che riassume la tradizione italiana degli spazi urbani: dal "foro" dei Romani, agli studi del Filarete, di Leonardo e di Giorgio Martini, sino agli spazi figurati dal Mantegna e dal Crivelli. Oltre il classico, al di là delle simmetrie, l'Architettura si dispone in un equilibrio ponderale che esprime uno spazio aperto definibile come "paesaggio urbano".

Lo spazio pubblico contemporaneo
Gli studi sull'architettura e la città in Italia subito dopo la seconda guerra mondiale si sono fondati su una sostanziale separazione tra il problema della salvaguardia della memoria storica e la necessità di risollevare il paese dopo gli anni difficili del fascismo e della guerra: da una parte gli edifici e i complessi monumentali da tutelare, dall'altra lo sviluppo e la trasformazione delle città per adeguarle alla veloce crescita della industrializzazione e dei consumi (il cosiddetto "miracolo economico" italiano degli anni cinquanta e sessanta). Una condizione che ricorda - con le opportune differenze di dimensione e intensità - lo straordinario sviluppo dell'economia della Repubblica Popolare Cinese di questi ultimi venti anni, che ha visto crescere in maniera esponenziale i suoi indicatori di benessere. Qualcosa però in Italia è cambiato sul finire degli anni Sessanta e ha preso corpo e forza negli anni Settanta dopo la grave crisi petrolifera che aveva colpito l'occidente: il patrimonio dell'antichità, fatto di monumenti e spazi urbani, non era più sotto l'esclusiva tutela degli storici dell'architettura, ma diventava oggetto di osservazione dell'architetto progettista. Furono avviati studi urbani di nuova impostazione, che muovevano da considerazioni sulla città storica e consolidata, dal carattere dei monumenti, dalla tipologia delle antiche fabbriche, dalla permanenza dei tracciati e delle logiche di costruzione delle città sedimentate nel corso del tempo. Si aprirono nuove frontiere per il progetto urbano che cercava la sua ragione nelle memorie e tracce della storia e, accanto al recupero dell'esistente, si diffuse il concetto di trasformazione che non escludeva l'intervento del nuovo sull'antico, in uno stretto connubio di spazi, forme, tipologie e materiali. Questa stagione di studi e progetti urbani si esaurì nell'arco di venti anni - la sua fine può essere fatta coincidere con l'apice della sua affermazione, la Biennale di Venezia del 1985, guidata da Aldo Rossi - travolta in parte dagli eccessi postmoderni, in parte dai nuovi fenomeni urbani che invadevano di sprawl le periferie ed il paesaggio. Cosa è rimasto oggi della cultura architettonica italiana di quegli anni? Il concetto di "polis", cioè di una città della partecipazione democratica, è stato sempre molto forte nella storia di un paese che, per quanto diviso, aveva avuto nei secoli tradizioni forti sul ruolo dello spazio pubblico: la piazza come luogo dell'incontro e dello scambio, ma anche del potere religioso o di quello politico; la piazza come sede rituale della vita collettiva, come spazio del "principe" definito da architetture di qualità; ma anche il giardino pensato come margine tra città e campagna, oppure disegnato con le geometrie dell'architettura o con le sculture e le fontane dei grandi artisti. Così, anche quando le accelerazioni della globalizzazione hanno modificato in tutto l'occidente il senso degli spazi pubblici, trasformando la "città di pietra" nella "città di latta", anche quando la città della politica è stata confinata nella dimensione virtuale della rete, è rimasta viva la tradizione dell'architettura italiana

sul senso profondo dello spazio urbano determinato dalle permanenze della storia: recupero e trasformazione sono state le parole chiave di molti progetti di spazi pubblici realizzati nei centri antichi degradati. In questo quadro generale, oggi, il contributo italiano sul progetto di spazi pubblici come occasione per una rigenerazione della città consolidata può essere suddiviso in quattro grandi tematiche: *gli interventi nel cuore della grande città storica e monumentale; gli interventi nei centri storici minori; gli interventi di riqualificazione delle periferie urbane; gli interventi nel paesaggio delle infrastrutture.*

Spazi pubblici per la metropoli storica
Intervenire con la riqualificazione dello spazio pubblico (strade, piazze, giardini) nel vivo della grande metropoli occidentale significa ritrovare la memoria del luogo, restituire a quello spazio il carattere e l'identità cancellata dalla globalizzazione e dal mercato, allontanare il traffico veicolare, evitare l'ossessione del commercio; significa ritrovare relazioni, percorsi, tracce disperse o trascurate. Anche quando disposto accanto o attorno ai grandi monumenti, non dovrà porsi come vuoto urbano a disposizione di turisti in cerca di monumenti e negozi, ma parte viva del sistema spaziale che la storia ha costruito nel tempo, nuova configurazione urbana determinata da una cultura moderna proiettata nel futuro, che si pone in continuità o in dialogo con l'antico. Non vogliamo una città "Disneyland", che chiude quando si spengono le luci dei negozi o dei ristoranti, ma vogliamo una città storica ancora abitata, dove la gente vive e lavora.

Spazi pubblici dei centri minori
Nei tanti, piccoli, centri storici disseminati in tutt'Italia, lungo le coste e su colline o montagne, lo spazio pubblico va ritrovato nella tradizione della "piazza di paese" dove ci si incontra al bar, si discute o si gioca a carte; oppure dentro il già costruito, ridisegnando spazi e superfici, ritrovando il gusto delle tradizioni e dei materiali locali. Nel piccolo centro, lo spazio pubblico può essere un motore di rilancio del turismo e delle altre economie locali. L'architetto deve lavorare negli interstizi spaziali tra le vecchie case, cercando di depositare segni nuovi che non sono diversi da quelli antichi, senza imitare il passato, ma proponendo superfici, arredi e nuove figure spaziali che appartengono alla storia passata e presente - ma anche futura - del piccolo centro abitato.

Spazi pubblici di periferia
Nelle periferie delle grandi città lo spazio pubblico va completamente reinventato: occorre aggredire gli spazi vuoti di risulta, le aree abbandonate, i capannoni industriali dismessi, i giardini o i parchi mai sistemati, le superfici a standard come esiti di lottizzazioni mai completate, gli abusivismi e il degrado diffuso. In compenso c'è ancora molta disponibilità di suolo sul quale si può intervenire. L'amministrazione progressista di Roma, dopo anni di abbandono e malgoverno, a partire dagli anni Novanta varò un piano di riqualificazione delle periferie tutto fondato sul progetto di nuove piazze-parco: si chiamava programma "Centopiazze" e, per quanto in ritardo rispetto ad un dibattito che già affrontava problemi nuovi, seppe rigenerare qualità urbana proprio a partire dallo spazio pubblico.

Spazi pubblici nel paesaggio delle infrastrutture
La città diffusa, invasa dallo sprawl, ha cinque caratteristiche: è a bassa densità; non è progettata; non è perimetrabile; si modifica velocemente nel tempo; è dominata dalle infrastrutture. La campagna - sarebbe meglio dire il suolo naturale non ancora consumato - ne è elemento connettivo, ma non ancora spazio pubblico. L'unico elemento di ordine è il sistema a rete costituito da strade, autostrade, ferrovie, ma anche da reti energetiche e corsi d'acqua. Questo sistema ritrova nei nodi i suoi centri. All'interno di questi centri vanno ritrovati e progettati gli spazi pubblici del paesaggio delle infrastrutture: giardini che favoriscano l'aggregazione degli abitanti sparsi nel territorio, piccole stazioni, aree di servizio. Certamente i nuovi luoghi aperti saranno dipendenti dalle leggi del mercato e quindi indirizzati al consumo del tempo libero: ma non solo outlet o centri commerciali, anche piccoli parchi urbani attrezzati, spazi pubblici nelle enclave della cultura, del gioco e della festa. Questi nuovi spazi collettivi potranno essere i recettori di nuove energie del territorio riqualificando ed aggregando ciò che è disperso.

figura 1 (pagina precedente) Anonimo XV secolo, Città ideale;
figura 2 Aldo Rossi, Spazi pubblici per Roma;

figura 3
Federica Ottone e Lorenzo Pignatti, Progetto di riqualificazione di Piazza San Cosimato a Roma

figure 4 e 4Bis
Federica Ottone e Lorenzo Pignatti,
Piazza San Cosimato a Roma

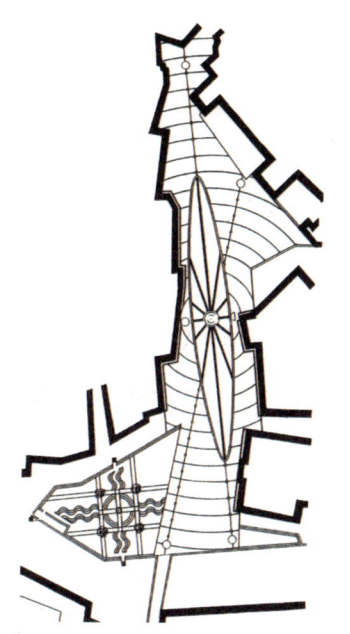

figure 5 e 6
Alessandro Anselmi, Piazza e giardino comunale a Santa Severina (Cz)

figura 7
Umberto Cao, Piazza e giardino a Roma

Umberto Cao | 51

figura 8
Umberto Cao, Piazza e giardino a Roma

figura 9
Umberto Cao, Piazza e giardino a Roma

figura 10
Cino Zucchi, planimetria del parco Pubblico di San Donà di Piave

figura 11
Cino Zucchi, vista del parco Pubblico di San Donà di Piave

Umberto Cao | 53

VI
Le politiche dei centri storici in Italia

Manuela Ricci[1]

Università La Sapienza di Roma

Dalla conservazione alla valorizzazione

L'Italia presenta una grande ricchezza e diversificazione del patrimonio storico; da un'indagine statistica condotta recentemente, risultano ben 22 mila i centri storici, di origine varia, a fronte di 8.094 Comuni. Ciò vuol dire che *"centro storico" non è solo il nucleo centrale del comune (cosiddetto capoluogo), ma comprende anche numerosi nuclei abitati e rurali (frazioni) diffusi nel territorio.* Per la verità, non esiste, in Italia, una definizione formalizzata e istituzionale di centro storico; esistono, invece, numerose definizioni locali e settoriali coniate da regioni ed enti locali in occasione dell' attivazione di processi di pianificazione, programmazione e finanziamento degli interventi. Assai di frequente, si utilizza per la definizione di centro storico la "zona A" di Piano Regolatore comunale, perimetrata secondo criteri che risalgono alla legge urbanistica nazionale del 1968[2]. Questo problema non è formale, ma sostanziale, in quanto la "riconoscibilità" del centro storico assume un rilievo fondamentale, sia rispetto alla *struttura del piano regolatore,* sia rispetto alle *politiche da attivare* per i territori storici. Per questo motivo molto si è discusso, e a più riprese, sul concetto di centro storico e sulle relative politiche di conservazione/valorizzazione: a partire dalla carta di Gubbio del 1960 promossa dall' Associazione Nazionale per i Centri Storici, alla Convenzione Europea del Paesaggio del 2000, fino al nuovo Codice dei beni culturali del 2004 e successive variazioni[3].

Attualmente, si prevede che le perimetrazioni dei centri storici già individuate a diverso titolo (generalmente come zone A di Piano regolatore) debbano essere rimodulate in rapporto ai nuovi Piani paesaggistici regionali, codificati dal Codice del 2004. Il Codice richiede infatti ai Comuni una revisione dei confini in relazione agli obiettivi definiti dal Piano regionale, sia rispetto ai processi di valorizzazione del territorio che alla conservazione dei paesaggi di qualità. E' importante evidenziare che si tende a ragionare attorno a una *concezione di centro storico "allargato"*: centro storico non è più soltanto l'insediamento centrale, ma anche i filamenti e nuclei che si possono rintracciare nelle aree urbane periferiche e nei territori diffusi dei piccoli comuni. Intanto le politiche applicate ai centri storici hanno subito un'evoluzione che va *dalla pura e semplice conservazione del monumento alla valorizzazione/ rigenerazione del centro storico inteso come tessuto insediativo e produttivo.*

In sintesi, nell'esperienza italiana è possibile rintracciare quattro approcci che tematizzano in modo differente la questione dei centri storici. In particolare: la conservazione e riqualificazione del patrimonio storico (monumentale e non), superando comunque la logica del singolo monumento, per passare a quella dell'intero insediamento; l' integrazione delle strategie di riqualificazione insediativa con quelle di sviluppo delle attività immateriali (come il commercio, l'artigianato, la formazione, la cultura, i servizi), nell'assunto che la rigenerazione di un insediamento storico risieda anche in una sorta di "rinascita sociale", fondata sulla promozione di nuove attività mirate a mantenere la popolazione con adeguati livelli abitativi, nonché sulla capacità di attrarre nuova residenzialità e flussi turistici; la costruzione di adeguati sistemi di governance locale, per elaborare strategie condivise di sviluppo urbano/locale; la estensione del tema alla scala territoriale, nella convinzione che il patrimonio da conservare e promuovere non riguardi solo il singolo nucleo, ma l'intero sistema territoriale, nelle sue articolazioni ambientali, paesaggistiche, produttive, agricole e rurali, con l'obiettivo di organizzare reti di interdipendenza istituzionali, sia amministrativa che di gestione comune dei servizi.

D'altra parte la notevole varietà dei centri storici presenti nel territorio italiano impone di diversificare conseguentemente le strategie in funzione dei contesti locali, in particolare tenendo adeguato conto della storia, della posizione geografica (pianura, collina, montagna), della regione di riferimento (nord, centro, sud), dell'appartenenza a grandi, medie o piccole città, o nuclei territoriali.

Semplificando notevolmente, si possono distinguere le strategie per i centri storici con riferimento a tre categorie tipologiche: grandi città e aree metropolitane; città medie; città piccole e territori diffusi.

Le città grandi e medie

Nelle grandi città, e in particolare nelle aree metropolitane, emergono due problematiche principali

relativamente alle strategie della conservazione/valorizzazione del patrimonio:
- la prima riguarda il centro storico vero e proprio, rappresentato in prima istanza dal *"cuore" urbano* con caratteristiche di concentrazione insediativa, e in seconda istanza da quelli che sono stati sopra definiti i "filamenti" delle periferie esterne;
- la seconda concerne *i centri storici dei comuni delle aree urbane a corona delle grandi città*, appartenenti anche alle aree metropolitane, generalmente di dimensioni medio-piccole e assoggettati nelle loro dinamiche di sviluppo alla capacità attrattiva del centro maggiore.

Il cuore urbano
Si può affermare che in Italia, *all'interno delle grandi città,* oggi ci si trova spesso di fronte ad una varietà di situazioni, quali:
- aree già completamente riqualificate sia dal punto di vista edilizio che urbanistico, in cui si sono spesso verificati, soprattutto nel passato, significativi fenomeni di *gentrification* con la espulsione dei residenti a minor reddito;
- aree in cui l'iniziale gentrification ha indotto una sovrautilizzazione degli spazi esistenti, con rischi di congestione e insostenibilità, dovuti anche ai flussi di accesso alle attività presenti (commerciali, culturali, tempo libero, ristorazione), che postulano il ricorso ad adeguate politiche di regolamentazione della mobilità e delle destinazioni d'uso;
- aree, ancora, in cui si registrano pesanti livelli di degrado degli immobili abitati da fasce deboli della popolazione, costituite spesso da immigrati.

Rispetto a queste diverse situazioni, prescindendo dai Piani regolatori comunali, che hanno cercato di disciplinare a proprio modo gli interventi ammissibili, non si registrano politiche codificate, non esistendo peraltro specifiche leggi nazionali (ad eccezione della L.457/1978 che ha istituito il "Piano di recupero", strumento ancora in vigore). Dopo le speranze iniziali, il Piano di recupero ha dimostrato una scarsa efficacia, con limiti dovuti soprattutto alle fattibilità economiche e alle possibilità di accordo tra i diversi proprietari delle unità immobiliari interessate. Oggi si tende a ricorrere meno frequentemente a questo strumento d'intervento per il centro storico. Spesso anzi, questo piano finisce per costituire solo l'atto finale di un processo di programmazione e partecipazione, che cerca di risolvere fin dall'avvio le criticità cui si è accennato. Va tenuto presente che in Italia, politiche vere e proprie per i centri storici a livello nazionale non sono mai state promosse, come del resto per le città più in generale. Ci sono state però numerose sperimentazioni. Una di queste è avvenuta con i Programmi "Urban" e con i "Programmi di riqualificazione urbana", che appartengono alla tipologia dei cosiddetti "programmi integrati", nei quali si costruisce un progetto intersettoriale, mirato a coinvolgere gli interessi delle amministrazioni, delle comunità insediate e degli operatori privati.

In questa logica, particolarmente importanti sono stati i Programmi "Urban", cofinanziati dalla Unione Europea, applicati anche a centri storici di grandi città (come Bari, Lecce, Napoli, Palermo, Catania) e di città medie (Trieste, Cosenza, Catanzaro, Siracusa). Questi sono i programmi che, forse per la prima volta, hanno tentato di coniugare le misure volte alla riqualificazione fisica con le misure immateriali di accompagnamento sociale. Alcuni di loro hanno registrato importanti successi, come a Bari, dove si è assistito alla riqualificazione di una estesa zona del centro storico, consentendo alla comunità e ai turisti di poter frequentare aree che da tempo erano inibite, per motivi di sicurezza, all'accesso pubblico. Anche i "Programmi di riqualificazione urbana" (PRU), lanciati nel 1994 dal Ministero dei Lavori Pubblici, seguono la logica dei programmi integrati, ed hanno avuto interessanti applicazioni all'interno dei centri storici di città grandi (Torino, Genova, Roma) e medie (Alessandria, Comacchio, Livorno, Isola del Liri, Sora, Potenza, Caltanisetta e Siracusa).

La logica dei programmi integrati, fondati su una forte partnership pubblico-privata, ha innescato nel Paese una accesa competizione tra le città, che ha interessato ovviamente anche i centri storici. Del resto questo obiettivo era stato enunciato dallo stesso Governo centrale, che ha destinato specifici finanziamenti agli Enti locali, attraverso "bandi di confronto pubblico concorrenziale", che intendevano esplicitamente premiare qualità, significatività e fattibilità economica dei progetti. Al di fuori di quest'impostazione di livello nazionale, ogni città tende ad agire soprattutto in una cornice regionale, anche se questa spesso non è neanche ben definita. Così alcune interessanti politiche per la riqualificazione dei centri storici sono state originate da grandi eventi (ad esempio a Torino, con le Olimpiadi invernali, o Genova con le Colombiadi). Altri interventi hanno riguardato la riqualificazione sociale di quartieri centrali, contestualmente a programmi di riqualificazione fisica (come a Torino) nonché la riqualificazione di parti di centro storico attraverso strumenti successivi ai PRU, promossi a livello nazionale, come i "Contratti di quartiere" (di particolare interesse è quello di Genova).

I centri storici piccoli e medi a corona delle grandi città: il caso di Roma

In Italia, come altrove, un fenomeno interessante è quello che riguarda il ruolo di sostegno alle grandi città offerto dai piccoli e medi centri storici, quasi sempre posti a corona della città principale. Un caso esemplare al riguardo è quello dei centri storici dei Castelli Romani, disposti ad anello intorno a Roma, ricchi di patrimonio stratificato, concentrato nei borghi e diffuso nella campagna. Questi comuni periurbani sono diventati, in particolare negli anni Ottanta, una delle mete preferite della residenza per le famiglie romane che non erano in grado di pagare gli elevati affitti richiesti nella capitale. Il tessuto sociale si è così sviluppato nei nuovi territori, incardinandosi sui centri minori, e creando nuove composizioni sociali fortemente compenetrate con la popolazione residente. Verso la fine degli anni Ottanta è poi iniziato il processo di abbandono dei centri storici. I nuclei famigliari con un discreto livello di reddito, con l'obiettivo di migliorare la propria condizione abitativa, hanno preferito trasferirsi in nuovi alloggi, esterni, appartenenti generalmente alle tipologie dell'edilizia diffusa (case a schiera, villette, piccole palazzine), che garantiscono migliori comfort abitativi e soprattutto migliore accessibilità (viabilità e parcheggi). Di conseguenza, l'edilizia storica è stata aggredita da un degrado che ha coinvolto spesso anche gli edifici e spazi pubblici, con un'impennata verso il basso dei prezzi e delle locazioni, che hanno favorito la residenzializzazione degli immigrati. La distribuzione della popolazione, soprattutto nei casi di conclamata mixité, evidenzia generalmente una struttura "a macchie". La popolazione originaria vive nella parte migliore, dove spesso sono insediati gli uffici del Comune, la biblioteca, i servizi, di solito all'interno di edifici storici di famiglie patrizie ormai estinte o di edifici di consolidata proprietà pubblica. La presenza di uffici pubblici è di fondamentale importanza, perché costituisce un presidio fondamentale per la popolazione residente, conservando l'attrattività del centro anche nei confronti della popolazione residente all'esterno. Si assiste qui ad un fenomeno singolare. I centri storici sono prevalentemente degradati e abitati in varia misura da fasce deboli di popolazione e da immigrati. Su questi centri convergono da un lato l'interesse di popolazioni a basso reddito che cercano una soluzione "autonoma" (senza sostegno pubblico) all'abitare, e dall'altro dei proprietari che, piuttosto che investire sull'adeguamento del loro patrimonio, preferiscono incamerare i livelli di rendita che derivano dallo sfruttamento di questo tipo di locazioni, senza impegnarsi in operazioni orientate a mercati incerti dal punto di vista del rendimento dell'investimento. Si crea così un circolo perverso di degrado, che appare inarrestabile e che però è perfettamente funzionale alle dinamiche economiche. Infatti questo processo consente di alimentare specifici circuiti dell'economia metropolitana, fornendo residenza alla manodopera impossibilitata a sostenere i costi della grande città. In assenza di esplicite politiche statali e regionali, il problema viene affrontato tendenzialmente a livello locale. Le amministrazioni comunali stanno cominciando a coordinare le politiche sociali (che assorbono gran parte dei bilanci comunali) con quelle di riqualificazione fisica (edifici e spazi pubblici, infrastrutture per la mobilità, incentivi ai privati per il recupero del patrimonio storico). Ma queste iniziative raramente hanno successo. Sarebbero infatti necessarie politiche più incisive per affrontare adeguatamente i nodi strutturali in gioco: il mercato immobiliare, le richieste abitative e di qualità della vita delle comunità residenti, stanziali e mobili. Altrettanto necessarie sarebbero politiche in grado di *inquadrare il problema nel contesto metropolitano* e di declinare spazi specifici per strategie a scala vasta da coniugare con quelle a scala locale.

I piccoli comuni

I piccoli Comuni rappresentano una realtà molto importante dell'Italia, sia dal punto di vista numerico, che della superficie territoriale, anche se, evidentemente, la popolazione si concentra nelle città maggiori. I Comuni italiani con meno di 20mila abitanti sono 7.593 su 8.094, e raccolgono il 48,3% della popolazione del Paese. Per ciò che concerne i Comuni dotati di centri storici (utilizzando come proxy la presenza di almeno 20 edifici ad uso abitativo realizzati prima del 1919), si arriva a 7.131 comuni (88%), con una popolazione pari al 46,39% su una superficie pari al 79,61%. Tra il 2001 e il 2009, la popolazione è cresciuta mediamente del 5,3%; i centri con meno di 5.000 abitanti[4] sono invece cresciuti del 4,6%, con percentuali differenziate tra Nord (7,51), Centro (4,44) e Sud (-1,80). *Questo significa che nei centri più piccoli aumenta la popolazione che potrebbe trovare i propri riferimenti residenziali anche all'interno dei centri storici, attraverso operazioni di riqualificazione e rivitalizzazione, riducendo al minimo il consumo di suolo per nuove edificazioni.*

I processi di trasformazione in questi piccoli centri seguono due tendenze contrapposte:
- il recupero "filologico", che restituisce al borgo un aspetto originario anche in presenza di spopolamento e di abbandono delle attività è spesso associato alla utilizzazione per case di vacanza, abitate solo nei fine settimana e nei periodi festivi, talvolta dai residenti delle città vicine (come nel caso di numerosi piccoli borghi dell'Umbria e della Toscana);
- l'abbandono del centro. Il degrado dilaga, a fronte del disinteresse o della impossibilità a investire nella riqualificazione da parte dei proprietari e delle amministrazioni pubbliche. Ne derivano un evidente decadimento delle strutture fisiche, che spesso ne preclude l'abitabilità o alternativamente consente soltanto un'offerta abitativa per fasce di popolazione molto povera, soprattutto gli immigrati (di questo si è già parlato a proposito dei Castelli romani).

Gli immigrati, oltre all'abitare alcune parti del centro storico, evitandone quindi l'abbandono, costituiscono ulteriori risorse per il territorio, infatti:
- alimentano l'offerta di lavoro esercitata dalle aziende agricole (in particolare, ortofrutta, vitivinicolo e floricoltura), dalle imprese di costruzioni locali (questa è una caratteristica, in genere, del Lazio) e dalle imprese manifatturiere (caratteristica delle aree del Centro-Nord);
- consentono agli anziani di continuare a vivere nei loro paesi, aiutati dalla presenza di badanti e personale di assistenza alla persona;
- contribuiscono alla permanenza della popolazione originaria, offrendo servizi di piccolo commercio, la cui gestione è stata da tempo abbandonata dai locali;
- recuperano, a fianco degli anziani, alcuni antichi mestieri ai quali i giovani non sono più interessati.

A partire da queste constatazioni, l'attenzione è oggi rivolta a promuovere nuovi *modelli di valorizzazione integrata* in cui i piccoli centri possono assumere due importanti ruoli:
- rispondere al fabbisogno abitativo di fasce povere della popolazione (in alternativa alla nuova edilizia e al relativo consumo di suolo), anche attraverso modelli innovativi di edilizia sociale;
- mettere in moto processi di sviluppo locale (in particolare cultura, turismo, agricoltura, servizi), che contrastino l'abbandono, favoriscano il ritorno di popolazioni autoctone e offrano il supporto alle grandi aree urbane in termini di residenzialità e manodopera, potenziando il ruolo degli immigrati.

In linea generale, emergono due orientamenti di fondo per la valorizzazione di un centro storico minore, che comportano:
- la considerazione della dimensione intercomunale, di rete, che consente la creazione di valore aggiunto territoriale;
- l' impostazione del tema all'insegna dell'integrazione, non solo territoriale, ma anche intersettoriale, nelle diverse componenti, materiali e immateriali (vedi Convenzione Unesco per la salvaguardia del patrimonio culturale immateriale) che sono coinvolte nel processo di valorizzazione (beni culturali, artigianato, turismo, agricoltura, formazione professionale, paesaggio).

In questa prospettiva anche il Governo centrale sta cercando di promuovere l'aggregazione dei Comuni, attualmente sotto la forma istituzionale dell'"Unione", anche con incentivazioni di diversa natura. Le Unioni in Italia non sono ancora molte: soltanto 338, che aggregano 1638 Comuni Il 30% è localiz-

zato nell'Italia Nord-Occidentale. Il 77% dei Comuni in Unione ha meno di 5000 abitanti; e il 50% delle Unioni è costituito dai 3 ai 5 Comuni.
Tali Unioni in generale promuovono:
- progetti legati al sistema di programmazione e pianificazione regionale (piani strategici)
- progetti connessi agli interventi di enti sovracomunali (progetti integrati)
- progetti legati alla valorizzazione della qualità agroalimentare, alle risorse immateriali del sapere e della memoria delle popolazioni, congiuntamente alla promozione di un turismo diffuso sul territorio (albergo diffuso).

Il caso dell'Umbria
La Regione Umbria, nel 2008, si è dotata di una legge innovativa, "Norme per i centri storici", con l'obiettivo di promuovere la riqualificazione degli insediamenti storici che presentano un significativo degrado fisico e sociale (denominati ARP-Ambiti di rivitalizzazione prioritaria). La normativa si propone di stimolare l'interesse dei proprietari privati ad intervenire, non attraverso incentivi monetari, ma attraverso premi in termini di superficie edificabile da realizzare all'esterno dei centri storici. Le realizzazioni dovranno rispettare una serie di regole, dal punto di vista della localizzazione e della qualità, che le amministrazioni sono tenute a definire dovranno stabilire per evitare che la nuova edilizia danneggi l'immagine del centro storico.
Questo dispositivo trova un suo riferimento strutturale nel "Quadro strategico di valorizzazione" (QSV), strumento reso obbligatorio per i Comuni con più di 10 mila abitanti, finalizzato a definire lo sviluppo futuro del territorio comunale e il ruolo che il centro storico può rivestire. Il QSV può essere utilizzato anche come raccordo tra strategie locali e regionali per la costruzione di una rete cooperativa volta alla rigenerazione. Ventidue comuni (24% comuni umbri) fino ad oggi hanno presentato domanda di finanziamento per la redazione del QSV. A 14 sono state assegnate le risorse per l'elaborazione del QSV. Ad alcuni sono state assegnate le risorse per un city manager, con il ruolo di gestire il nuovo strumento.
Va evidenziato che il QSV può costituire anche il riferimento sul cui sfondo costruire la strategia per la strutturazione urbana contro il rischio sismico. Su questo tema l'Umbria ha posto attenzione nella legge per il governo del territorio e nelle recenti Linee guida emanate sulla microzonazione sismica all'interno dei centri storici.
I PUC 3: verso la valorizzazione intercomunale
Recentemente la Regione ha promosso anche una nuova tipologia di programmi integrati, denominati PUC3 (Programmi Urbani Complessi di terza generazione) da applicare ai centri storici in una dimensione intercomunale. Il PUC3 intercomunale, in particolare, è caratterizzato da una strategia unitaria con obiettivi comuni a tutti i centri coinvolti finalizzata a realizzare o rafforzare "reti di relazioni" e "sistemi territoriali o tematici". La rete o il sistema intercomunale è in particolare volta alla:

- integrazione di funzioni, tra servizi pubblici, scolastici, sociali, culturali e del tempo libero;
- rigenerazione dei centri storici e dei centri urbani;
- valorizzazione e sviluppo di attività economiche su scala territoriale.
Gli interventi integrati previsti nelle proposte di PUC3 dovranno consentire:
- il miglioramento della qualità abitativa e la promozione di interventi di housing sociale;
- il miglioramento dell'accessibilità e della mobilità;
- la riqualificazione degli spazi e degli edifici esistenti, con adeguati livelli di sicurezza e di sostenibilità ambientale;
- il raggiungimento dell'efficienza degli edifici strategici e delle infrastrutture essenziali in caso di eventi sismici, allo scopo di ridurne la vulnerabilità;
- il mantenimento, l'insediamento e la valorizzazione di attività commerciali artigianali e turistico-ricettive;
- l'attivazione di interventi di genere e per categorie particolari di cittadini quali anziani, bambini, portatori di handicap, studenti e immigrati.

Note:
1. Direttore del Centro di ricerca FOCUS della "Sapienza", Università di Roma, sulla valorizzazione dei centri storici minori (http://w3.uniroma1.it/focus) e del master ACT (http://w3.uniroma1.it/arcorvieto).
2. La zona A comprende le parti di territorio interessate da agglomerati urbani che rivestono carattere storico, artistico o di particolare pregio ambientale o di porzioni di essi, comprese le aree circostanti, che possono considerarsi parte integrante, per tali caratteristiche, degli agglomerati stessi.
3. 1960 La carta di Gubbio; 1964 ICOMOS di Venezia; 1967 Commissione Franceschini; 1968 Legge 765-zona A; 1970 Seminario Gubbio; 1972 La carta italiana del Restauro; 1975 La carta europea di Amsterdam; 1985 Convenzione per la salvaguardia del patrimonio architettonico d'Europa; 2000 La carta di Cracovia; 2000 La convenzione europea del paesaggio; 2004 Codice dei beni culturali.
4. Anche in questo caso con presenza di almeno 20 edifici abitativi storici.

Manuela Ricci | 59

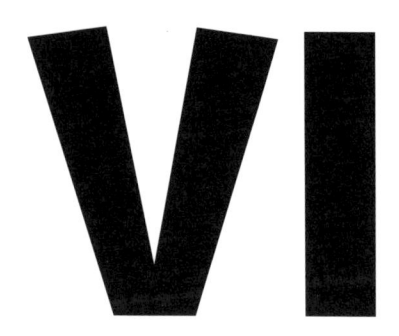

VI
Caso studio: Il recupero di Santo Stefano di Sessanio (Aq)

**A cura di
Lello Orlando Di Zio**

Il progetto di recupero dell'antico borgo medievale di Santo Stefano di Sessanio, in provincia dell'Aquila, puo' essere considerato una significativa testimonianza delle buone pratiche sperimentate in Italia per i centri storici in abbandono, anche perché è stato promosso e realizzato da un promotore privato, che ha concertato le strategie d'intervento con le amministrazioni pubbliche ai diversi livelli di governo. Si tratta di un borgo medievale semiabbandonato fino a pochi anni fa, posto tra le montagne dell'Aquila a 1250 metri di altitudine, all'interno di un Parco Nazionale (Gran Sasso e Monti della Laga). Sorto nel periodo dell'incastellamento (XI-XIV sec.), presenta una configurazione urbana tipica del paesaggio insediativo degli abitati d'altura nel periodo centrale del medioevo, caratterizzati da un perimetro murario fortificato da case-muro. Nel periodo feudale Santo Stefano ha fatto parte del dominio politico-territoriale della Baronia di Carapelle, ed è poi passato sotto il controllo di altre famiglie, in particolare delle grandi casate toscane (Piccolomini prima e i Medici poi). Il legame con Firenze e con il resto dell'Europa era dovuto all'importanza mercantile della materia prima prodotta dall'industria armentizia, indispensabile alla lavorazione della lana che aveva proprio Firenze come grande centro internazionale della produzione e del mercato.

Peculiare di questo centro storico, come del resto di altri borghi all'interno del Parco nazionale, è la sua straordinaria fusione con il contesto paesaggistico e ambientale, e la omogeneità urbanistico-architettonica del tessuto edilizio.

I contenuti più significativi del Progetto, in avanzata fase di attuazione, sono sinteticamente riassumibili come di seguito:

- l'*identificazione* del patrimonio immobiliare, in uno stato di proprietà frammentata e sovente incerta, consolidatasi nei secoli più per scambi di fatto che attraverso atti scritti.
- Il *rilievo diretto*, finalizzato non solo alla restituzione dimensionale ma soprattutto alla conoscenza dei materiali autoctoni, delle tecniche costruttive locali, dei processi evolutivi del tessuto urbano.
- il progetto di *recupero e ridestinazione turistica (albergo diffuso)*, condotto con la convinzione della priorità, rispetto ad ogni altra esigenza, della conservazione rigorosa delle complesse articolazioni spaziali dei vani, delle loro caratteristiche dimensionali, dei materiali antichi, degli elementi funzionali (fornacette, forni, camini) ed in ogni altro elemento in grado di mantenere la capacità evocativa di un contesto così miracolosamente scampato alle trasformazioni degli ultimi decenni.
- il cantiere, condotto con fare artigianale, utilizzando tecniche costruttive capaci di mutuare quelle antiche in modo da valorizzazione le riserve strutturali connaturate negli antichi manufatti, evitando interventi tanto invasivi quanto inefficaci.
- l'impiego di tecnologie impiantistiche evolute, a basso impatto visivo, idonee a garantire benessere elevato, senza alterare la percezione degli ambienti.
- l'attenzione al concetto di qualità globale e tolleranza zero ai detrattori, mediante azioni congiunte tra i vari protagonisti per l'avvio di programmi di tutela e valorizzazione della bellezza urbanistica ed architettonica del borgo e quella del territorio circostante.

Nell'identificazione del patrimonio ci si è scontrati con il serio problema della frammentazione della proprietà, che costituisce uno dei principali ostacoli per gli interventi di recupero del patrimonio antico. Sovente, la frammentazione della proprietà é conseguente a successioni ereditarie a favore di eredi spesso disinteressati, o inconsapevoli, o ancora, fisicamente lontani dai loro patrimoni. A questa difficoltà di fondo si aggiunge frequentemente la incertezza del titolo di proprietà, tipica dei patrimoni poveri dell'Appennino centro-meridionale, dove, per necessità economiche, gli scambi o i passaggi di proprietà avvenivano senza trascrizioni formali. Per di più, anche nei casi di una identificazione catastale della proprietà, ci si trova abitualmente di fronte non alle identificazioni grafiche tipiche del catasto urbano, ma a particelle rurali da identificare spesso all'interno di cumuli di macerie, con l'aiuto di chi non ha mai conosciuto quella proprietà, se non come astratto diritto ereditato.

Le fasi del rilievo, del progetto di recupero e di organizzazione del cantiere sono state sviluppate tenendo conto delle acquisizioni più avanzate delle discipline del restauro, che in Italia sono particolarmente evolute, anche oltre le analisi tipo-morfologiche che hanno fatto conoscere e apprezzare ovunque nel mondo la nostra esperienza di conservazione del patrimonio. Nel caso di Santo Stefano di Sessanio, gli aspetti del cantiere hanno avuto un'importanza determinante ai fini della qualità degli interventi di recupero. Si è dovuto infatti garantire un puntuale e continuo controllo dei lavori, condotti con l'impiego di maestranze dotate nella migliore delle ipotesi più di buona volontà che di alta specializzazione; d'altronde una logica di costi compatibili con questi patrimoni non consente l'impiego di alte specializzazioni, peraltro non funzionale a tali interventi diffusi per un patrimonio tutto sommato minore rispetto all'edilizia monumentale dei centri storici più noti. Inoltre si è voluto impedire che un approccio invasivo troppo orientato al moderno cancellasse le tracce, anche le più' povere, del saper fare antico, dalle porzioni di murature, agli intonaci, ai manufatti minuti (camini, stipi, dispense, infissi), contemperando questa esigenza con la necessità di ammodernare l'alloggio inserendo le opportune dotazioni tecnologiche e provvedendo all'adeguamento statico delle strutture. Tenendo conto di queste considerazioni, l'impiantistica adottata é ispirata a due istanze fondamentali: essere quanto meno possibile invasiva rispetto alla natura e allo stato degli spazi abitativi; di essere in grado di assicurare adeguate condizioni di benessere ambientale. L'attenzione a queste esigenze ha suggerito ad esempio l'adozione di un impianto di riscaldamento con il sistema a pannelli radianti sottopavimento o sottoparete, ed un impianto elettrico caratterizzato dalla distribuzione dei segnali a bassa tensione. Va infine messa in risalto la grande attenzione ai valori di contesto, che sono altrettanto importanti ai fini della qualità dell'esperienza di uso del centro storico. Particolarmente significativa al riguardo è stata la adozione di una "Carta dei valori" condivisa dalle istituzioni di governo del territorio di riferimento di Santo Stefano di Sessanio. Si riportano di seguito alcuni passaggi della Carta: il Presidente del Parco Nazionale del Gran Sasso e Monti della Laga, il Sindaco del Comune di Santo Stefano di Sessanio, l'Amministratore unico della Soc. Sexantio srl: esprimono il riconoscimento dell'alto valore dell'insediamento di Santo Stefano di Sessanio e del suo territorio,...(omissis). Riaffermano l'impegno alla tutela di tali valori...(omissis) Dichiarano la volontà che l'abitato di Santo Stefano di Sessanio ed il suo contesto continuino ad essere...(omissis)

Ognuno, per quanto di propria competenza, si impegna a:

1. rimuovere i detrattori della qualità architettonica ed ambientale presenti in Santo Stefano di Sessanio e nel suo circondario;
2. impedire ogni azione che possa pregiudicare e/o alterare l'autenticità e la qualità del singolo immobile, del tessuto urbano nel suo insieme e del contesto naturale;
3. riqualificare gli ambiti circostanti l'edificato riconoscendo nella integrazione tra spazio antropico e contesto naturale una peculiarità di alto valore per il Parco Nazionale del Gran Sasso e Monti della Laga e il comune di Santo Stefano di Sessanio;
4. salvaguardare l'ambiente di Santo Stefano di Sessanio, il centro storico, il costruito e la natura circostante, da qualunque forma di inquinamento o alterazione dovuta alla azione o alla presenza dell'uomo quale residente o come visitatore.
5. tutelare e promuovere la conoscenza dell'eccezionale paesaggio agrario nell'area circostante l'insediamento di Santo Stefano di Sessanio;
6. conservare e promuovere le caratteristiche forme di insediamento rurale sparse nel territorio come le "condole" o le grotte sub-urbane adibite alla conservazione delle derrate alimentari;
7. promuovere la conoscenza di Santo Stefano di Sessanio quale luogo rappresentativo dei valori ambientali, antropologici e storico culturali del Parco Nazionale del Gran Sasso e Monti della Laga;
8. avviare e/o sostenere iniziative finalizzate ad uno sviluppo turistico sensibile alla qualità ed autenticità diffusa di Santo Stefano di Sessanio e del Parco Nazionale e Monti della Laga;
9. promuovere e sostenere ogni azione rispettosa dei principi espressi dalla "Carta dei Valori"
10. impedire ogni azione contraria ai principi espressi dalla "Carta dei Valori"
11. ispirare, da parte del Comune di Santo Stefano di Sessanio, i propri strumenti urbanistici generali ed attuativi ai principi della Carta dei Valori.

figura 1 Santo Stefano di Sessanio . Foto di Sabrina Maccarone

figura 2-3 Interventi di recupero degli spazi esterni ed interni. Foto di Giulia Mistichelli

figura 4-5 Interventi di recupero degli spazi esterni ed interni. Foto di Roberto Sala

VII
Recupero di aree dismesse

**Giancarlo Carnevale
Esther Giani**

Università IUAV di Venezia

Il tema del recupero di aree dismesse ha molte declinazioni; tralasciando quella più indagata, riferibile alla riabilitazione di distretti industriali in abbandono (una vasta esperienza progettuale pluriennale è stata condotta dagli autori e per approfondimenti eventuali si rimanda alla bibliografia in nota indicata), si intende riferirsi, in questo testo, al recupero di aree urbane emarginate. Il tema ha almeno due principali interpretazioni, peraltro necessariamente intrecciate: da un lato quella socio-urbanistica, intesa a riabilitare funzionalmente ed a risanare contesti degradati; dall'altro la rivalutazione dei manufatti obsoleti e in degrado, riportati a prestazioni più elevate e riadeguati morfologicamente. Al primo dei due ambiti sono riconducibili tutte quelle situazioni, prevalentemente localizzate in contesti periferici, ma non solo, di progressivo decadimento del patrimonio immobiliare, via via deprezzatosi (il fenomeno è noto come *filtering down*) a seguito del sussguirsi di una fruizione sociale sempre meno qualificata. La manutenzione, trascurata nel tempo e le condizioni d'uso in progressiva decadenza degli standard minimi funzionali, portano non solo i singoli alloggi, ma interi edifici e, conseguentemente, aree urbane in progressiva estensione, al degrado materiale, all'impoverimento dei servizi comuni ed alla emarginazione di fatto. Intervenire in questi contesti, apparentemente votati ad un irreversibile depauperamento, richiede strumenti di diversa natura: anzitutto una analisi minuziosa che inquadri il fenomeno nella sua microstoria, descrivendo le origini dei processi di degrado; successivamente si richiede una analisi morfologica e tipologica che classifichi i livelli di obsolescenza alle varie scale, da quella delle infrastrutture urbane (parchi, spazi comuni, viabilità, servizi, impianti) fino ai singoli manufatti architettonici. Le strategie politiche adottate sono state quelle di una riabilitazione puntuale delle criticità più evidenti, mediante interventi di ripristino funzionale e di restauro urbano, utilizzando il criterio di temporanea riallocazione degli abitanti in quartieri resi disponibili in aree non remote, per poi riassegnare gli alloggi risanati a breve termine. Esemplare è il caso di Bologna e l'esperienza di recupero del centro storico condotta negli anni 1963-1966 da Benevolo e Cervellati. Sulla rivalutazione di spazi urbani dismessi vanno segnalate numerose esperienze più recenti che vedono affermarsi una strategia di intervento di grande efficacia; in particolare ci si riferisce a manufatti infrastrutturali quali cavalcavia, linee ferroviarie urbane abbandonate, stazioni, mercati coperti, o anche spazi interstiziali o slarghi in condizioni di degrado. Gli interventi che sono risultati più convincenti hanno teso ad un rinnovamento di questi spazi, restituendo loro un ruolo sociale e collettivo, assegnando una nuova funzione in grado di attrarre l'interesse del pubblico, garantendo così un primo controllo sociale, e successivamente, portando ad una identificazione della comunità. L'attribuzione di un ruolo identitario comporta poi il riconoscimento di valore e quindi la tutela ed il senso di appartenenza. La gamma di rifunzionalizzazioni è abbastanza vasta, va dal recupero in chiave ambientale, rendendo parco pubblico uno spazio originariamente destinato a servizi (ad esempio linee metropolitane dismesse), fino a rendere spazi espositivi i grandi contenitori in abbandono, quali stazioni o mercati. Una ulteriore strategia che si segnala è quella legata ad interventi eccezionali quali la organizzazione di un expo o di particolari eventi sportivi: in questi casi il traino è appunto l'eccezionalità dell'occasione, la disponibilità temporanea di risorse ingenti, la messa a punto di strumenti di intervento particolarmente rapidi ed efficienti. Sono molti i casi di brillanti "salvataggi"! di aree urbane votate al degrado sociale ed ambientale, ad esempio Roma (zona Euro), Milano (Fiera Milano Rho), Napoli (Bagnoli), Torino (area delle Olimpiadi), non mancano però anche esempi di insuccessi, dovuti ad errori di dimensionamento, a scadenti esecuzioni, all'abbandono delle manutenzioni (ad esempio Bari o i tanti quartieri fieristici in molti contesti). Un interesse particolare riveste il tema dell'intervento sul tessuto urbano in decadimento, laddove gli immobili presentano aspetti di degrado evidenti, ma non profondi. In altri termini, appare compromesso l'involucro e, in molti casi il corredo impiantistico, ma non le parti strutturali né le infrastrutture urbane; si tratta dunque – ed è il fenomeno più frequente e "invalidante" per interi quartieri – di una perdita di qualità complessiva, evidente nei suoi aspetti formali che comporta conseguenze sociali ed economiche gravi, ma che non ha carattere irreversibile. Molte ricerche si stanno conducendo, a livello interdisciplinare, sulle strategie di intervento in questi contesti. Sono richieste analisi che incrocino gli aspetti progettuali di ridisegno degli involucri esterni e di riorganizzazione distributiva, con i vincoli statici strutturali, quelli tecnologici, quelli economici e quelli di fisica ambientale. Le modalità sono però chiare: si interviene con demolizioni "leggere" rimuovendo divisori interni e solo in pochi casi muri di chiusura esterni, si verifica l'integrità delle strutture, si realizzano impianti elettrici, idraulici e di riscaldamento a norma, si razionalizza la distribuzione interna; successivamente si opera sulle facciate, in base all'orientamento, con elementi aggiunti (verande o logge), in materiali light, creando ambienti che possano catturare energia e migliorare le prestazioni degli alloggi, si rivestono i muri esterni con una seconda pelle per migliorarne le caratteristiche di isolamento, si utilizzano le coperture per impianti fotovoltaici. Gli studi in atto tendono, sul piano progettuale, a definire soluzioni standardizzabili e seriali, sul piano tecnologico ad individuare metodiche di intervento che consentano tempi brevi e manutenzioni ridotte, una valutazione dei costi (il fattore tempo, appare essenziale ai fini del contenimento della spesa) ed una verifica dei consumi completano il panorama della sperimentazione in corso. La messa a punto di un protocollo di intervento che individui diverse casistiche e opzioni è l'obiettivo già in larga misura raggiunto, tendente a definire anche economie di scala. Un discorso a parte riguarda la qualità formale degli interventi: il sovrapporsi di diversi linguaggi e differenti tecnologie può rappresentare un esito positivo, migliorando ed elevando l'aspetto dei manufatti originari oppure, al contrario, può avere effetti catastrofici. Abbiamo una vasta casistica di questi ultimi esempi, spesso dovuti ad interventi non coordinati, individuali e, talora, spontanei. In Italia la vigilanza delle Soprintendenze, in alcuni casi addirittura pervasiva e opprimente, ha però limitato i danni nei contesti urbani di maggior valore storico, dove invece si lamentano i casi di più evidente mediocrità negli interventi di modificazione del costruito, è nei piccoli centri, sottratti ad una attenzione, o, peggio ancora, nei casi di autocostruzione o di abusivismo, quando si è lasciata mano libera alla fantasia confusa dei singoli proprietari. L'osservazione di questa vasta e – purtroppo – diffusa fenomenologia non ha assunto atteggiamenti scientifici per lungo tempo e solo da qualche decennio (forse in concomitanza con l'aggravarsi ed il diffondersi del fenomeno) ha iniziato a fornire contributi significativi. Anzitutto va detto che l'analisi delle manifestazioni patologiche ha grande utilità sia per prevenire gli esiti disastrosi lamentati prima, sia per individuare le cause del diffondersi spontaneo di una così grave devianza, ma soprattutto per evitare approcci che possano condurre a risultati così aberranti. Quello che possiamo affermare con forza è che la qualità urbana dei centri minori appare compromessa, in modo severo, soprattutto dagli interventi parziali di piccole aggiunte, di trasformazioni in apparenza modeste, quasi confondibili con manutenzioni ordinarie.

La sostituzione di un infisso in legno con telai in alluminio anodizzato, la chiusura di una loggia, uno sporto in cemento armato, un intonaco plastico a coprire un muro in pietra, la sostituzione di un acciottolato, una illuminazione stradale eccessiva, un manto di copertura sbagliato... si tratta di modesti interventi che, stratificandosi in disordine e anarchica libertà, snaturano i caratteri originari di un sito urbano, pur non intaccandone in profondità la struttura tipologica e la morfologia originaria.

In conclusione potremmo insistere sull'aspetto scientifico che va assunto quando si decide di intervenire per rivalutare un qualunque contesto urbano, quale principale garanzia di qualità; non vi è dubbio che il progetto (e dunque il progettista) abbia grande responsabilità nel riscatto di un contesto in dismissione, ma crediamo sia necessario sfatare il mito della originalità o della genialità dell'intervento progettuale. Si tratta – da sempre – di una attività razionale. Il progetto, specie quando si attua in una condizione ricca di vincoli e di limiti, richiede un processo intellettuale articolato, ricco di interferenze e di scambi con altri saperi, e, perciò, a causa della necessità di confronto e di dialogo, deve trattarsi di una attività del pensiero trasmissibile. Nel caso di intervento in contesti dismessi l'analisi è essa stessa parte del progetto, la scelta dei fenomeni da osservare, la ricerca delle cause, anticipano già l'ottica progettuale, la preparano. Concludiamo sottolineando che il raggiungimento di risultati progettuali positivi richiede, a nostro avviso, due qualità fondamentali nel gruppo di professionisti responsabili del progetto: pazienza e cultura. La pazienza di svolgere riflessioni ed indagini con la opportuna prudenza e capacità di dialogo; la cultura necessaria al confronto con il vastissimo patrimonio del passato e con i saperi che, da angoli diversi, incidono sul progetto reclamando attenzione.

Note:
1) Giancarlo Carnevale, Esther Giani, Manovre pragmatismo visionario (Roma 2000), Manovre di immaginazione pratica (Roma, 2003), SinTesi. Per un futuro possibile di Porto Marghera (Roma, 2004), Manovre di fantasia controllata (Roma, 2005), «Giornale Iuav» n. 34 aree dismesse. 4 progetti per Porto Marghera (Venezia, 2006).

figura 1
Riqualificazione di aree dismesse, progetto Area C, Malcontenta (Venezia), 2004. Il progetto di recupero e rifunzionalizzazione di una ex discarica urbana (e industriale) a ridosso della periferia della Municipalità di Malcontenta (famosa per la omonima villa palladiana) è stato condotto dal gruppo di ricerca degli autori, all'interno della Facoltà di Architettura, cui hanno partecipato docenti e ricercatori di altre discipline, studenti, laureandi e le comunità locali riunite in associazioni e comitati. Il progetto è stato commissionato dalla Provincia di Venezia ed è servito per riaprire la discussione e le trattative sia con i soggetti inquinatori sia con il Governo che gestisce la riqualificazione di Porto Marghera.

70 | Recupero di aree dismesse

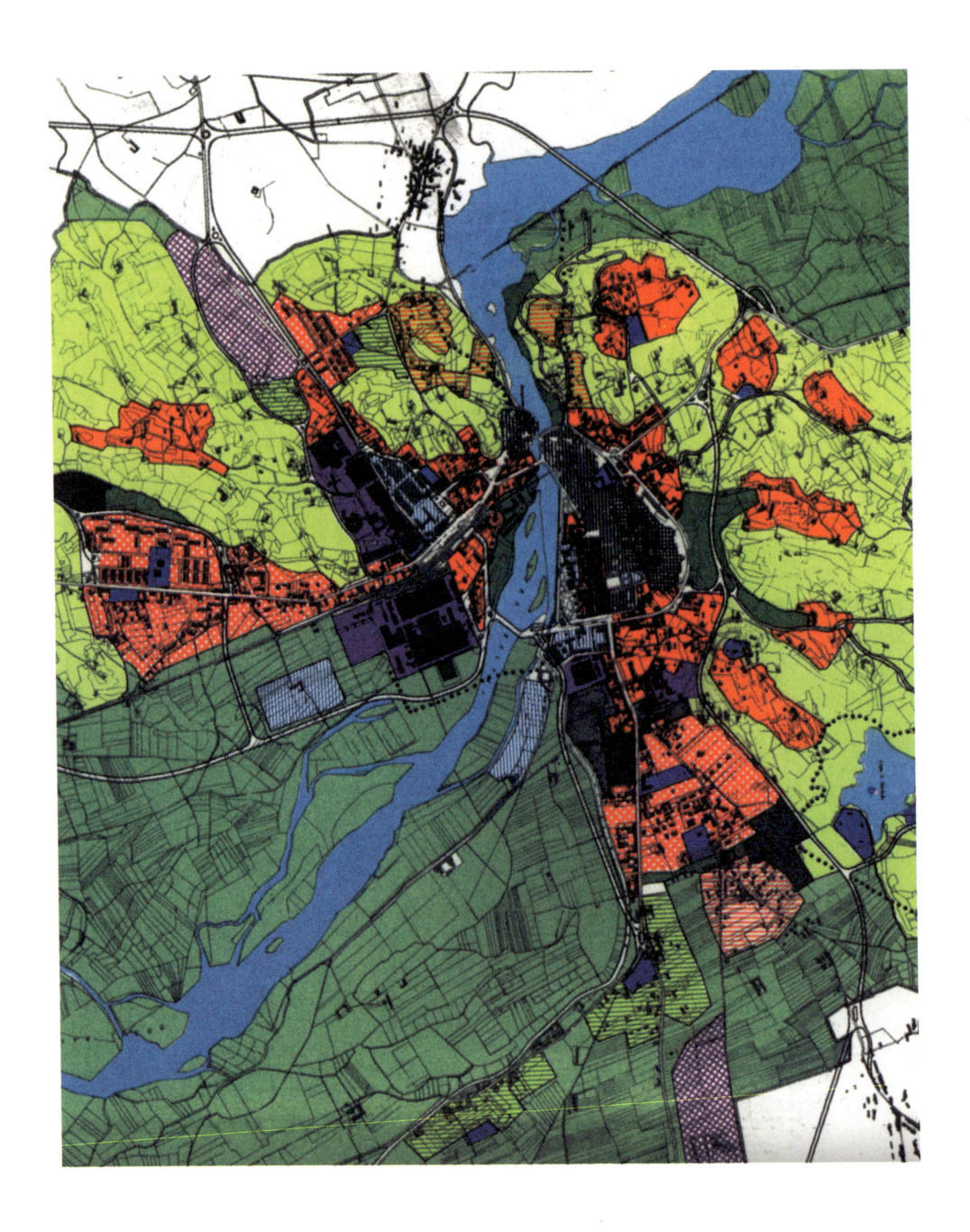

figure 1, 2 e 3 (A e B)
Il PRG di Ivrea. Tra il 1926 e il 1977 l'Olivetti realizza a Ivrea, e in altre località, importanti iniziative di costruzione di abitazioni per i dipendenti. I progetti sono affidati ad architetti qualificati, che garantiscono risultati di elevata qualità ambientale e costruttiva, in coerenza con l'idea di Adriano Olivetti secondo cui le condizioni e l'aspetto dei luoghi di lavoro e di residenza influiscono sulla qualità della vita sociale e sull'efficienza produttiva. Le prime abitazioni sono costruite a Ivrea nel 1926 per iniziativa del fondatore Camillo Olivetti, successivamente Adriano si rivolge ad architetti di alto profilo nella cultura architettonica nazionale per un progetto urbanistico complessivo che prevede la nascita di nuovi quartieri residenziali nelle aree prossime agli stabilimenti. La prima realizzazione è degli architetti Luigi Figini e Gino Pollini: una casa di tre piani nel Borgo Olivetti, a ridosso della scuola materna, per ospitare 24 famiglie (1939-1941). Il progetto si ispira ai canoni dell'architettura moderna internazionale di quegli anni, con volumi riconducibili a figure geometriche elementari.
La struttura progettata da Gardella, legata fisicamente alle officine Olivetti mediante un percorso interrato, viene concepita per un utilizzo non limitato alla sola pausa pranzo, ma per una fruizione dei locali anche nelle ore serali.

Giancarlo Carnevale; Esther Giani

72 | Recupero di aree dismesse

figure 4, 5, 6, 7
Recupero di quartiere urbano, progetto Coriandoline, Correggio (Reggio Emilia) 2000-2008. In questo piccolo centro è nato un quartiere a misura di bambino, risultato di un complesso progetto che, oltre ai soliti architetti e ingegneri, esperti del settore, ha visto coinvolti per la prima volta educatori, maestri e gli stessi bambini, che hanno eccezionalmente svolto il ruolo di protagonisti.
Coriandoline si presenta come un quartiere coloratissimo, le sue case sembrano essere uscite da un libro di favole ma è un vero progetto urbanistico per un quartiere costruito per essere davvero abitato. La fase di ricerca sulle esigenze abitative dei bambini realizzata, in collaborazione con le scuole, è cominciata nel 1995 per una durata di quattro anni; il progetto di massima è stato definito tra il 2000 e il 2001 mentre il progetto definitivo è stato redatto nel 2002 e presentato lo stesso anno. Al progetto di ricerca, per la durata dei quattro anni, hanno lavorato 700 bambini, 50 maestre, 2 pedagogiste, 20 architetti, tecnici e artigiani. L'esperienza ha messo a confronto, per la prima volta, due mondi di solito separati: il mondo delle case e il mondo della scuola. Durante le varie fasi sono stati utilizzati materiali, strumenti e tecnologie molto differenti e con finalità diverse, un laboratorio organizzato con le scuole, una serie di Mostre, un Laboratorio di progettazione "Quando le idee dei bambini trovano casa" (organizzato con la Facoltà di Architettura di Ferrara 1998-99), la pubblicazione del volume Manifesto delle esigenze abitative dei bambini, un video, un plastico in scala 1:100 del progetto di massima, il plastico in scala 1:25 del progetto definitivo e il video/cartone animato di presentazione del quartiere. Nel 2003 sono iniziati i lavori del progetto Coriandoline, l'esecuzione dei lavori con la partecipazione delle famiglie che hanno personalizzato le loro case è avvenuta tra il 2004-05. Nel 2006 sono state consegnate le abitazioni per poi allestire le aree verdi. L'inaugurazione del progetto è del 2008. www.coriandoline.it

Progetti per Zhongshan

VIII	**Il contesto di Zhongshan**	
	Roberto Mascarucci	
IX	**La regione del Pearl River Delta**	
	Luisa Volpi	
X	**Inquadramento urbanistico**	
	Mariarosaria Rosa	
XI	**Master Plan per il centro città di Zhongshan**	
	Alberto Clementi	
XII	**Porta urbana Ovest**	
	Ester Zazzero, Claudia Di Girolamo	
XIII	**Porta urbana Est**	
	Pepe Barbieri	
XIV	**Spazi pubblici e sostenibilità**	
	Susanna Ferrini	
XV	**Strategie rigenerative dello spazio pubblico**	
	Luigi Coccia, Marco D'Annuntiis, Federica Ottone, Massimo Sargolini	
XVI	**Ristrutturazione urbanistica**	
	Lucio Zazzara	
XVII	**Riqualificazione delle emergenze**	
	Livio Sacchi	
XVIII	**Corrispondenze tra Occidente e Oriente**	
	Antonello Stella, Andrea Pasquato, Marco Zuppiroli	
XIX	**Villaggi urbani: dieci passi verso il futuro**	
	Giancarlo Carnevale, Giovanna Fanello, Esther Giani, Francesco Guerra	

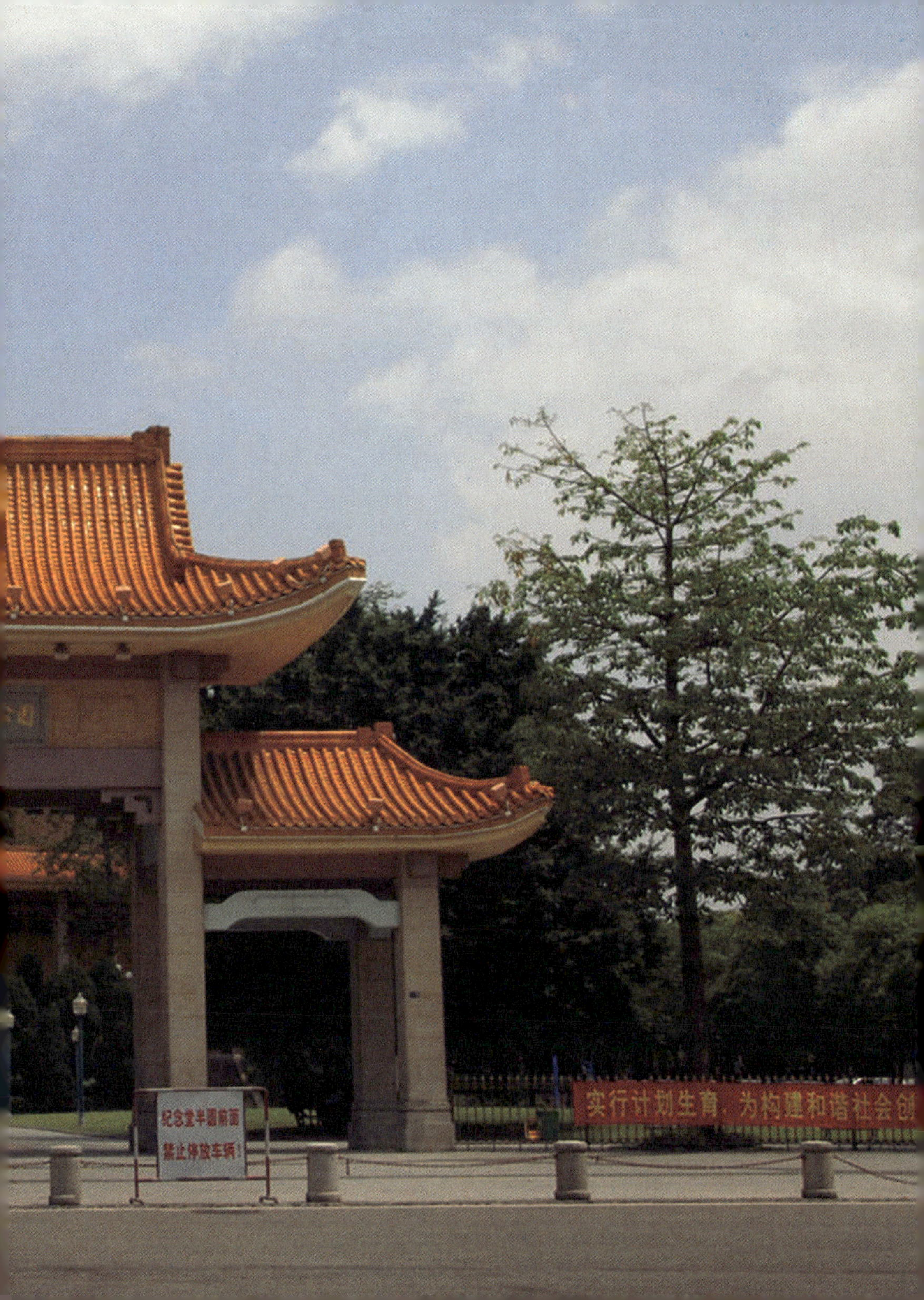
禁止停放车辆！
实行计划生育，为构建和谐社会创

VIII
Il contesto di Zhongshan

Roberto Mascarucci

Gruppo di lavoro
Coordinatore
Prof. Roberto Mascarucci
dottore di ricerca in Urbanistica
Arch. Luisa Volpi
dottoranda di ricerca in Architettura e Urbanistica
Arch. Mariarosaria Rosa
laureandi in Architettura
Lorenzo Massimiano, Gabriella Mazzone, Luca Santangelo
Università G. D'Annunzio, Chieti-Pescara

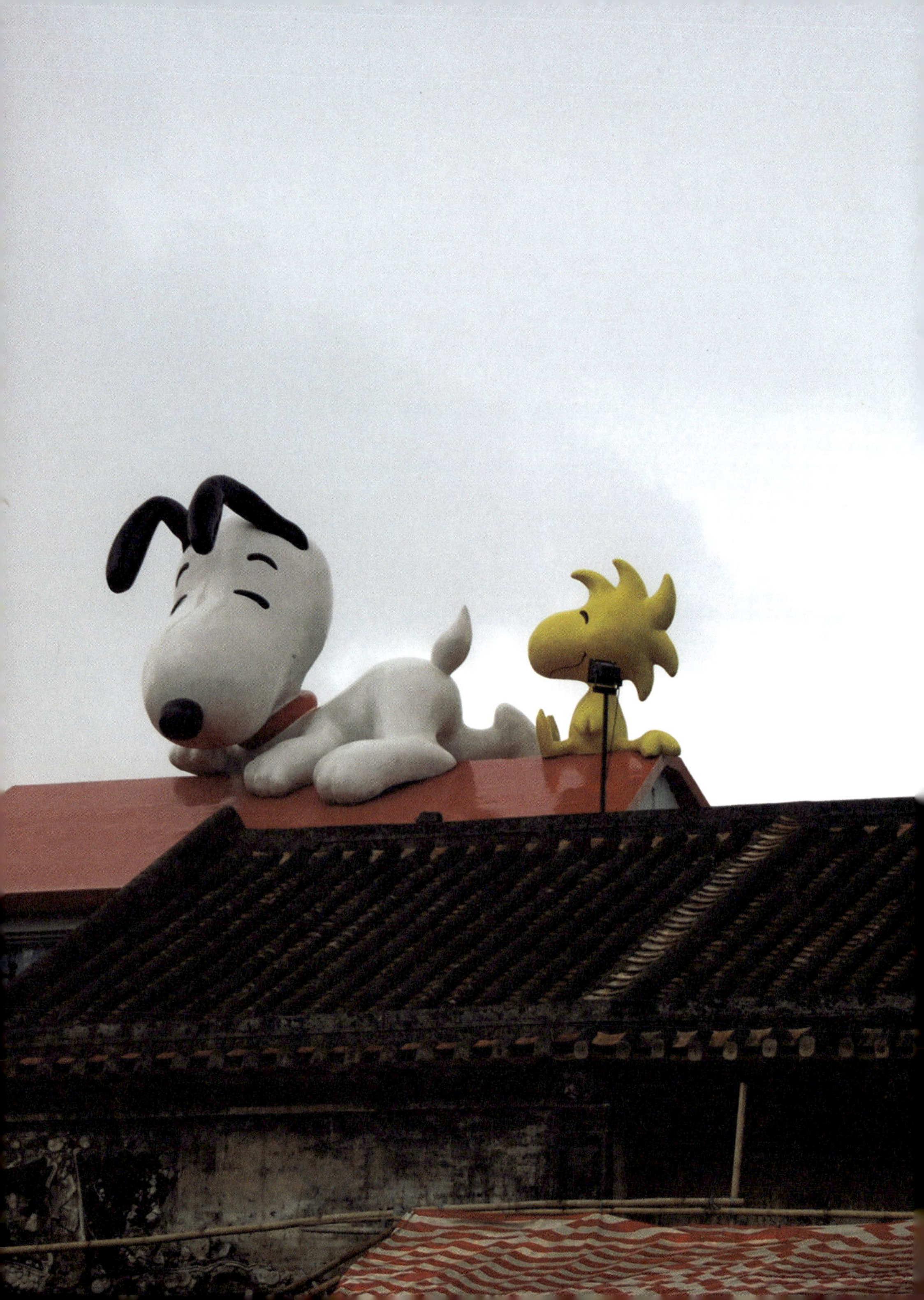

PEARL RIVER sistema idrografico

Inquadramento territoriale

La regione del Pearl River Delta (PRD) viene identificata geograficamente con l'area del delta del ricchissimo bacino del Fiume delle Perle, il terzo fiume cinese per lunghezza e il secondo per portata, che sfocia nel Mar Cinese Meridionale tra Hong Kong e Macao. L'esteso territorio pianeggiante del PRD è irrigato da un intricato sistema idrografico generato dalla convergenza di tre fiumi principali: il fiume Est (Dong Jiang), il fiume Nord (Bei Jiang) e il fiume Ovest (Xi Jiang). L'attuale configurazione del delta è frutto di una costante azione dell'uomo che ha nel tempo modificato il naturale corso dei fiumi per irrigare le fertili pianure della zona. Centinaia di piccoli canali e dighe hanno così gradualmente trasformato il territorio del delta in un'enorme rete di torrenti, ruscelli e pianure coltivate e, grazie anche al clima subtropicale che ha consentito di ottenere tre raccolti l'anno, la regione del PRD è divenuta in breve tempo una importante potenza agricola e commerciale della Cina.

Furono proprio le opportunità offerte dal commercio ad attrarre i Portoghesi e gli Inglesi che, rispettivamente nel 1557 e nel 1843, fondarono sulle coste del PRD le colonie di Macao e Hong Kong, divenute le principali forze economiche della regione. Prima di allora l'unico centro urbano di livello regionale era Guangzhou, che si era sviluppato grazie ai traffici internazionali della seta, mentre il resto degli insediamenti si concentrava in piccoli villaggi sparsi nella pianura agricola.

A livello amministrativo la regione del PRD comprende oggi nove prefetture della provincia del Guangdong: Guangzhou o Canton (la capitale), Shenzhen, Zhuhai, Dongguan, Zhongshan, Foshan, Huizhou, Jiangmen e Zhaoqing, e le due regioni amministrative speciali (SARs) di Hong Kong e Macao, istituite rispettivamente nel 1997 e nel 1999. A questo proposito è importante ricordare che nella Repubblica Popolare Cinese esiste un complesso sistema di suddivisione amministrativa articolato in cinque livelli: A. livello delle Province:province,regioni autonome,municipalità,regioni amministrative speciali (SARs); B) livello delle Prefetture: prefetture,prefetture autonome,città con status di prefettura,lega; C) livello delle Contee: contee,contee autonome,città con status di contea,distretti,bandiere, bandiere autonome, aree forestali,distretti speciali; D) livello dei Comuni: comuni, comuni etnici, città, sotto-distretti, uffici pubblici distrettuali, sumu, sumu etnici; E) livello dei Villaggi (informale): comitato di quartiere, comitato di villaggio (villaggio amministrativo, villaggio naturale). Tale classificazione gerarchica non è sempre rispettata. Nella prefettura di Zhongshan ad esempio, divisa in contee, si amministrano direttamente 18 città, 5 distretti (corrispondenti all'area urbana della città) e una zona di sviluppo industriale (*Zhongshan Torch Hi-Tech Industrial Development Zone*).

PROVINCIA DI GUANGDONG divisioni amministrative

Il sistema economico del Guangdong

La provincia del Guangdong complessivamente si configura come una zona particolarmente significativa, ricca e dinamica sia alla scala locale che a quella interprovinciale e internazionale, avendo come centro politico economico e culturale il capoluogo Gaungzhou. Come territorio costiero, funge da frontiera e cerniera tra la grande aggregazione industriale dei distretti e l'asse di sviluppo della regione del PRD. Un importante indicatore dello stato di salute del suo sistema economico è il Prodotto Interno Lordo (PIL) registrato nel 2006 pari al 12.4% del PIL totale della Cina[1]: testimonianza di una competitività del sistema territoriale e di una ricchezza prodotta (industria primaria, secondaria e terziaria)[2] dal territorio che la proietta al primo posto su scala nazionale, e ne fa una tra le province più popolate della Repubblica Popolare Cinese. Dalla localizzazione geografica nasce anche la spiccata articolazione del sistema economico, con la valorizzazione delle notevoli risorse locali e con complementarietà funzionale che muove dalla costa verso l'interno, rafforzando le interdipendenze tra le attività industriali, agricole, e il sistema dei servizi (in particolare le infrastrutture portuali e aeroportuali: Canton, Shenzhen, Zhuhai, Shantou, Zhajuang, Foshan, Dongguan). Le traiettorie di sviluppo della provincia sono espressione di una catena produttiva e di mercati molto sviluppati, mirati sia a produrre per il mercato interno che per soddisfare la domanda dei mercati internazionali, puntando sulla qualità e sull'innovazione per posizionarsi sui grandi circuiti di mercato esterni anche attraverso la logistica delle merci, sia per l'esportazione che per l'importazione. Il Guangdong si avvale della presenza qualificata di tre[3] *Zone Economiche Speciali* (ZES), Shenzhen, Shantou e Zhuhai, create nel 1979 a seguito di riforme economiche[4] (la politica della "porta aperta", 1978). La caratteristica delle ZES è il trattamento privilegiatocon incentivi, agevolazioni fiscali e doganali (tipo zone franche: libero mercato e il libero scambio, come modello per altre città in via di sviluppo economico)[5] a favore degli investitori esteri, per attrarre investimenti e risorse tecnologiche. Ciò ha favorito il suo ruolo strategico di "re-distributore" dei prodotti importati o provenienti da queste zone verso le altre province interne della Cina Meridionale, fino a farlo diventare risorsa economica importante. La provincia del Guangdong è caratterizzata da singolari agglomerati spaziali di imprese, sia in aree rurali che urbane, detti *cluster*[6], che si distinguono per specializzazione geografica e produzione settoriale ("una città, un prodotto"). La formazione e l'istituzione di tali raggruppamenti è diventato un *trend* ormai consolidato: si segnalano i settori tradizionali dell'industria leggera manifatturiera, dal tessile all'abbigliamento, dalla pelletteria al calzaturiero, dal mobile all'arredo (produzione di mobili in legno e bamboo), all'elettronica (telecomunicazoni, industria informatica, ottica, fibra ottica). In complesso, il sistema produttivo del Guangdong si distingue oggi per l'importanza del settore dell'high-tech (elettronica, computer, apparecchiature elettriche e prodotti derivati dal petrolio), che già nel 2001 rappresentava il 45,4% dell'intera produzione[7], caratterizzando così la provincia come il principale distretto industriale consolidato per la produzione, la ricerca e sviluppo (R&S) e il commercio estero di prodotti high-tech (compresi prodotti ottici ed elettromeccanici, audiovisivi e attrezzature per le telecomunicazioni). Di notevole importanza è la presenza di buone infrastrutture per il settore della chimica fine con lo sviluppo nel settore farmaceutico e per quello dell'agroindustria con produzione di macchinari agricoli (macchine da giardinaggio, zootecnia, prodotti acquatici, macchinari per la lavorazione dei prodotti agricoli). Quest'ultimo settore nello specifico ha supportato colture industriali importanti, come quelle della canna da zucchero e della iuta, e l'incremento indotto dalle riforme e dalla liberalizzazione di interscambio commerciale della produzione agricola tutta (nettamente migliorata nel 2006 con incrementi del 3,7% rispetto ai dati dell'anno precedente)[8]. La riforma del sistema agricolo ha costituito il punto di partenza dell'ampio progetto di ristrutturazione economica: sotto il profilo economico anche tale settore, come modello, appare connotato da una presenza diffusa di piccole e medie imprese collegate tra loro da un denso reticolo di relazioni produttivo-commerciali.

Nonostante la spiccata vocazione industriale, manifatturiera e agricola del territorio, è il terziario (settore finanziario e assicurativo, attività di ricerca e/o formazione R & S e di supporto alle attività di esportazione ed importazione) a rappresentare il principale settore economico per produzione di ricchezza, un aspetto tipico delle realtà ad economia avanzata. Ad oggi, fondamentali risultano le previsioni di trasformazione socioeconomica che aprono nuovi scenari e puntano implicitamente allo "sviluppo sostenibile": traguardo di politiche e linee di indirizzo di protezione ambientale nel Guangdong[9], attraverso riforme dei sistemi di investimento e di incentivi per la protezione ambientale (specie per la regione del PRD) e piani di sviluppo economico-ambientali a favore dell'industria ecocompatibile e dei settori della salvaguardia ambientale.

Le tendenze dei sistemi insediativi
Oltre le consuete motivazioni che hanno storicamente favorito l'insediamento umano nelle aree dei delta fluviali (la presenza di pianure fertili, la ricchezza proveniente dalla pesca, l'utilizzo dei fiumi e del mare come reti di trasporto e di comunicazione, la presenza dell'acqua), la regione del PRD è stata investita di recente da un fenomeno di rapida urbanizzazione unico al mondo (10), tanto da rendere il Guangdong la provincia più popolosa della Cina, con circa 120 milioni di abitanti tra residenti ed emigranti. La densità di popolazione è altissima, soprattutto nell'area del PRD che ospita circa 40 milioni di abitanti, un terzo dell'intera provincia. I dati emersi dal "2000 National Census", nonché le analisi condotte sullo sviluppo dei sistemi insediativi del PRD, hanno dimostrato l'esistenza di una megalopoli (11) che si estende da Hong Kong fino a Jiangmen attraversando i territori di Shenzhen, Dongguan, Guangzhou, Foshan e Shunde. In base alle tendenze in atto, si prevede che verranno inglobati anche Zhongshan, Zhuhai e Macao entro il 2020, disegnando due assi di sviluppo che seguono l'andamento delle conurbazioni urbane presenti sulle due rive del delta e convergono a nord nel grande polo della capitale Guangzhou. L'asse principale collega, sulla sponda orientale del delta, i maggiori centri urbani di livello regionale, Hong Kong e Guangzhou, attraversando i territori altamente urbanizzati di Shenzhen e Dongguan. Tuttavia, mentre la tendenza demografica di Hong Kong risulta piuttosto stabile, le città di livello locale o sub-regionale che fanno parte di questo sistema, stanno registrando negli ultimi anni una notevole crescita, sia in termini economici che demografici: il maggiore incremento è quello relativo a Shenzhen, strettamente dipendente dalla vicinanza con Hong Kong, e all'area metropolitana di Guangzhou. Le città che si attestano sulla riva occidentale del delta sono di dimensioni inferiori, ma le loro dinamiche di crescita fanno prevedere una futura saldatura della megalopoli orientale con la

giovane conurbazione urbana che va sviluppandosi tra Macao e Guangzhou, lungo un asse secondario di sviluppo. Questo fenomeno in atto è imputabile a diversi fattori che hanno influito positivamente sul singolare sviluppo socioeconomico e urbanistico del PRD. Uno di questi è strettamente connesso al dirompente sviluppo economico che ha investito la provincia del Guangdong e il PRD in particolare, dopo il lancio della politica di riforma avviata in Cina nel 1978.

Se inizialmente il vantaggio competitivo del Guangdong era dovuto alla delocalizzazione della produzione manifatturiera di Hong Kong, dopo il 1992, gli investimenti provenienti dalle multinazionali americane ed europee e soprattutto dalle aziende di Taiwan che vi hanno trasferito la produzione di scarpe, tessuti, plastica e componenti elettronici da riesportare, hanno rapidamente trasformato l'economia del Guangdong in qualcosa di profondamente diverso dal resto del paese, sia in termini quantitativi (con una percentuale di esportazioni doppia rispetto alla media nazionale), che qualitativi (con la nascita di una cultura imprenditoriale che ha favorito lo sviluppo di un settore privato molto forte e attivo). I dati sulle densità di popolazione, sui flussi di traffico e sui tempi di percorrenza lungo le infrastrutture e le reti del trasporto pubblico esistenti e programmate, hanno portato alla definizione di sette regioni metropolitane e urbane nell'ambito della megalopoli del PRD (12):
- la regione metropolitana (MR) di Guangzhou;
- la regione urbana (UR) di Zhongshan-Jiangmen;
- la regione urbana (UR) di Zhuhai-Macao;
- la regione urbana (UR) di Dongjiang;
- la regione urbana (UR) del delta Centro-orientale;
- la regione metropolitana (MR) di Shenzhen;
- la regione metropolitana (MR) di Hong Kong.

Questa suddivisione in MR e UR, basata sulle dinamiche e sulle relazioni socioeconomiche dei grandi sistemi urbani del PRD, disegna un nuovo ambito territoriale, i cui confini seguono l'andamento tendenziale dei sistemi insediativi e non i limiti amministrativi delle prefetture e delle città, e che rappresenta la configurazione spaziale della pulsante megalopoli del PRD.

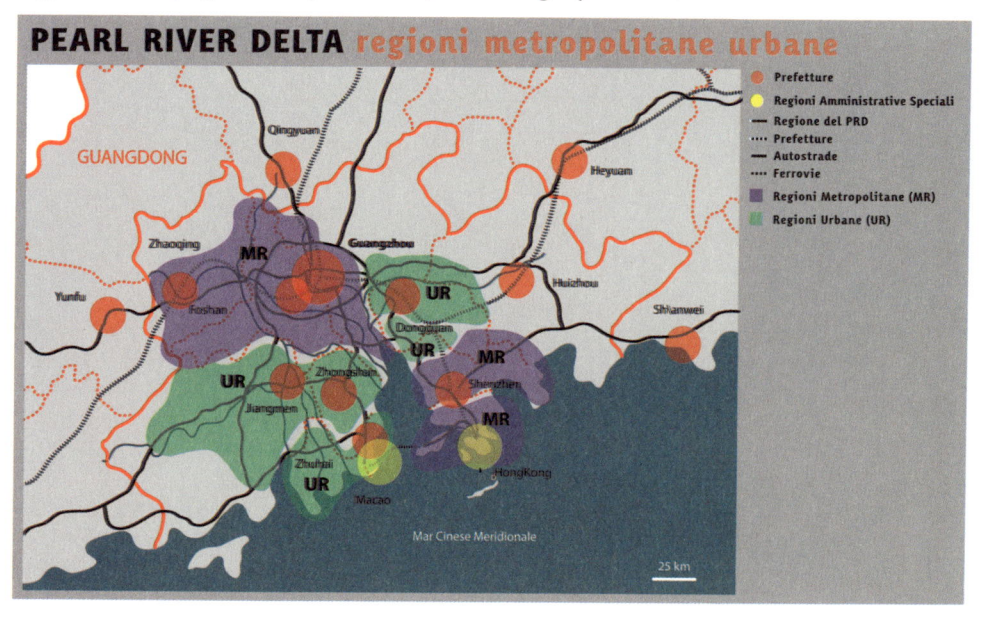

Reti infrastrutturali e progetti in corso

Lo sviluppo socioeconomico e urbanistico del PRD è supportato da una rete infrastrutturale molto efficiente e in continua evoluzione, frutto dei continui investimenti pubblici (pari circa a   del PIL annuo della regione del PRD) destinati annualmente alla costruzione e al completamento di un sistema integrato di trasporti costituito da aeroporti, porti, ferrovie, autostrade e corsi d'acqua navigabili. Le principali infrastrutture per la mobilità della provincia del Guangdong si concentrano nell'area del PRD e, in particolare, sulla sponda sinistra del delta che, come abbiamo visto, è interessata da un importante asse di sviluppo socioeconomico.

Di seguito sono elencati i poli logistici e le più importanti reti di trasporto che mettono in relazione la regione del PRD con la scala vasta. **Aeroporti internazionali:** Hong Kong International Airport; Guangzhou Baiyun International Airport; Shenzhen Baoan International Airport; Zhuhai Airport; Shantou Airport; Macao International Airport; **Porti per il trasporto di merci e persone:** Victoria Harbour, Kwai Chung Container Terminals (Hong Kong); Guangzhou, Huangpu, Shihang, Nansha (Guangzhou); Yantian, Shekou, e Chiwan (Shenzhen); Gaolan, Jiuzhou (Zhuhai); **Autostrade:** Guangshen Expressway (collega le città di Guangzhou e Shenzhen); Jingzhu Expressway (è la prima autostrada nord-sud costruita nella Repubblica Popolare cinese, parte da Pechino e si conclude a Zhuhai, sulla costa della Regione Amministrativa Speciale di Macao); **Ferrovie:** Shenzhen-Guangzhou Railway (collega Guangzhou con Hong Kong); Beijing-Guangzhou (collega Pechino con Guangzhou); Beijing-Kowloon Railway (collega Pechino con Kowloon, un quartiere di Hong Kong).

Molte di tali infrastrutture, come le linee ferroviarie di importanza nazionale e le autostrade storiche, hanno il loro punto di origine e interscambio proprio nella regione del PRD, la cui enorme disponibilità di porti naturali unitasi oggi ad una massiccia presenza di *container terminal* tra i più competitivi e trafficati al mondo, fornisce notevoli opportunità di apertura verso l'occidente e il commercio internazionale. Alla rete su gomma e su ferro si deve poi aggiungere quella sull'acqua, che sta avendo negli ultimi anni un notevole incremento grazie alla politica di investimenti del governo del Guangdong.

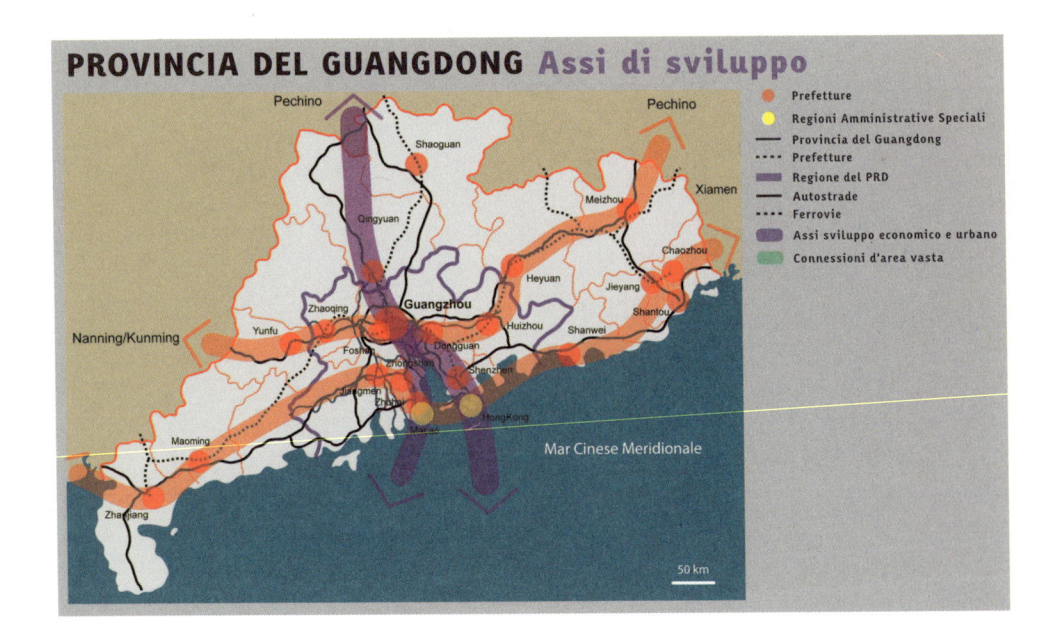

Il sistema del Pearl River e dei suoi affluenti genera infatti un labirinto di ampie infrastrutture naturali che, collegandosi direttamente con il mare, forniscono le condizioni ottimali per lo sviluppo del trasporto marittimo. Con l'approvazione del documento di programmazione "Guangdong Inland River Transport Development Plan", condiviso dalle commissioni riforme e sviluppo, dei trasporti e della finanza, la Provincia ha infatti stanziato fino al 2010 circa 5.000 miliardi di RMB per lo sviluppo delle vie navigabili e per l'incremento delle imbarcazioni da trasporto (13).

I maggiori investimenti riguardano tuttavia il sistema autostradale e si riversano, oltre che sul completamento degli assi principali, sulla promozione attiva di un sistema integrato dei trasporti nella regione del PRD, anche mediante una gestione integrata che preveda una tariffa annuale unica per la suddetta regione.

I progetti in corso sulla rete autostradale e ferroviaria, che modificheranno i futuri i equilibri del PRD, intensificando le relazioni tra i maggiori centri della megalopoli, sono essenzialmente tre:
- il completamento del sistema Hong Kong-Guangzhou-Macao;
- il ponte Hong Kong-Zhuhai-Macao (l'inizio dei lavori è previsto per il 2010);
- il ponte Shenzhen-Zhongshan (non ancora in programma).

Il primo è costituito da una serie di azioni sulla rete autostradale e ferroviaria volte al potenziamento del sistema a ferro di cavallo che congiunge tutti i nuclei urbani che circondano il delta.

In particolare si prevede il raddoppio della Jingzhu Expressway nel tratto di Zhongshan che condurrà direttamente a Macao, e il completamento dello *Hong Kong-Shenzhen Western Corridor* (ultimato nel 2006) che collega le due città passando per mezzo di un ponte sulla *Deep Bay* (la baia che separa Shenzhen da Hong Kong). Anche la rete ferroviaria del PRD sarà potenziata con la realizzazione sulla riva sinistra di un collegamento diretto tra Guangzhou, Shenzhen e Hong Kong, il cui completamento è previsto per il 2014, che prolungherà la linea primaria proveniente da Pechino fino a Hong Kong, e, sulla riva destra, della linea Guangzhou-Zhuai.

Tutti gli interventi di ricucitura e potenziamento della rete infrastrutturale sulle due rive del delta fanno parte di un disegno complessivo, che sarà completato, secondo le previsioni, nel 2015, con la realizzazione del ponte Hong Kong-Zhuhai-Macao. Questa immane opera infrastrutturale, composta da un sistema di ponti e tunnel e lunga circa 29 chilometri, ha assunto da tempo un significato simbolico, rappresentando l'unione delle città più prospere della Cina meridionale.

Il collegamento diretto tra Hong Kong e Macao, e quindi tra le due sponde del delta, oltre a migliorare i trasporti del PRD in termini di tempi e costi, tenderà a colmare il *gap* esistente tra la parte est, economicamente più attiva e dinamica, e la parte ovest del delta, in ritardo di sviluppo di almeno un decennio.

Per quanto riguarda le soluzioni tecniche adottate per la costruzione del ponte vi sono varie ipotesi, la più accreditata è quella di Gordon Wu, che lanciò l'idea del ponte nel 1983, proponendo una struttura divisa in tre tronchi (due ponti e un tunnel sottomarino) e appoggiata su due isole artificiali. Il primo e il terzo tronco, saranno sospesi ad una altezza di circa 10 metri, permettendo il passaggio di piccole imbarcazioni da diporto o da pesca; il secondo tronco, inserito tra i due isolotti artificiali, procederà sott'acqua per 1,4 chilometri, in modo da consentire in superficie il passaggio delle navi da crociera.

Ci sono infine altre due ipotesi di attraversamento del delta: una all'altezza di Shenzhen-Zhongshan (non ancora in programma) e l'altra ancora più a nord tra Humen (nella prefettura di Dongguan) e Xiaolan (nella prefettura di Zhongshan) riservata alla linea ferroviaria diretta a Jiangmen.

Nell'ambito di questo ambizioso progetto di interconnessione est-ovest del PRD, Zhongshan beneficerà dapprima della chiusura del sistema ad anello tra Hong Kong, Guangzhou e Macao e, nel lungo termine, della realizzazione dei due ponti intermedi, che accorceranno ulteriormente le distanze tra l'una e l'altra sponda del delta.

Il nuovo ruolo di Zhongshan nella regione del PRD

La prefettura di Zhongshan si estende per circa 1800 kmq (14) su un territorio prevalentemente pianeggiante e agricolo, sulla sponda occidentale del PRD tra Guangzhou e Macao. Come già detto, su questo lato del delta si registra un livello di sviluppo socioeconomico notevolmente inferiore rispetto a quello del lato orientale che, beneficiando della presenza di Hong Kong, ha assunto un ruolo leader per l'economia dell'intera provincia. Ma la situazione è destinata a cambiare.

Le politiche di sviluppo infrastrutturale sopra descritte, tutte ispirate ad una visione generale di riconnessione a rete, porterà nel medio periodo il territorio di Zhongshan nella condizione di poter partecipare appieno alla ulteriore fase di crescita socioeconomica della regione del PRD. Con un vantaggio: quello di poter disporre, ancora oggi, di un territorio ricco di risorse naturali incontaminate e di un sistema urbano ad elevato livello di qualità ambientale.

La città di Zhongshan, infatti, si qualifica per un forte impegno nel settore dei parchi urbani e del verde, avendo anche ottenuto diversi riconoscimenti nazionali in materia di vivibilità urbana e di immagine della città, come i premi per "città giardino", "città pulita", "città armoniosa" e "città modello nella protezione ambientale". A ciò si aggiunge una esplicita volontà programmatica di affrontare il tema della riqualificazione urbana e della rivitalizzazione delle aree centrali del sistema urbano.

I luoghi che i rappresentanti dell'Amministrazione locale hanno individuato come aree-problema e/o come sperimentazione di buone-pratiche sono: l'area urbana centrale (Sun Wen Xi, Sun Wen Zhong, Xi Shanshi, Cong Shanfang); il villaggio natale del Dr. Sun Yat-Sen (Cuiheng Village); l'affaccio costiero sul Pearl River Delta; il villaggio di ShaChong; la National Torch High-Tech Industrial Development Zone.

I luoghi sui quali si richiede di concentrare l'interesse dei nuovi programmi di riqualificazione urbana sono invece: l'area urbana centrale; i villaggi storici inglobati dalla periferia urbana; i luoghi monumentali e gli spazi notevoli disseminati nell'insediamento diffuso.

In questi tre tipi di aree, le questioni sono connesse al recupero architettonico, alla riqualificazione urbanistica e, più in generale, alla rivitalizzazione socioeconomica.

Si tratta, quindi, di affrontare il tema del "recupero" non solo in termini fisico-formali, ma anche e soprattutto in termini socioeconomici, con una forte attenzione alle procedure di attuazione delle proposte progettuali.

Infatti, nel quadro della politica urbanistica locale, essenzialmente fondata su una pianificazione di struttura e sulla successiva "delega" attuativa ai *developpers*, si incontrano difficoltà a definire soluzioni applicabili ai contesti che caratterizzano i siti in oggetto. In questo senso, l'esperienza italiana può essere di aiuto, a condizione però che si affronti il tema con l'approccio atteso: finalizzazione operativa dei programmi di ricerca, e forte attenzione alla fattibilità delle proposte progettuali.

Insieme alle possibili proposte di merito sulle soluzioni di assetto (di scala architettonica e urbanistica), due questioni di fondo stanno alla base della richiesta di *advisoring* formulata dalla comunità locale e devono, quindi, assumere un ruolo centrale nella caratterizzazione innovativa del nostro contributo:
- il rapporto delle soluzioni fisico-spaziali con il tema della sostenibilità;
- le implicazioni delle proposte progettuali rispetto alle procedure di attuazione dei programmi.

Sul primo argomento la richiesta è chiara: l'esigenza di innalzare il livello di qualità urbana dei contesti individuati dalle autorità locali di Zhongshan, non può prescindere da una riflessione critica circa l'organizzazione complessiva dell'assetto insediativo della "regione metropolitana" (per altro, esplicitamente richiesta dalle autorità provinciali del Guangdong).

La seconda questione attiene, invece, alla natura operativa del contributo atteso: per l'atteggiamento pragmatico che caratterizza la gestione dello sviluppo territoriale in Cina, al contributo esperto dei consulenti internazionali è richiesto il superamento della mera proposizione di modelli astratti, privi dei contenuti di fattibilità connessi all' individuazione delle procedure di attuazione.

LA RETE INFRASTRUTTURALE il ponte HK-M-Z

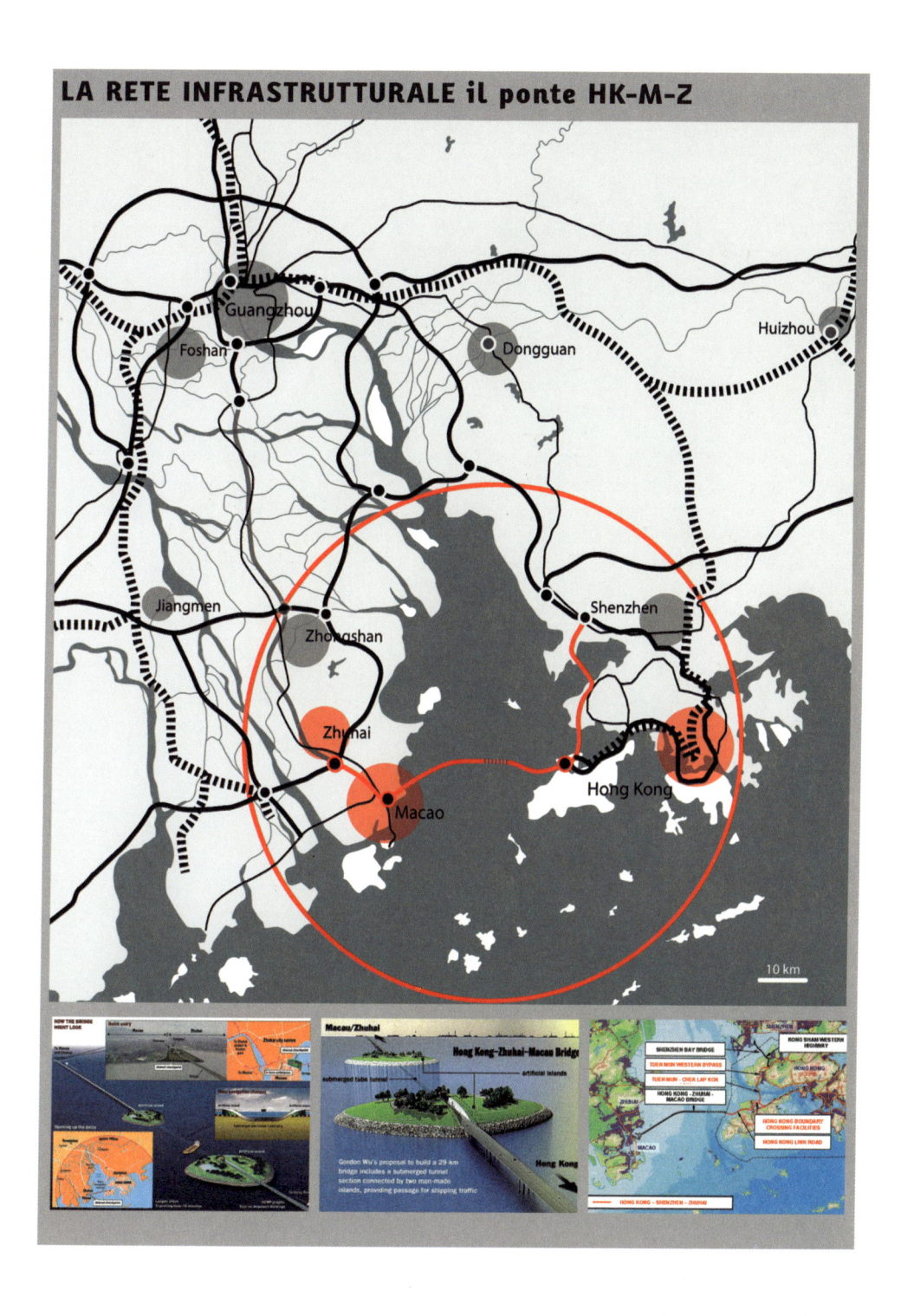

Roberto Mascarucci | 85

中山市城市总体规划（2005--2020年）
城乡协调发展规划图

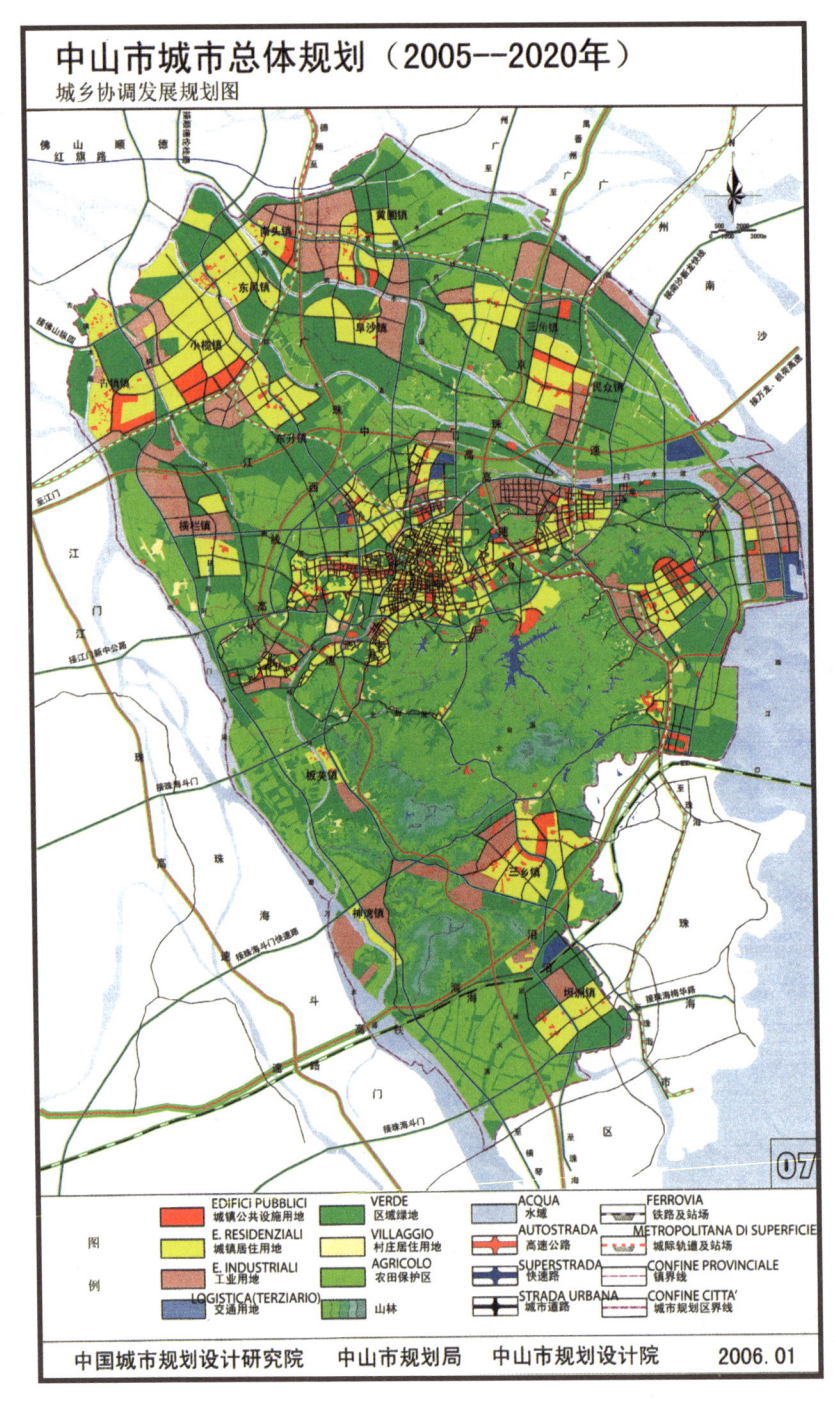

EDIFICI PUBBLICI 城镇公共设施用地	VERDE 区域绿地	ACQUA 水域	FERROVIA 铁路及站场
E. RESIDENZIALI 城镇居住用地	VILLAGGIO 村庄居住用地	AUTOSTRADA 高速公路	METROPOLITANA DI SUPERFICIE 城际轨道及站场
E. INDUSTRIALI 工业用地	AGRICOLO 农田保护区	SUPERSTRADA 快速路	CONFINE PROVINCIALE 镇界线
LOGISTICA (TERZIARIO) 交通用地	山林	STRADA URBANA 城市道路	CONFINE CITTA' 城市规划区界线

图例

中国城市规划设计研究院　中山市规划局　中山市规划设计院　2006.01

Visione strategica
della città
2005/2020

86 | Il Contesto di Zhongshan

La sostenibilità delle ipotesi di assetto

In generale, (ed in particolare nel caso di specie) il progetto di riqualificazione dei contesti urbani centrali deve affrontare in modo innovativo il tema della "qualità". Deve seguire altri approcci rispetto a quelli finora tradizionalmente praticati e deve conseguentemente proporre contenuti diversi da inserire nell'agenda strategica. Deve lavorare a partire dal riconoscimento della natura multiscalare dell'insediamento urbano e della funzione plurima dei suoi luoghi in relazione a detta multiscalarità (specialmente in area metropolitana). Deve essere capace di assumere nel progetto la "consapevolezza scalare" dei contesti presi in esame. In termini generali, sembra che il documento *Memo on the Programme for Regional Healthy-Living Zone in the Bay Area of Pearl River Delta* intenda dare l'avvio ad una seconda fase dello sviluppo socioeconomico della regione, puntando a farla diventare "la più competitiva area metropolitana del mondo". E per far questo, si propone di effettuare un "salto di qualità" rispetto al recente passato affrontando il tema della sostenibilità ambientale.

In questa logica, accanto ad affermazioni generali di principio sulla "salvaguardia ambientale", sulla riconversione dell'apparato produttivo verso nuovi *standard* a basso consumo di energia fossile, sulla revisione del "disegno di organizzazione spaziale" (finora impostato secondo il modello delle parti funzionali distinte), ci sono almeno tre specifiche riflessioni che vanno prese in considerazione nel quadro di un ripensamento generale del tema della "qualità" dell'insediamento urbano:

- l'attenzione verso una nuova ipotesi di sviluppo urbanistico a minor consumo di suolo, con conseguente riuso del patrimonio edilizio e riqualificazione dell'esistente;
- l'interesse verso la possibile costruzione di un sistema di luoghi per le attività culturali e ricreative, elemento di base per una nuova qualità della conurbazione metropolitana;
- il riconoscimento del ruolo unificante di una rete di trasporto pubblico eco-compatibile, capace di mettere in sinergia i differenti contesti locali e di massimizzare il possibile contributo dei singoli interventi al raggiungimento del più complessivo "effetto-qualità" sulla struttura metropolitana nel suo insieme.

Sono proprio queste tre riflessioni che, viste congiuntamente, possono caratterizzare un differente approccio alla progettazione degli interventi per la riqualificazione urbana, nella direzione che la nostra esperienza italiana ci indica come la più efficace. Il nuovo corso dello sviluppo urbanistico "qualitativo" prende avvio, infatti, proprio dalla presa di coscienza della necessità/opportunità di contenere il consumo di suolo e di procedere in modo convinto verso il riuso e la riqualificazione di parti importanti della struttura urbana più "antica" e del suo patrimonio architettonico.

Alla base di questa presa di coscienza c'è la convinzione che l'operazione di riuso e riqualificazione, oltre che dimostrarsi utile per il raggiungimento degli obiettivi generali di sostenibilità ambientale, possa fornire importanti occasioni per introdurre nel tessuto metropolitano nuovi spazi di relazione sociale e di qualità della vita. Lo stesso impianto urbanistico originario di questi luoghi (a bassa densità, attento all'inserimento nel contesto fisico, rispettoso dei rapporti morfologici tra pieni e vuoti) si può rivelare foriero di nuova qualità urbana, anche a prescindere dal valore intrinseco delle architetture che li caratterizzano. Il recupero di questi spazi, però, può suscitare i suoi effetti positivi sull'innalzamento della qualità urbana complessiva del tessuto metropolitano solo a condizione che: si abbini ad una ri-funzionalizzazione significativa dei vuoti e dei pieni in relazione alle reali "domande" del contesto metropolitano; sia affiancato da un importante progetto di connessione/accessibilità che inserisca (a tutti gli effetti) i nuovi spazi nel "circuito" metropolitano.

Questa esigenza riporta alle altre due riflessioni sopra richiamate (che si condividono, e che assumono centralità strategica nel programma complessivo): quella di progettare il sistema delle aree per la cultura e il tempo libero nel suo insieme e quella di connettere detto sistema ad un contemporaneo e parallelo progetto della rete della mobilità pubblica eco-sostenibile. La progettazione dei singoli contesti dovrà essere effettuata in relazione alla consapevolezza del posizionamento del luogo rispetto al contesto metropolitano più complessivo e della sua possibile connessione (o inter-connessione) con il sistema delle reti della mobilità pubblica.

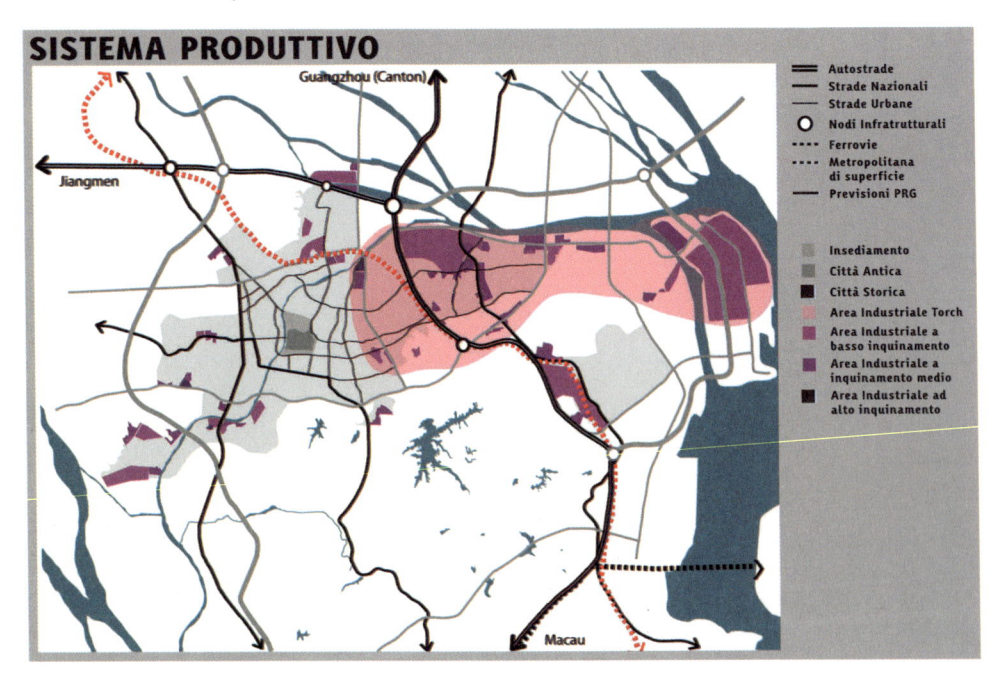

Quanto fin qui detto ha alcune implicazioni operative sul nostro lavoro. Innanzitutto, le proposte dei singoli sotto-gruppi non potranno prescindere dalla "visione" d'insieme che preliminarmente (o almeno contemporaneamente) dovrà essere prodotta. E poi, la stessa costruzione della visione d'insieme dovrà tendere a sviluppare sinergie e a creare "valore aggiunto" alle singole operazioni puntuali. Alla scala dell'intera regione del PRD si tratta di studiare come cambierà il sistema della mobilità territoriale con l'entrata in funzione del nuovo ponte Hong Kong-Zhuhai-Macao e come, di conseguenza, sarà modificato il ruolo della città di Zhongshan nell'ambito del più complessivo sistema territoriale.
Alla scala del sistema urbano di Zhongshan si tratta, invece, di considerare alla base del progetto di riqualificazione delle vecchie e nuove centralità urbane l'accessibilità dei luoghi, la complementarietà delle funzioni e le implicazioni derivanti dall' interconnessione complessa che il sistema è in grado di generare. E si deve, per altro, fare in modo che questi elementi entrino in gioco nel progetto stesso fin dalla fase iniziale di "configurazione spaziale dei luoghi".

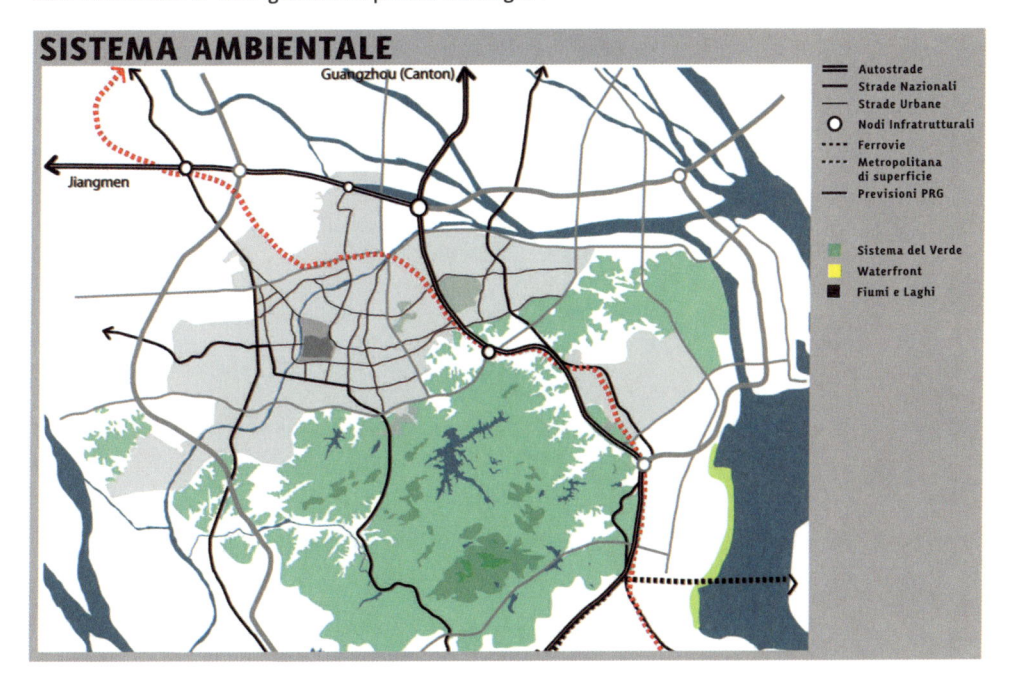

La fattibilità delle proposte progettuali

Rientrano appieno nel tradizionale *know how* delle scuole di architettura italiane il riconoscimento delle morfologie insediative, lo studio delle testimonianze urbane, il trattamento dei segni della memoria, la riqualificazione progettuale dei luoghi dell'identità locale e tutte le connesse modalità di recupero, riqualificazione e rifunzionalizzazione del patrimonio architettonico e urbanistico, anche se ormai inglobato nell'espansione indifferenziata della conurbazione contemporanea.
Su tutto questo si basa la richiesta di *expertise* che la comunità del Guangdong chiede al sistema delle scuole di architettura italiane. Ma, nel caso specifico, ci si chiede di più. Ci si chiede, infatti, non solo di proporre modalità di analisi, interpretazione e trattamento progettuale dei luoghi della tradizione storica, ma anche di suggerire buone pratiche di procedimento per riportare questi luoghi ad una rinnovata "centralità" urbana e socioeconomica, di proporre (in sostanza) percorsi virtuosi

di rivitalizzazione dei luoghi della tradizione storica per candidarli a svolgere rinnovate funzioni di innalzamento della qualità complessiva dell'insediamento metropolitano. Anzi, più correttamente, ci si chiede di proporre formule innovative di intervento progettuale e di implementazione procedurale capaci di integrare le procedure di rivitalizzazione economica dei contesti urbani centrali (già ben note ai nostri interlocutori, come dimostra il caso emblematico di Sunwen Xi Lu, la prima strada dell'intera Cina ad essere pedonalizzata a fini commerciali), con le modalità del trattamento "formale" del patrimonio architettonico storico (anch'esse già note, come dimostra il caso di Cuiheng Village, luogo natale del Dr. Sun Yat-sen, presentato come best practice in tal senso). In ciò si può ravvisare gran parte dell'innovazione che la nostra recente esperienza italiana può introdurre in un sistema di governo dello sviluppo urbanistico troppo ispirato alle logiche del *planning* tradizionale. In generale, il sistema di governo dello sviluppo urbano nel contesto in esame si fonda essenzialmente su una forte pianificazione di struttura, sulla realizzazione pubblica delle grandi opere di infrastrutturazione e sul successivo affidamento della progettazione/realizzazione degli insediamenti residenziale ai *developer*. Nel caso specifico della riqualificazione dei luoghi urbani tradizionali, spesso esclusi dalle logiche di mercato, non è altrettanto facile applicare una metodologia di questo tipo. Si tratterà, quindi, di individuare nuovi strumenti per governare le trasformazioni urbane senza correre il rischio di perdere il controllo sulla qualità degli esiti. Anche questo secondo aspetto comporta forti implicazioni operative sul nostro lavoro. Oltre alla individuazione di validi modelli di configurazione spaziale dei luoghi, si tratterà di studiare e proporre efficaci meccanismi di convenienza economica e finanziaria per fare in modo che le operazioni di riqualificazione urbana possano contare su spinte fortemente legate alle domande del mercato. Si tratta di mettere in gioco il possibile ruolo trainante delle nuove localizzazioni economiche (esercizi commerciali, attività direzionali, attrezzature di servizio alla persona, offerta di ricettività turistica), sfruttando la loro capacità strutturante, e cercando di far convivere l'esigenza di rivitalizzare il tessuto socioeconomico con gli adeguati meccanismi di controllo e governo delle trasformazioni (capaci di garantire, pur nel rispetto delle logiche di mercato, il raggiungimento della qualità degli esiti finali delle operazioni di intervento). Su questo terreno si deve misurare la capacità operativa delle nostre proposte, mettendo a frutto le recenti esperienze italiane sul partenariato pubblico-privato, per rispondere in termini concreti alle richieste di un sistema che fonda il suo successo sull'efficacia delle procedure e sulla rapidità delle realizzazioni.

1. ICE- Istituto nazionale per il commercio Estero - L'ufficio di Canton. www.ice.it/paesi/asia/cina/profguangdong.pdf
2. ivi
3. ivi; quattro Special Economic Zones, tre nella provincia del Guangdong, e una Xiamen (provincia del Fujian). Quinta ed ultima ZES costituita dal Governo cinese e' l'isola di Hainan di Fujian
4. Promosse dal leader cinese Deng Xiaoping, "economia socialista di mercato"
5. Successivamente apertura di quattordici città costiere agli investimenti stranieri; nel 1984, l'istituzione della "zona costiera di sviluppo economico"; nel 1985 "strategia di sviluppo costiero", il governo apre il Delta Pearl River nella provincia del Guangdong; nel 2001 ingresso nella WTO (Organizzazione Mondiale del Commercio), l'intero paese è omogeneizzato dal punto di vista dell'offerta di opportunità per il capitale straniero e nazionale
6. Rigas ARVANITIS et Eglantine JASTRABSKY, "A Regional Innovation System in Gestation: Guangdong", China perspectives, N. 63, 2006, [En ligne], mis en ligne le 1 févri er 2009. Url:http//chinaperspetives.revues.org/document573.html. Consulté le 09 mars 2010.
p.11/19, <<termine cluster specializzati (zhuanye zhen), nome amministrativo che le autorità danno per avvalersi di un sostegno specifico nel quadro degli aiuti per lo sviluppo tecnologico>>
7. ivi, p.9/19
8. ICE- Istituto nazionale per il commercio Estero - L'ufficio di Canton. www.ice.it/paesi/asia/cina/profguangdong.pdf
9. ivi, pp.19-23/29
10. R. Koolhaas, New Urbanism: Pearl River Delta, Documenta X, Germania 1998
11. Per "megalopoli" si intende una formazione lineare urbana composta da città di varia dimensione, generata da processi di rapida urbanizzazione e industrializzazione e strutturata lungo un asse di lunghezza non inferiore ai 150 km. Tipicamente le due estremità di una megalopoli sono ancorate a due grandi poli metropolitani, collegati tramite importanti reti di trasporto e di comunicazione, quali autostrade e ferrovie.
12. Edward Leman, Can the Pearl River Delta Region still compete?, The China business review May-June 2003.
13. Cfr. Ness Andrew, Pearl River Delta. Opportunities and Challenges, Joint Economic Forum Sustainable Cities Workshop, maggio 2008
14. Per rendersi conto delle dimensioni basti pensare che la superficie occupata dal Comune di Pescara è di 33,62 kmq, quella del Comune di Roma è di circa 1285 kmq.

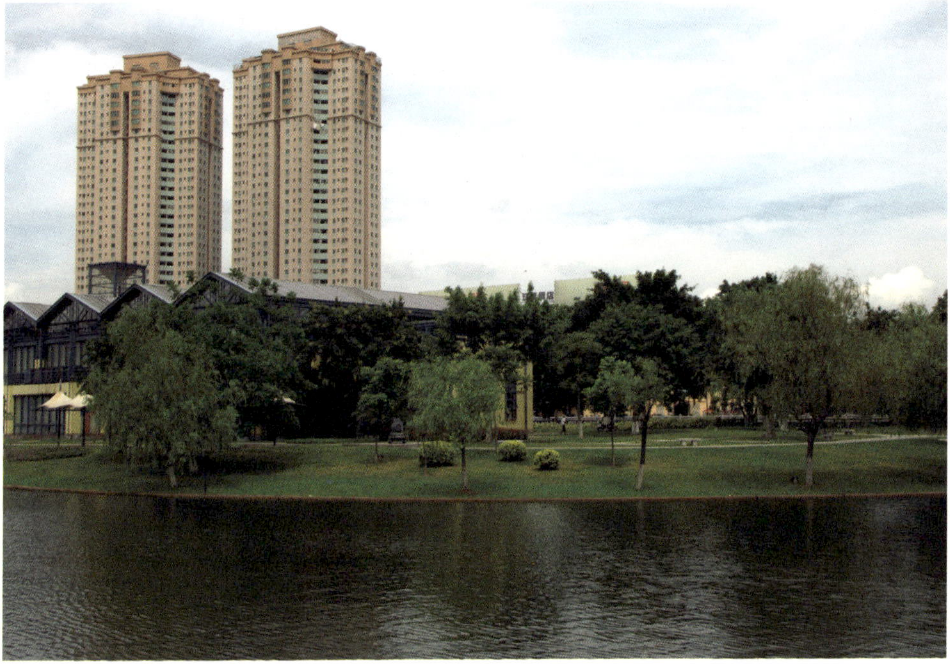

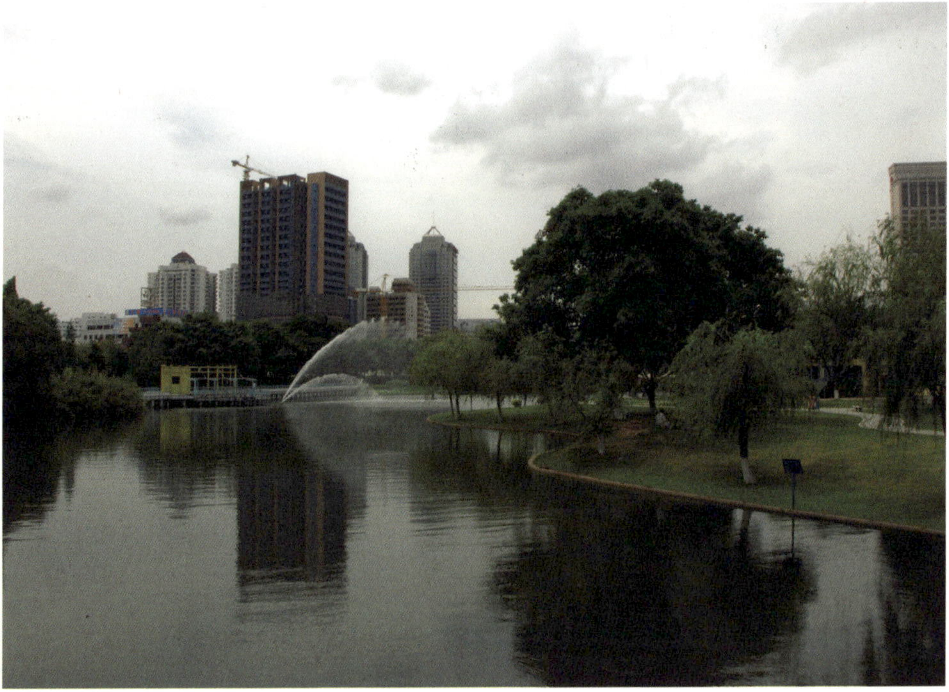

IX
La regione del Pearl River Delta

Luisa Volpi

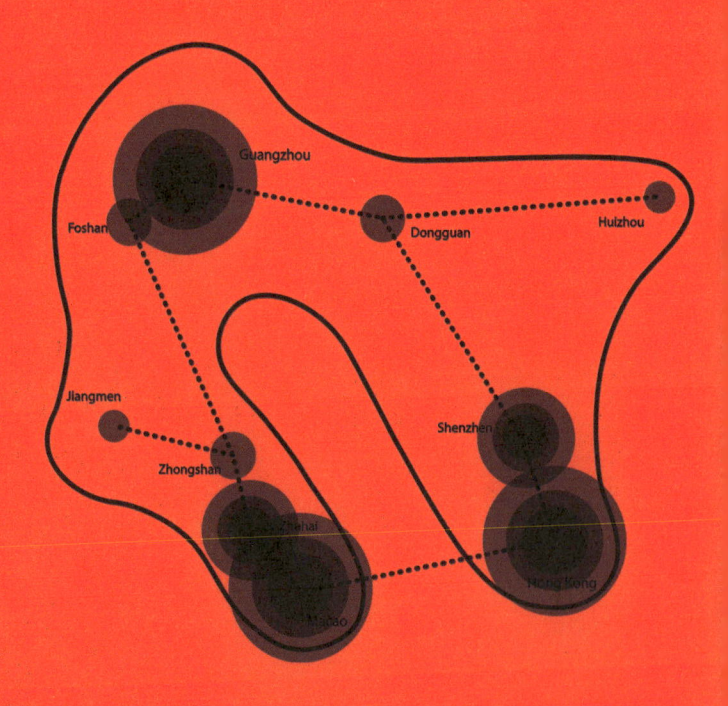

Università G. D'Annunzio, Chieti-Pescara

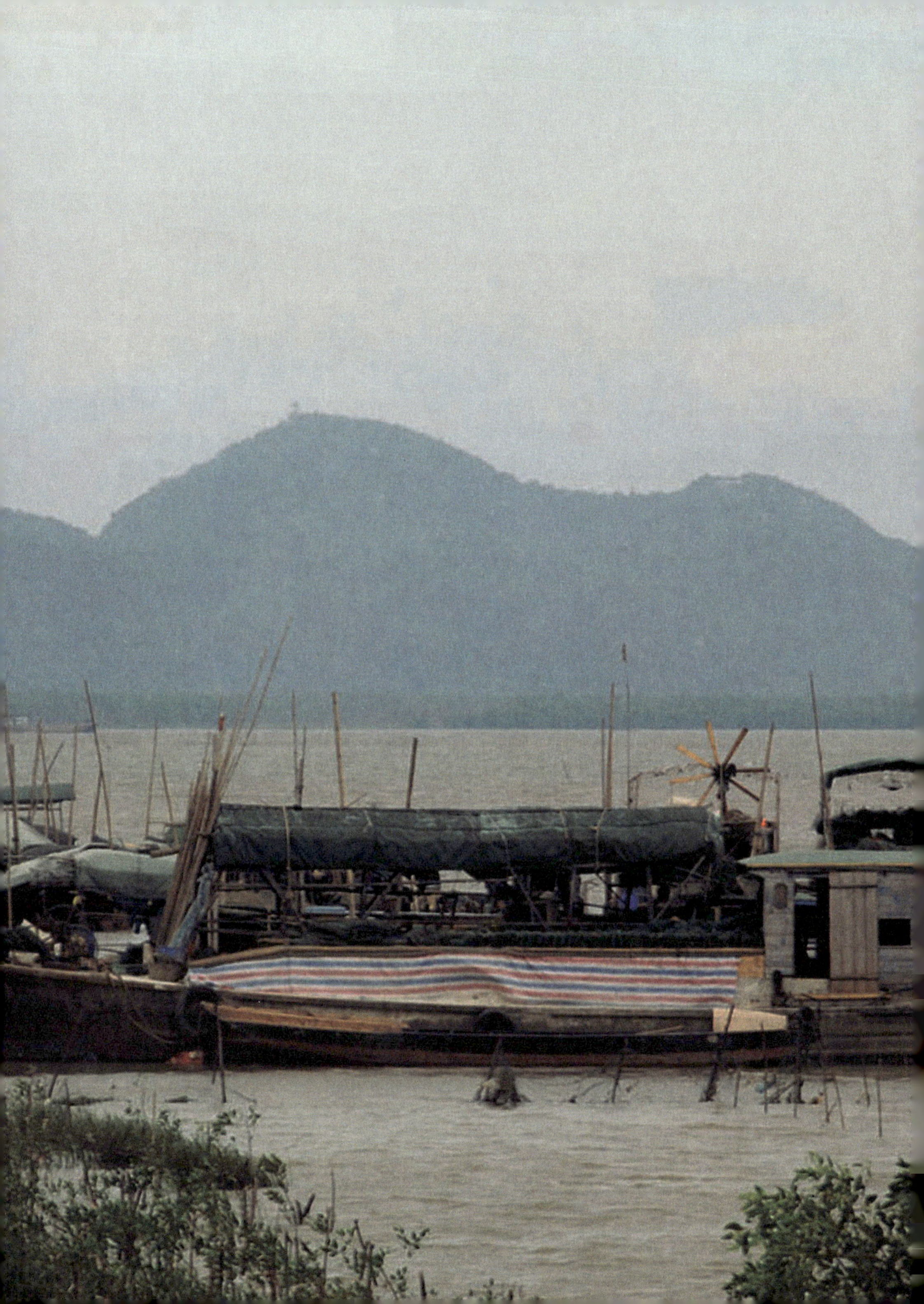

Introduzione

Le riflessioni sulle strategie per il miglioramento della qualità urbana di Zhongshan non possono prescindere da un'attenta considerazione dei mutamenti in corso sul contesto territoriale in cui questa città è inserita e dal nuovo ruolo che essa assumerà in un futuro molto prossimo. La consistente operazione di potenziamento del sistema infrastrutturale messa in atto dalla provincia del Guangdong e, in particolare, l'imminente realizzazione di un nuovo ponte tra Hong Kong e Macao, determinerà la chiusura ad anello del sistema connettivo che circonda il delta facilitando notevolmente le relazioni tra i tre poli urbani della megalopoli del PRD (Hong Kong, Guangzhou e Macao). Mentre il *gap* economico esistente tra le due sponde tenderà quindi ad equilibrarsi, i problemi derivanti dalla configurazione fisico-geografica del territorio, continuamente esposto al rischio di inondazioni, si scontreranno ben presto con un naturale processo di incontrollata e disordinata crescita urbana.

Se a questo si aggiungono i dati allarmanti riferiti all'inquinamento delle acque e dell'aria, alle piogge acide, all'occupazione di suolo agricolo, alla perdita di foreste e alla produzione di energia pulita, è evidente che i cambiamenti in atto andranno necessariamente affrontati con il ricorso a strategie e politiche basate sul principio di "sostenibilità"[1].

In Cina, il processo di adeguamento degli strumenti di pianificazione e dei documenti di programmazione ai principi dello sviluppo sostenibile, ha preso avvio in seguito alla Dichiarazione di Rio del 1992, reindirizzando le politiche locali, fino ad allora focalizzate sullo sviluppo economico, su nuove questioni, quali la protezione e la valorizzazione dell'ambiente e l'uso compatibile e sostenibile delle risorse. Nel recente Programma di azioni per le riforme e lo sviluppo del PRD 2008-2020[2], viene infatti inserito, tra gli altri, l'obiettivo della conservazione delle risorse e della protezione dell'ambiente da realizzarsi attraverso le seguenti azioni prioritarie:
- utilizzare il territorio in maniera efficiente;
- sviluppare l'"economia circolare";
- intensificare la prevenzione e il controllo dell'inquinamento;
- rafforzare la tutela ecologica ed ambientale.

Nello stesso documento sono contenute, sotto forma di dichiarazioni d'intenti, tutte le altre strategie di sviluppo del PRD, tra le quali la promozione di una modernizzazione delle infrastrutture e il coordinamento tra lo sviluppo urbano e quello rurale.

Anche in riferimento a tali obiettivi strategici, le "prospettive territoriali"[3] elaborate nell'ambito della presente ricerca, sono state costruite in base a tre livelli di analisi e approfondimento, tra loro fortemente interdipendenti: ambientale, infrastrutturale e insediativo, che rappresentano, nel lungo periodo e ad una scala vasta, il quadro di riferimento complessivo per i futuri progetti di territorio.

Prospettive territoriali: il sistema ambientale

La Regione del PRD comprende un'area di circa 42000 kmq, gran parte della quale è costituita dalle pianure alluvionali del sistema idrografico del delta del Fiume delle Perle. Le rare zone collinari, con altitudini di poco superiori ai 200 metri, si concentrano a sud, nelle vicinanze di Hong Kong, Shenzhen, Zhuhai e Macao, e a nord di Guangzhou. Le municipalità di Dongguan, Foshan e Zhongshan si trovano invece nel cuore della pianura, i cui livelli più bassi si hanno sulla destra orografica del Pearl River, nella zona di Zhongshan. Il rapido processo di industrializzazione e urbanizzazione che ha investito la regione del PRD negli ultimi trent'anni, ha comportato la perdita di prezioso suolo agricolo e il dilagare dell'espansione urbana che ha progressiva invaso le fertili pianure sottoponendole ad estese azioni di bonifica. L'assenza di efficaci strumenti di gestione del territorio e di monitoraggio dei fenomeni urbani, ha ulteriormente aggravato la situazione, provocando tre importanti conseguenze: l'utilizzo di terreni agricoli per scopi non agricoli; la compromissione del sistema ecologico-ambientale; l'aumento dei rischi connessi con i disastri ambientali (inondazioni) (4). Per contrastare tali minacce ed arrestare un processo indiscriminato di sottrazione di risorse ambientali in favore delle pressanti espansioni urbane, diventa necessario adottare delle misure per coordinare l'inarrestabile sviluppo socio-economico con le esigenze della conservazione e della tutela.

Gli studi condotti sul rapporto tra i processi di urbanizzazione e i rischi di inondazione nell'area del PRD, dimostrano come, attraverso la salvaguardia di determinate risorse territoriali, sia possibile conciliare le esigenze dello sviluppo locale con quelle della natura e risolvere la difficile coesistenza dell'uomo con l'acqua[5]. Per "risorse territoriali" si intendono non solo gli elementi del sistema ambientale assimilabili alle aree naturali non antropizzate (*wildlife*), ma anche i valori identitari, le vocazioni, gli usi tipici del territorio, che hanno contribuito alla sua valorizzazione e al suo sviluppo. Nel caso del PRD, l'acqua ha sempre rappresentato una grande risorsa non solo per l'agricoltura ma anche per la pesca e per il commercio marittimo. Una tra le più antiche modalità di sfruttamento dell'acqua per scopi produttivi che sopravvive ancora oggi nella zona del delta, è rappresentata dai *fish ponds*, cioè dai laghetti artificiali utilizzati per gli allevamenti di pesce e, allo stesso tempo, per l'irrigazione dei campi coltivati. I *fish ponds*, molto diffusi nelle aree pianeggianti e costiere del PRD, oltre ad avere un valore storico-identitario per il territorio, svolgono una duplice funzione: quella di compensare la mancanza di spazi permeabili per l'assorbimento dell'acqua piovana, limitando i danni connessi alle piogge eccessive durante le stagioni umide e, parallelamente, quella di fornire acqua per l'irrigazione, funzionando da serbatoi, nei periodi di siccità.

La strategia proposta è orientata dunque al mantenimento di un equilibrio tra processi antropici e processi naturali attraverso il riconoscimento dell'ossatura portante del sistema ambientale, costituito da elementi lineari, che chiameremo "corridoi ecologici", ed elementi areali o "serbatoi di naturalità", e attraverso la salvaguardia delle attività agricole locali (colture tipiche e *fish pond*), soprattutto in prossimità dei fiumi, in modo da garantire un adeguato assorbimento dell'acqua in eccesso preservando allo stesso tempo le risorse identitarie del territorio.

L'immagine che ne deriva evidenzia in sintesi un sistema a rete in cui i corridoi ecologici, supportati nelle aree a maggiore rischio da suoli agricoli e *fish ponds*, funzionano da elementi di riconnessione per le grandi aree naturali protette e non (serbatoi di naturalità) favorendo l'azione di tutela e l'incremento del numero di parchi e riserve.

Secondo le previsioni contenute nell'"Ecological Environment Construction Plan of Guangdong Province", entro il 2020 saranno piantati 900.000 ettari di boschi, saranno istituite 82 nuove riserve naturali e la quantità di spazi verdi per i residenti urbani raggiungerà un valore di circa 15 metri quadrati pro-capite[6]. Il futuro scenario del sistema ambientale del PRD dipende in definitiva dall'azione coordinata di due fattori: la conservazione e la tutela delle aree che rivestono un'importante funzione ecologica per il territorio (i corsi d'acqua del fiume Pearl, le grandi cinture verdi costiere, le aree collinari, le aree pianeggianti agricole) e la messa in rete degli spazi naturali attraverso la ricucitura dei corridoi ecologici.

Gli esiti attesi da tale strategia generale riguardano in sostanza il miglioramento della qualità delle aree naturali ed urbane, da realizzarsi attraverso interventi di: salvaguardia dei boschi e delle foreste; ripristino dei boschi costieri di mangrovie; protezione delle sorgenti d'acqua della valle del Fiume delle Perle; riqualificazione delle foci dei fiumi; controllo dell'erosione del suolo; valorizzazione del paesaggio urbano attraverso la tutela delle aree collinari; realizzazione di cinture verdi ai margini delle città; realizzazione di fasce verdi lungo le strade e le ferrovie; salvaguardia del verde urbano ed extraurbano; tutela delle aree agricole e delle produzioni tipiche. Tali azioni avranno effetti positivi non solo sull'ambiente in generale ma anche sulla qualità della vita urbana, che rischia di essere irreparabilmente compromessa dal rapido e incontrollato sviluppo insediativo e industriale.

Prospettive territoriali: il sistema infrastrutturale

Recentemente, per garantire e migliorare la competitività nella Regione del PRD, si è resa necessaria una maggiore cooperazione tra le amministrazioni governative che operano a livello centrale, provinciale, municipale e delle Regioni Amministrative Speciali (SAR) di Hong Kong e Macao. A tale scopo, le azioni dei governi ai vari livelli, si sono concentrate su poche iniziative, che mirano principalmente a creare un'economia più integrata ed unitaria.

Per individuare le principali strategie di sviluppo del PRD, bisogna fare riferimento a due strumenti di pianificazione: il Piano Quinquennale Nazionale e il Pan-PRD Regionale per la Cooperazione e lo Sviluppo (PPRD) (7). Il primo opera su tre livelli, nazionale, provinciale (*The Guangdong Province 10th Five-Year Plan*) e municipale; il secondo nasce dall'esigenza di coordinare tra loro le azioni delle città del PRD e delle due SAR, evitando sovrapposizioni e rafforzando la cooperazione istituzionale. Entrambi gli strumenti sono fortemente orientati al potenziamento e al completamento delle reti della mobilità e dei trasporti, focalizzandosi in particolare sui seguenti obiettivi:
- dotare tutte le municipalità di un efficiente sistema di collegamento autostradale;
- realizzare un sistema di collegamenti veloci (stradali e ferroviari) che consenta di spostarsi da una città all'altra del PRD mediamente in mezz'ora;
- favorire lo sviluppo della regione occidentale del delta;
- integrare lo sviluppo di Hong Kong e Macao con il PRD.

In generale tali obiettivi saranno raggiunti con il completamento dell'ambizioso progetto del ponte Hong Kong-Zhuhai-Macao (HK-M-Z) e cioè, in base alle previsioni, nel 2015.

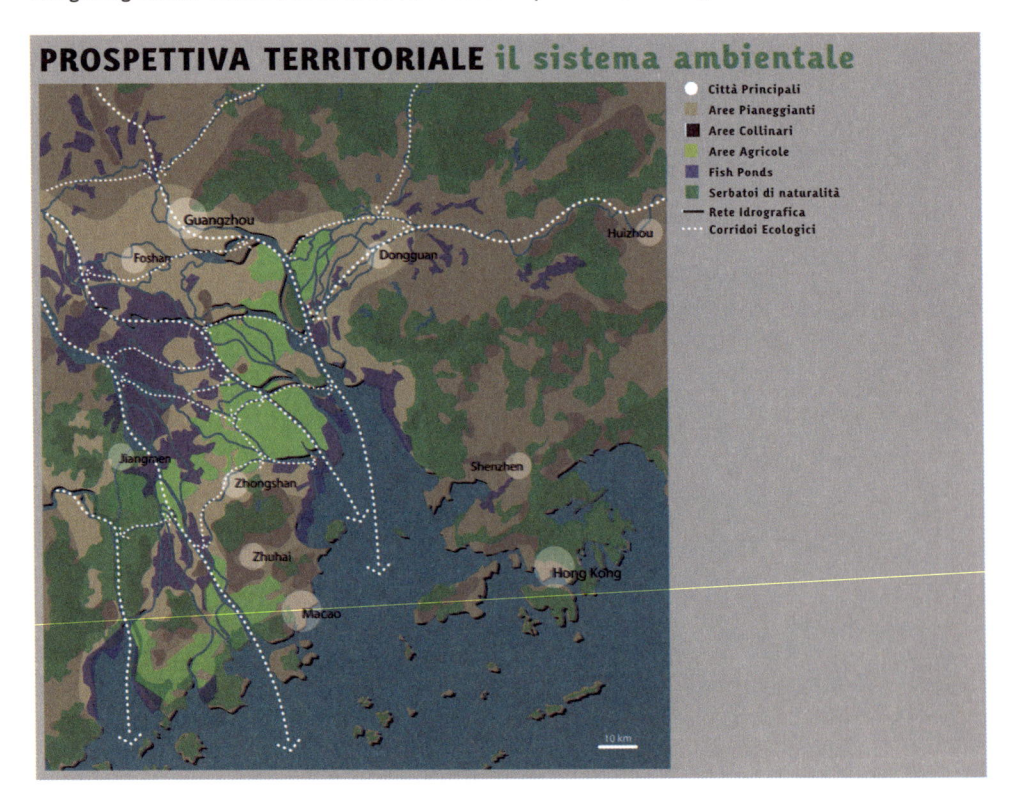

Questa immane opera infrastrutturale, destinata a battere il primato del ponte più lungo al mondo, accorciando le distanze tra Hong Kong e la sponda occidentale del delta, avrà diverse conseguenze sulle prospettive di sviluppo socio-economico dell'intera Provincia. In primo luogo si raggiungerà un equilibrio tra le regioni orientali e quelle occidentali del delta e città come Zhongshan e Zhuhai, in ritardo di sviluppo rispetto a quelle situate sulla sponda orientale, trarranno enormi benefici dall'apertura del ponte e dalla chiusura del percorso anulare che si andrà così a configurare. Di conseguenza la regione del PRD tenderà a crescere, allargandosi verso i territori più interni. Inoltre si avranno ripercussioni positive anche per quanto riguarda le relazioni internazionali poiché le attività commerciali tra la Cina e i paesi asiatici di frontiera, come il Vietnam e la Cambogia, saranno notevolmente facilitate. Lo scenario che si delinea configura un triplice sistema anulare, uno ferroviario e due autostradali, che migliorerà i collegamenti tra le tre capitali economiche del PRD (Guangzhou, Hong Kong e Macao) e le altre città del delta (Shenzhen, Dongguan, Foshan, Jiangmen, Zhongshan e Zhuhai). In questa prospettiva di chiusura ad anello del sistema infrastrutturale, Zhongshan sarà doppiamente coinvolta. In una prima fase, con la realizzazione del ponte HK-M-Z, del nuovo asse autostradale Guangzhou-Zhongshan-Macao e del nuovo tracciato ferroviario che segue un percorso più interno rispetto al quello esistente, si completerà l'anello principale, che mette direttamente in connessione, non solo i tre poli urbani principali, ma anche le altre città che fanno parte del sistema del PRD. In una fase successiva, con la realizzazione del secondo ponte autostradale e ferroviario, sarà assicurato anche un corridoio di attraversamento intermedio tra le città di Jiangmen, Zhongshan e Shenzhen.In prospettiva futura si avranno due doppi sistemi anulari (due ferroviari e due autostradali) e quattro corridoi di attraversamento del delta.

Government Structure in PRD Region

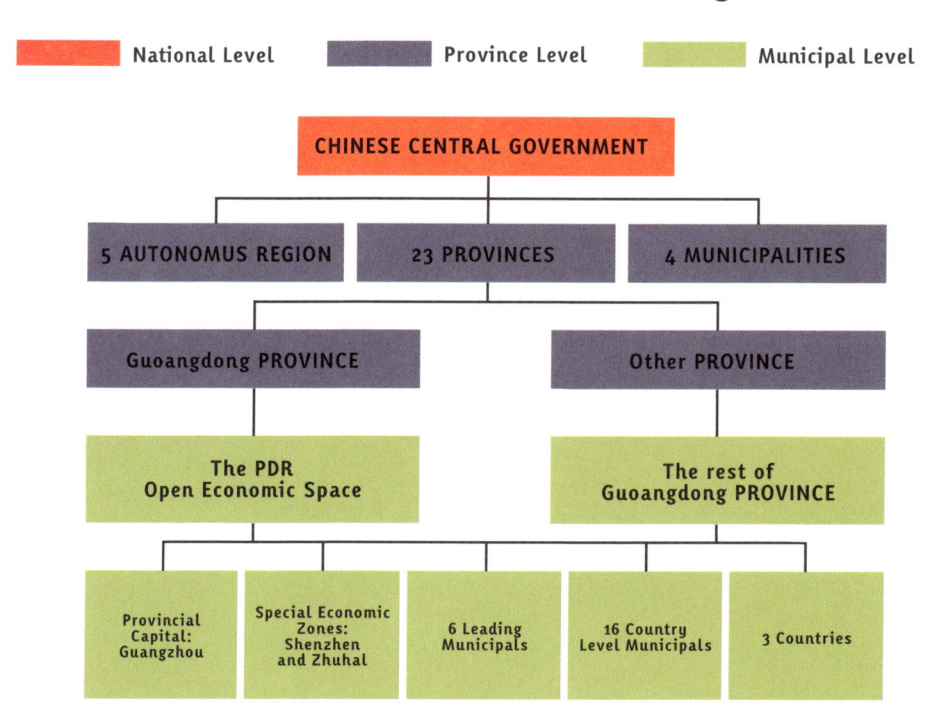

Prospettive territoriali: il sistema insediativo

L'evoluzione del sistema insediativo del PRD dipende molto dalla storia recente di questo territorio. Nel 1985, la Repubblica Popolare Cinese dichiarò il PRD una "Open Economic Zone", cioè un'area in cui i governi locali, le singole imprese e le aziende agricole godono di un potere decisionale autonomo sulle questioni economiche. Questo spiega il grande *boom* dell'economia della regione del PRD e, di conseguenza, la sua rapida industrializzazione e urbanizzazione. In base al censimento del 2000 la regione del PRD ha raggiunto una popolazione di 40,77 milioni di abitanti (il 47% della popolazione della Provincia del Guangdong), distribuita in gran parte nelle aree urbane delle nove prefetture (Guangzhou, Shenzhen, Zhuhai, Dongguan, Zhongshan, Foshan, Huizhou, Jiangmen e Zhaoqing) e delle due regioni amministrative speciali (Hong Kong e Macao), dando vita ad una megalopoli grande quanto mezza Italia. Con la chiusura ad anello del sistema autostradale prevista per i prossimi anni, la Cina punta a collegare in pochi minuti le quattro città-chiave del PRD (Hong Kong Shenzhen, Macao, Zhuhai) con il chiaro intento di farle diventare un'unica megalopoli che si estenderà fino alla capitale Guangzhou.

In base alle tendenze in atto, la megalopoli assumerà il ruolo di motore di sviluppo per l'intero continente asiatico, concentrandosi in essa gli interessi mondiali in vari settori: le città di Shenzhen e di Hong Kong hanno sottoscritto un accordo per unire le due Municipalità in un'unica grande struttura urbana, allargando quindi a dismisura la zona franca di Hong Kong, che oggi rappresenta uno dei principali snodi finanziari mondiali e uno dei centri mondiali del turismo. **Shenzhen**, al nono posto mondiale tra le città di interesse finanziario, è il cuore dell'elettronica cinese, nonché grande laboratorio per i centri ricerca, soprattutto nel settore energetico e nell'economia "green". **Macao**, centro dell'Asia per il gioco d'azzardo, ha superato l'anno scorso il giro d'affari di Las Vegas, attirando giocatori da ogni parte dell'Asia. **Zhuhai** si candida come centro asiatico per la costruzione di navi e yachts di lusso, attirando grandi investimenti in questo settore (8). **Hong Kong**, Shenzhen, Guangzhou, Zhuhai e Macao rappresentano, in una visione di prospettiva, i poli della megalopoli, sia in senso geografico-spaziale, posizionandosi ai vertici della configurazione urbana, sia in senso economico, in quanto attrattori/motori dello sviluppo. Alla formazione della megalopoli contribuiscono tuttavia anche le altre città del PRD (Dongguan, Zhongshan, Foshan, Huizhou, Jiangmen) che, pur avendo avuto un ruolo fino ad oggi marginale rispetto al sistema delle polarità, fanno registrare i più alti tassi di crescita urbana degli ultimi anni, disponendo ancora di ampie aree potenzialmente libere per l'insediamento.

Tra queste, Zhongshan, sembra godere di due particolari vantaggi: si trova in una posizione strategica rispetto ai collegamenti infrastrutturali di imminente realizzazione e privilegiata dal punto di vista delle risorse paesaggistiche e ambientali, con la presenza, nel suo ambito amministrativo, di aree agricole, serbatoi di naturalità e villaggi tradizionali.

Il rischio è che tali risorse territoriali vengano incluse nel breve periodo nella megalopoli avanzante, a scapito della qualità urbana e della sostenibilità ambientale.Lo sviluppo urbano sostenibile e di qualità è dunque, per Zhongshan, un obiettivo da perseguire affrontando in maniera transcalare le questioni relative allo scenario delle nuove relazioni che si vanno instaurando e degli effetti che le grandi trasformazioni infrastrutturali stanno generando sul territorio.

1. XU Xueqiang, Study on the Sustainable Development of the Pearl River Delta Region, City and Region Research Centre, Zhongshan University.
2. Outline of the Plan for the Reform and Development of the Pearl River Delta, National Development and Reform Commission - December 2008.
3. Roberto Mascarucci, Goal Congruence. Il ruolo del territorio nelle visioni strategiche, Meltemi editore, Roma 2008.
4. XU Xueqiang, Study on the Sustainable Development of the Pearl River Delta Region, City and Region Research Centre, Zhongshan University.
5. DeltaSynco2, Sustainable growth in urbanised delta areas. The opportunities of a geographical approach to the Pearl River Delta, TUDelft 2006.
6. Attualmente, nella Provincia del Guangdong ci sono 215 aree protette, per una superficie complessiva di 1.443 milioni di

ettari (comprese le aree marine) di cui 967.000 ettari sono aree terrestri. Di queste aree protette otto sono riserve naturali nazionali, 37 sono provinciali, e 169 sono amministrate da governi comunali o di contea.
7. Clement Miu, A Stronger Pearl River Delta, Government Initiatives, 2005.
8. Leonello Bosco, Megalopoli da 30 milioni intorno ad Hong Kong. Sarà il futuro motore dell'Asia, 22 marzo 2010, http://www.agoravox.it/

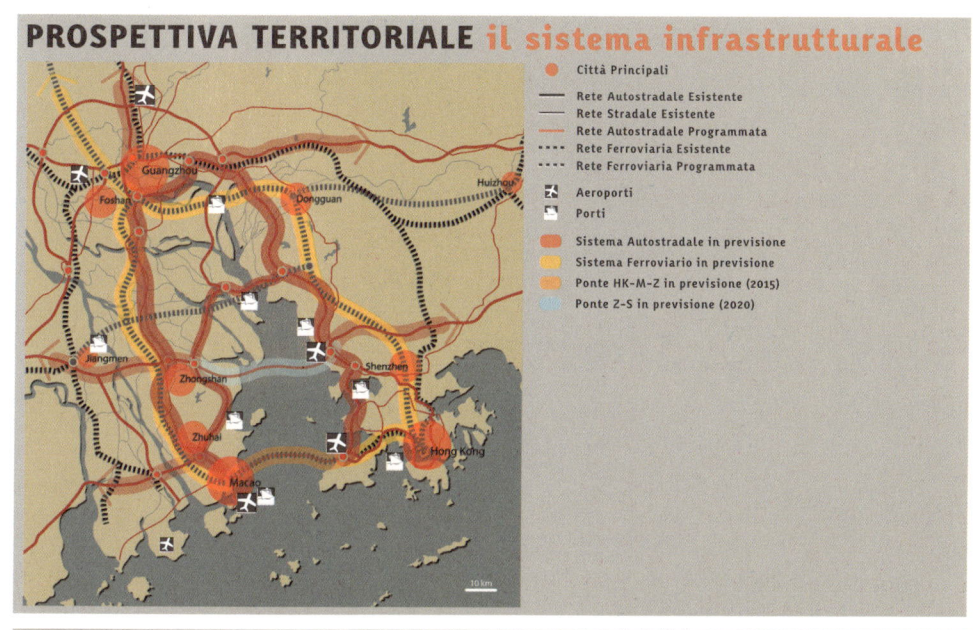

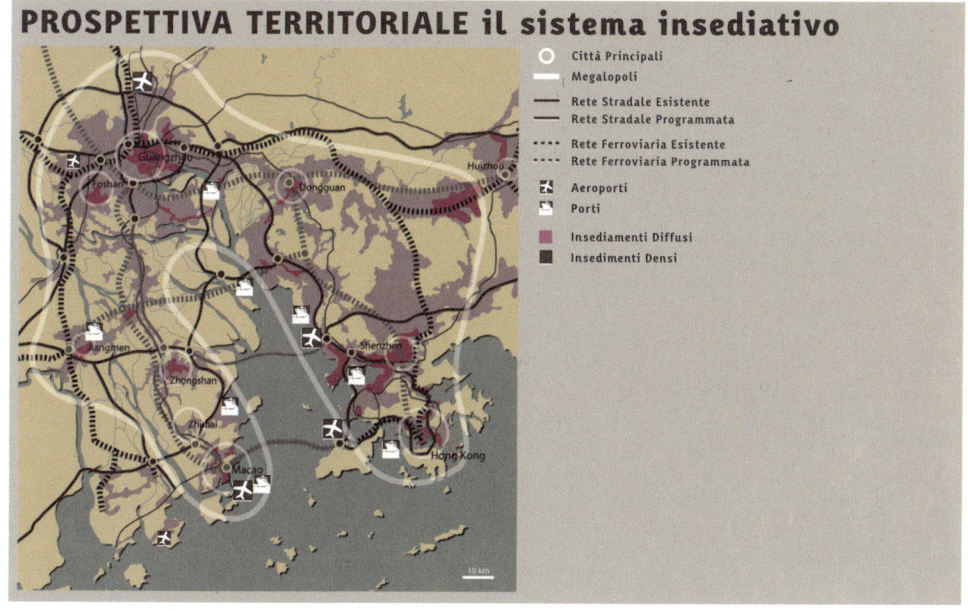

PROSPETTIVA TERRITORIALE il sistema infrastrutturale

- Città Principali
- Rete Autostradale Esistente
- Rete Stradale Esistente
- Rete Autostradale Programmata
- Rete Ferroviaria Esistente
- Rete Ferroviaria Programmata
- Aeroporti
- Porti
- Sistema Autostradale in previsione
- Sistema Ferroviario in previsione
- Ponte HK-M-Z in previsione (2015)
- Ponte Z-S in previsione (2020)

PROSPETTIVA TERRITORIALE il sistema insediativo

- Città Principali
- Megalopoli
- Rete Stradale Esistente
- Rete Stradale Programmata
- Rete Ferroviaria Esistente
- Rete Ferroviaria Programmata
- Aeroporti
- Porti
- Insediamenti Diffusi
- Insediamenti Densi

Luisa Volpi | 99

X

Inquadramento urbanistico

Mariarosaria Rosa

Università G. D'Annunzio, Chieti-Pescara

畅听卡
免月租
全省接听免费
长途低至0.16元/分钟！
畅听无忧
天翼
省内接听免费
9分钱/分钟
打遍全国
大众手机礼包
1元购机
0月租
中国电信
LAXDN HOMME

Il *concept* del progetto

Attraverso un processo di descrizione e interpretazione dei luoghi che costituiscono il sistema urbano di Zhongshan, si è giunti alla costruzione di un'icona sintetica (diagrammatica) allo scopo di esplorare le potenzialità urbanistiche del sito e le sue possibili modalità di riqualificazione (in altre parole: di definire l'approccio strategico alle tematiche da affrontare). Il *mix* di usi diversi (residenziale, commerciale, spazi e funzioni pubbliche) presenti nell'area urbana centrale (la città storica, con i borghi di SunWenXi, XiShanShi, SunWen Zhong e Cong Shanfang) restituisce il senso del luogo di intervento in termini di ricucitura con il contesto urbano circostante e di identità di immagine dell'area centrale di Zhongshan (1).
È stato individuato come elemento di estremo interesse l'articolato sistema degli spazi urbani dedicati al commercio (strada commerciale pedonalizzata, strada mercato, edifici commerciali), generatore di flussi in grado di innescare un processo di attrazione di altre funzioni economiche che possano diventare centralità nel contesto urbano di riferimento. La riqualificazione dello spazio pubblico (spazi verdi, ambiti d'acqua, waterfront), una rinnovata efficienza dei servizi, la messa in valore del patrimonio identitario esistente e la sua interconnessione funzionale, permetterebbe un'efficace "rifunzionalizzazione" dell'area urbana centrale.

Seguendo l'impostazione data da Clementi, nel *concept* di progetto si individuano, in prossimità del sito storico, due tracciati della rete della viabilità (con sviluppo concentrico) che ne definiscono la forma planimetrica: un tracciato che ripercorre il perimetro della "città storica" e l'altro (più esterno) coincidente con il perimetro della "città antica" che permette un agevole collegamento tra le vie di penetrazione e di accesso al centro e la connessione con i principali attrattori di traffico.

I due anelli stradali individuano, per sottrazione, una zona cuscinetto, un'area filtro, uno spazio urbano di delimitazione e di differenziazione con più valenze funzionali: da zona di passaggio e collegamento la parte più antica e quella più moderna della città ad elemento di valorizzazione funzionale dell'area urbana centrale.

L'analisi degli aspetti collegati all'accessibilità della città antica/città storica (principali accessi del traffico motorizzato, percorsi pedonali e linee del trasporto pubblico) individua "porte di accesso" che assumono un ruolo fondamentale nelle ipotesi di progetto perché rappresentano i presupposti per la valorizzazione di un percorso urbano trasversale (asse commerciale), elemento di collegamento tra la parte orientale e quella occidentale dell'area urbana centrale, ma anche elemento di raccordo dei "materiali" urbani esistenti e da impiegare. Mirando ad una prima messa a punto di scenari urbani "in divenire" si è inteso sviluppare e approfondire il rapporto tra gli strumenti compositivi della progettazione urbanistica (accessibilità, qualità dei luoghi, degli insediamenti e dei percorsi) e gli elementi della progettazione architettonica, con valenze urbane, per un loro corretto ed efficace impiego.

La visione strategica

Il piano urbanistico di Zhongshan definisce argomenti generali che mettono in evidenza dinamiche in atto, criticità ed elementi di forza del sistema territoriale, restituendo una visione di sfondo di un territorio fortemente eterogeneo per caratteri morfologici e socioeconomici, nonché una implicita prospettiva strategica di conservazione (2005-2020) che si articola nella definizione dei diversi sistemi: il sistema delle reti infrastrutturali e della mobilità (stato di fatto e di progetto); il sistema dei luoghi della produzione (articolazione del sistema economico urbano allargato); il sistema delle risorse ambientali: aria, acqua (mare, fiumi e canali), aree verdi (parchi e viali); il sistema dei territori storici e dei villaggi (aree strategiche per i nuovi interventi di riqualificazione).

Il territorio di Zhongshan è segnato da importanti assi infrastrutturali di trasporto su gomma e su ferro che lo attraversano, sia longitudinalmente (nord-sud) che trasversalmente (est-ovest): la

Mariarosaria Rosa

statale, l'autostrada (connessa con il trasporto marittimo sul PRD) e la ferrovia di superficie (in fase di ampliamento e potenziamento, nuova spina dorsale dei collegamenti interni ed esterni alla prefettura). Le grandi reti del traffico, di alta accessibilità e visibilità, hanno occupato una porzione considerevole di territorio e condizionato lo sviluppo urbanistico fino a diventare componenti di base per lo sviluppo economico correlato all'individuazione di interventi strategici legati alle grandi infrastrutture, compreso il nodo logistico rappresentato dal porto (sulla costa orientale). Il tema della grande viabilità è strettamente connesso a tutto ciò che si porta dietro: un paesaggio di grandi oggetti e di grandi spazi destinati all'industria, al commercio e al terziario avanzato (scienza, tecnologia, elettronica, abbigliamento, arredo legno). L'eterogeneità delle vocazioni e delle qualità morfo-funzionali del territorio (che accosta ambiti a prevalente destinazione residenziale, industriale e di logistica) identifica il proprio tessuto connettivo nella presenza di ampie zone agricole (produzione primaria di riso, canna da zucchero, banana), spazi agricoli a ridosso di siti naturali che interessano in larga misura il perimetro meridionale del territorio di Zhongshan. Siti naturali a loro volta identificati e scavati dal mare, fiumi e canali (rete idrografica superficiale), elementi principali del sistema ambientale che costituiscono una grande risorsa, non solo come parti di una possibile rete ecologica, ma anche come elementi che strutturano l'intero territorio a grande scala. Nell'ambito delle strategie sottese al documento di pianificazione urbanistica dell'agglomerato urbano si riconosce la volontà della riqualificazione e rigenerazione di ambiti territoriali storici con funzione nevralgica, fulcro di processi di valorizzazione e riqualificazione, in ragione della carenza di dotazioni infrastrutturali primarie, nonché dello stato di degrado del patrimonio edilizio. Nello specifico, le aree oggetto delle attenzioni della nuova proposta di sviluppo, finalizzata ad un innovativo processo di rivitalizzazione urbana, sono le quattro aree comprese nel perimetro del centro urbano storico di Zhongshan (che oggi versano in condizioni di degrado urbanistico e architettonico) ed il villaggio storico di Shachong (che, seppur periferico e strutturalmente separato dal centro, possiede valenza di centralità in ragione delle funzioni ad esso attribuibili).

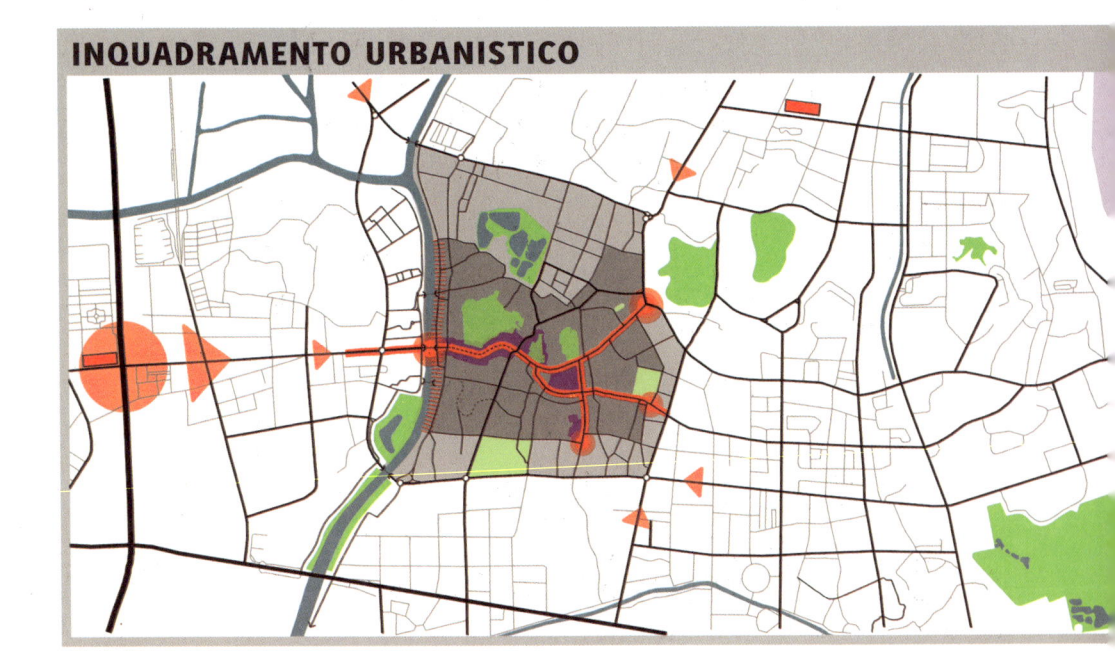

INQUADRAMENTO URBANISTICO

L'idea di rigenerare queste parti di città si caratterizza per l'obiettivo di (ri)abilitare un adeguato sistema ecologico urbano capace di contrastare la congestione e la mobilità caotica, di valorizzare la rete delle aree verdi esistenti e di innalzare lo standard qualitativo degli edifici, migliorando la loro accessibilità, visitabilità e adattabilità. L'interesse del governo cinese è quello del mantenimento dell'identità dei centri antichi, che possano ritrovare nella relazione con il resto della prefettura urbana non un limite ma un ruolo esclusivo: visione prevalentemente conservativa come ricerca della memoria e della storia del luogo commisurata alla geometria di assetto originale, in cui gli abitanti hanno trovato un proprio senso di appartenenza e una propria dimensione.

Il centro urbano storico, che ingloba le quattro aree oggetto di analisi (SunWenXi, XiShanShi, SunWen Zhong, Cong Shanfang), gioca un ruolo strategico: quello di baricentro rispetto al territorio della prefettura di Zhongshan, connotato da un lato (ovest) dalla presenza del Fiume Qijiang, e dall'altro (est) da un tessuto costituito da comparti a destinazione industriale (National Torch High-Tech Industrial Development Zone). Attraverso l'utilizzo di fonti documentarie e cartografiche e con una lettura storicizzata dell'uso del suolo di questo ambito urbano, si rileva un'evoluzione espansiva del nucleo: da una iniziale configurazione a nocciolo (1547), ad una figura sinuosa a doppia curva che va allungandosi da ovest verso est (1750), la forma dell'area storica centrale passa attraverso varie fasi ed eventi storici per arrivare alla attuale configurazione di maggior estensione dimensionale. L'analisi del sistema insediativo si è incentrata sui caratteri e sulla dinamica delle aree urbane presenti nel territorio limitrofo a quello della città antica, in cui si perviene alla scomparsa dell'architettura coloniale cinese per lasciare il posto ad un'architettura costituita da alti edifici: forte senso verticale di torri imponenti edifici ad uso amministrativo, culturale e commerciale, turistico.

Scopo fondamentale di questa analisi è stato quello di far si che le valutazioni urbanistiche, sin dalla fase della loro formazione tengano conto dell'attitudine dei luoghi ad accogliere eventuale nuova edificazione; della vetustà del patrimonio edilizio, della parcellizzazione fitta del patrimonio abitativo e

in particolare dell'idoneità localizzativa rispetto fattori infrastrutturali, paesaggistici e ambientali
Lo scenario di previsione (*vision*) si compone di uno schema generale: edificazione compatta interstiziale di spazi complessi e fragili (tessuti lineari a fronte continuo su una fitta rete di strade strette ad antico impianto); spazi interni di vocazione terziaria caratterizzata per la presenza di spazi attrezzati per attività commerciali e terziarie (strada mercato; SunWen West Road, strada pedonale); diffusione di serbatoi naturali (ampio parco esistente aperto alla funzione pubblica, corridoi verdi e parchi di quartiere) e storici (luoghi sacri); ambito fluviale (waterfront sul fiume Qijiang, solcato da ponti, ai margini del tessuto storico, grande risorsa da sfruttare in modo che diventino luoghi pubblici raggiungibili). Attraverso una sovrapposizione dei tracciati delle reti di trasporto si rileva una lettura dell'organizzazione territoriale della viabilità: il sito storico, fortemente connesso alle reti della mobilità multimodale a vasta scala delle grandi direttrici, National road, ad ovest, e l'autostrada (Expressway), ad est, evidenzia le sue potenzialità legate all'accessibilità individuando due nodi di scambio (a est e a ovest) e di interconnessione rilevanti tra i diversi sistemi si scorrimento (da strade ad interesse nazionale a quelle di tipo provinciale e locale) ed di trasporto pubblico (presenza di stazioni di mezzi pubblici, terminal bus, lato ovest e nord-est). L'interazione instaurata con i terminal del trasporto pubblico permette la razionalizzazione della distribuzione dei flussi e degli ambiti di scambio tra mezzi privati e quelli pubblici identificando percorsi riservati agli autobus ad anello in corrispondenza della perimetrazione della città antica fino alla loro penetrazione al sistema insediativo centrale. La necessità di entrare, di aprire il luogo al resto della città di Zhongshan, eliminando l'effetto barriera, si ricerca attraverso porte di accesso che delineano i confini dell'area evidenziando una loro separazione al fine di una razionalizzazione di percorsi.

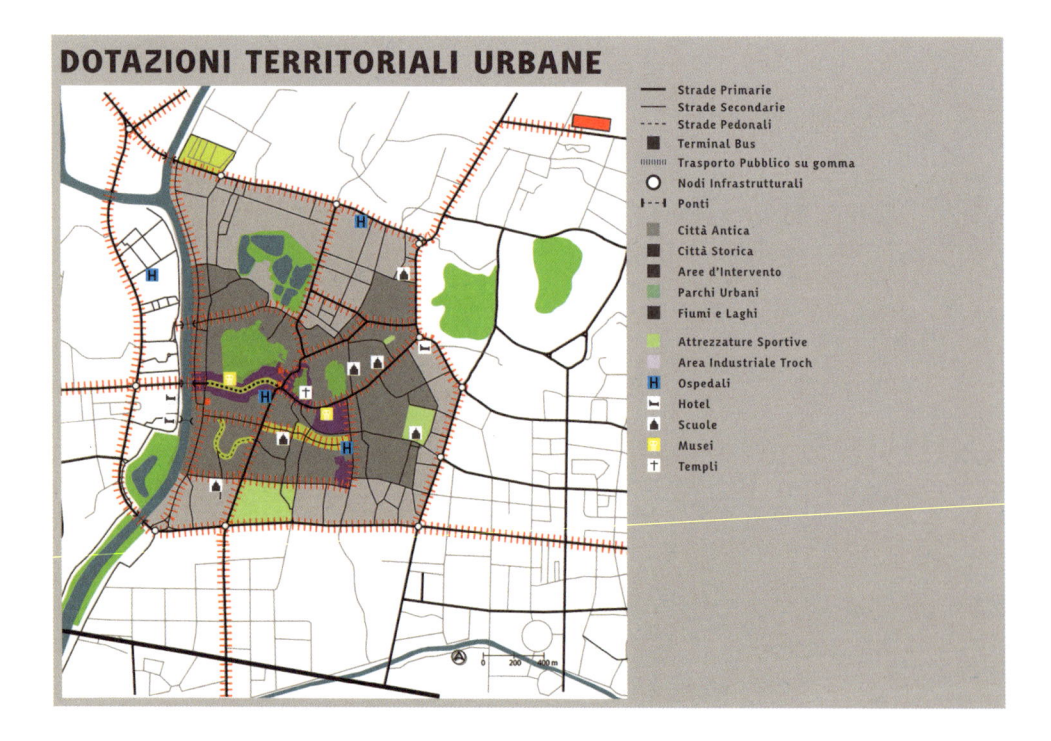

DOTAZIONI TERRITORIALI URBANE

ESPANSIONI URBANE

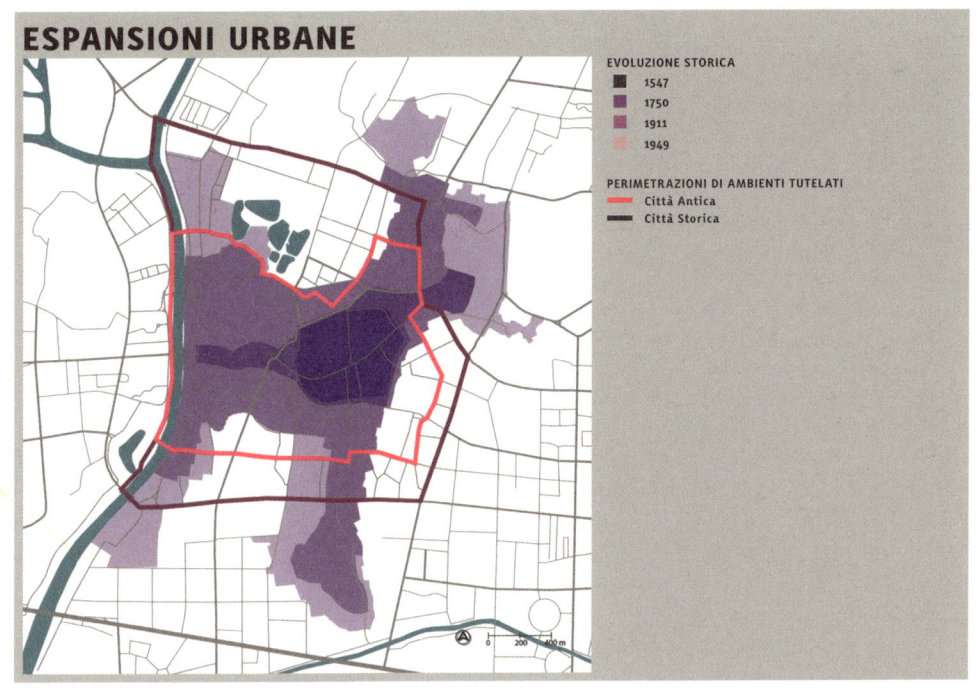

EVOLUZIONE STORICA
- 1547
- 1750
- 1911
- 1949

PERIMETRAZIONI DI AMBIENTI TUTELATI
- Città Antica
- Città Storica

RETI DELLA MOBILITÁ

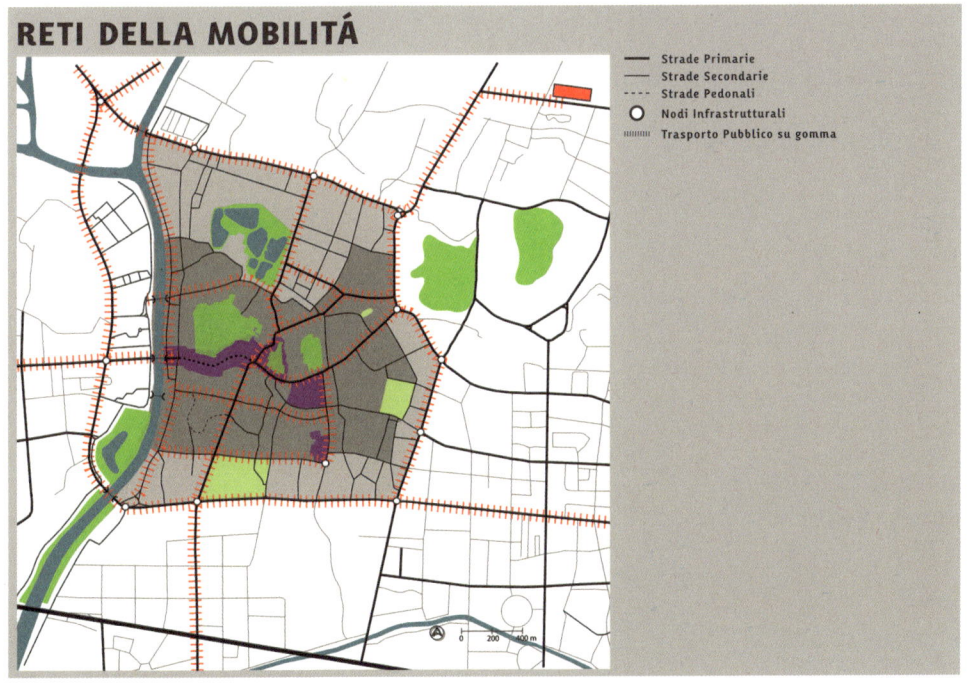

- Strade Primarie
- Strade Secondarie
- Strade Pedonali
- Nodi Infrastrutturali
- Trasporto Pubblico su gomma

Mariarosaria Rosa | 107

Pertanto si individuano quattro porte di accesso, potenziamenti significativi, che gerarchicamente si differenziano relativamente al limite perimetrale a cui si attestano: due sul perimetro più esterno, città antica, (Porta Ovest e Porta Est) e le altre due su quello interno, città storica, prospicienti il lato sud ed est. La funzionalità degli spazi interni al centro storico, di vocazione terziaria, si auspica favorendo la pedonalità e la formazione di percorsi/itinerari di aggregazione di funzioni attrattive, culturali e commerciali e di servizio, come il caso significativo della strada, Sunwen West Road (denominazione in memoria del Dottor Sun Yet Sen) che dopo la sua riqualificazione diviene la prima strada pedonale, assumendo il ruolo di attraversamento *lento*. In qualità di segno culturale e traccia storica di questo luogo viene coinvolta nella strategia di miglioramento dell'accessibilità dell'area assumendo il ruolo di fulcro tra gli spazi pubblici e le quattro aree interstiziali e di asse generatore di raccordo per le altre vie rilevate ai fini dell'attraversamento trasversale (ovest-est). Le analisi e il disegno strategico hanno individuato l'ossatura di questo territorio, i sistemi delle reti infrastrutturali, naturali e storiche: sue peculiari connotazioni, che ne definiscono le identità, da salvaguardare nell'evoluzione e da cogliere come riferimento per uno sviluppo sostenibile. Dalle operazioni di scelte alla grande scala delle relazioni e poi a quelle sui singoli quartieri storici si perviene alle scelte di pianificazione, selezionando gli elementi significativi quali riferimenti cardine per i successivi sviluppi: nodi significati sia sotto il profilo funzionale che sotto quello ambientale e della qualità urbana.

1. L'area urbana centrale si estende per 2 kmq, nei quali risiedono circa 30.000 abitanti, in 14.500 alloggi per un totale di oltre 2 milioni di metri quadri di superficie utile.

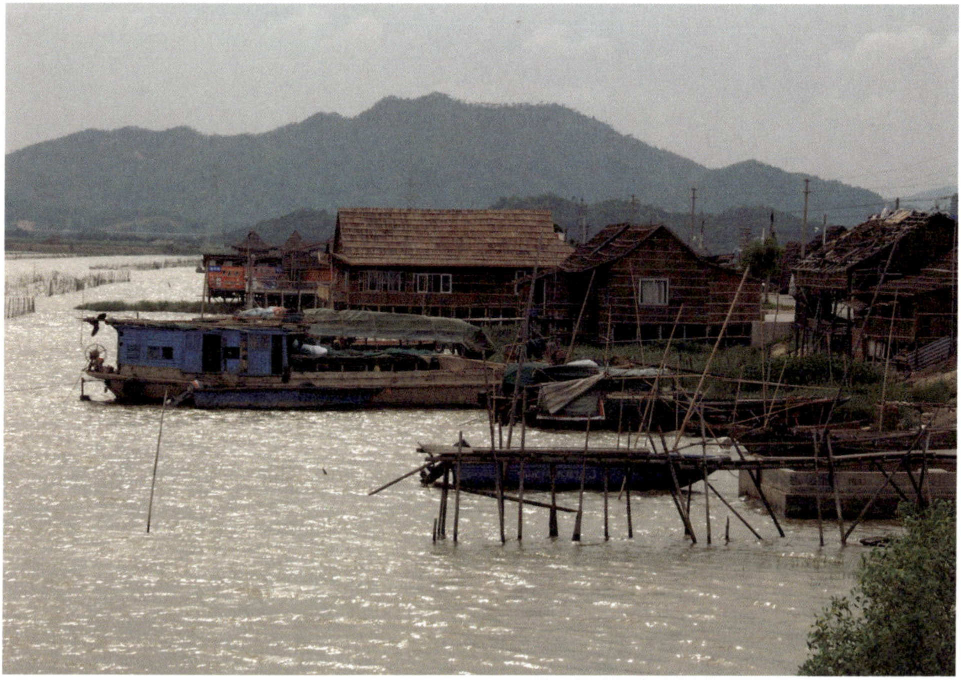

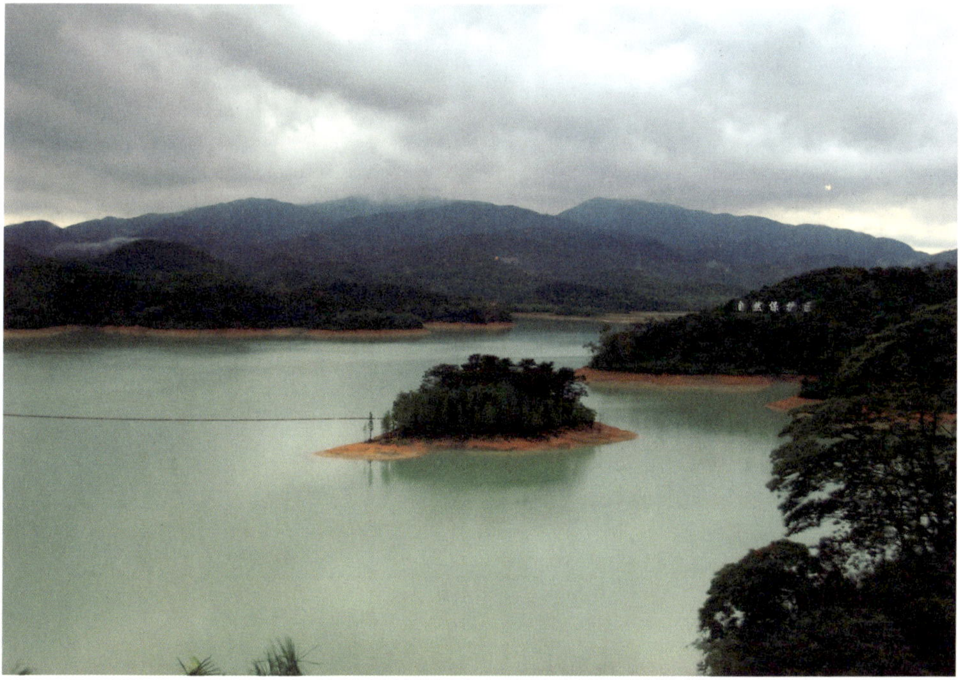

XI

Master Plan per il centro città di Zhongshan

Alberto Clementi

Gruppo di lavoro
Coordinatore
Prof. Alberto Clementi
dottore di ricerca in Urbanistica
Arch. Ester Zazzero
dottoranda di ricerca in Architettura e Urbanistica
Arch. Claudia Di Girolamo
Università G. D'Annunzio, Chieti-Pescara

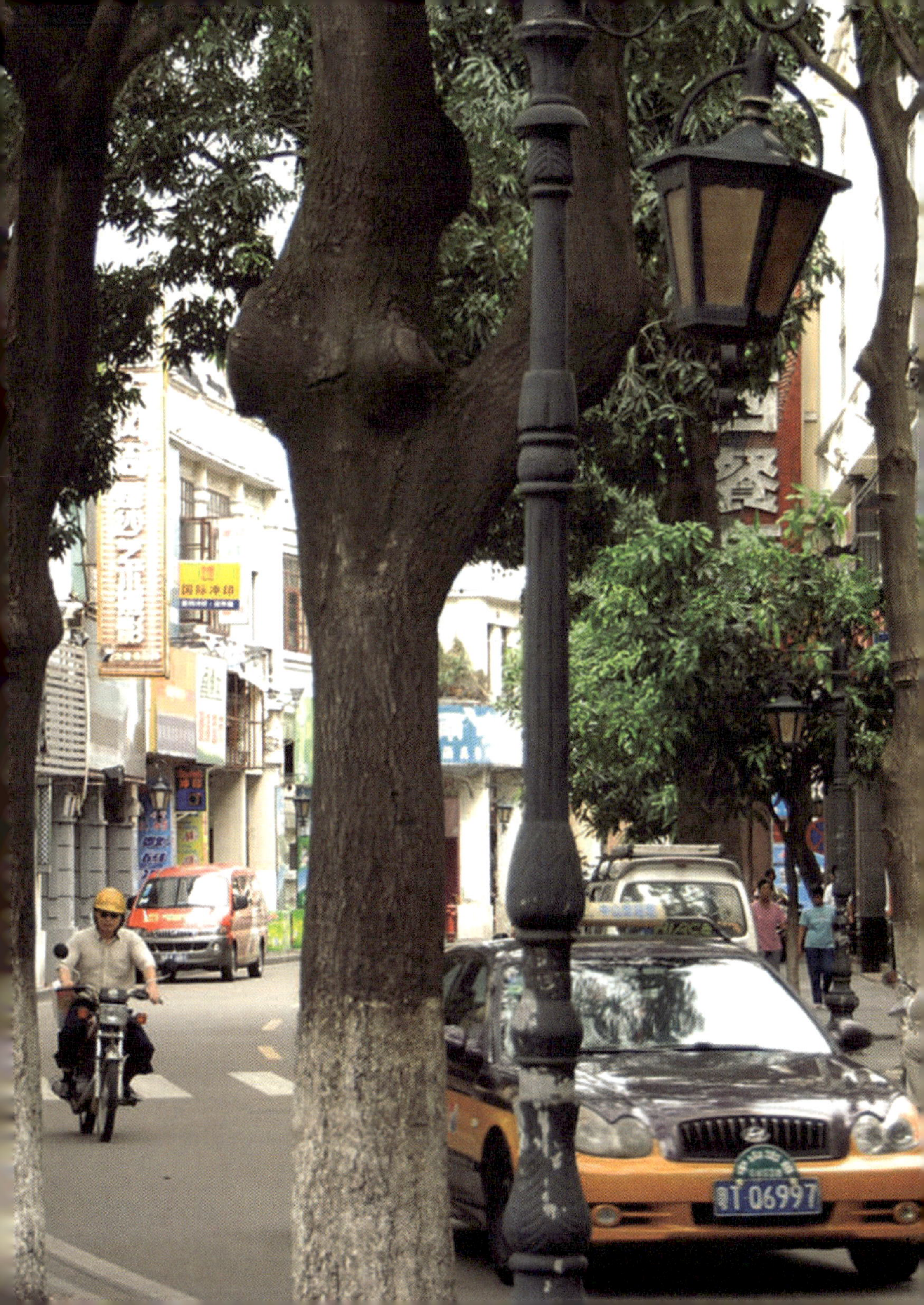
国际冲印
粤T 06997

La proposta di Master Plan per l'area centrale di Zhongshan intende tradurre i principi di progettazione desunti dall'esperienza italiana, applicandoli al miglioramento delle qualità di una città che peraltro ha già ottenuto prestigiosi riconoscimenti per le sue politiche della sostenibilità e del recupero urbano. Come affermato in precedenza, (si veda il saggio di apertura, "Strategie per la qualità urbana"), il Master Plan funge da quadro di coerenza per un Progetto Urbano che non va più considerato soltanto come un insieme coerente di opere edilizie e opere pubbliche, corredate delle procedure di reperimento delle relative risorse economico-finanziarie; bensì come una strategia integrata *di interventi per lo sviluppo e il welfare locale, per l'ambiente, per la mobilità, insieme a quelle più tradizionali per l'urbanistica, l'edilizia e le opere pubbliche.* Un'integrazione a geometria variabile, con una convergenza tra le dimensioni spaziali, economiche e sociali, che dipende volta per volta dalla specificità del contesto, dalla complessità e dalla rilevanza dei problemi da affrontare localmente, e dalla disponibilità degli attori in gioco. Più in particolare, il Master Plan prefigura *un'idea per il futuro della città* che ha soprattutto la funzione di orientare l'immaginario collettivo e di facilitare l'integrazione delle strategie di settore che mettono in gioco i diversi attori pubblici e privati. In particolare attraverso il riferimento ad un'immagine dello sviluppo atteso per il futuro, il Master Plan offre traguardi comuni alle politiche di programmazione dello sviluppo e di organizzazione dello spazio, associando in un progetto condiviso la società locale e le istituzioni rappresentative ai diversi livelli di governo del territorio.

Così concepito, il Master Plan non è un documento di valore normativo, quanto piuttosto un *protocollo di intese*, destinato ad orientare implicitamente le future politiche dei soggetti che a vario titolo si riconoscono nella visione prefigurata. In questo senso rappresenta un'espressione concreta di quel modello di pianificazione concertata e consensuale a cui s'ispirano le nostre esperienze più avanzate, che traggono origine dal bisogno di rendere più efficace e cooperativa la gestione dello sviluppo urbano. Riferito in particolare al centro-città di Zhongshan, il Master Plan diventa l'occasione per organizzare il partenariato interistituzionale, sollecitando la coalizione tra attori pubblici e privati, interni ed esterni all'area, per raggiungere obiettivi di intervento concertati. Il protocollo di intenti condivisi fonda la sua efficacia soprattutto sull'impegno volontario dei contraenti, e sul valore politico dell'atto, piuttosto che sulla cogenza delle norme. La sua legittimità proviene dalla visibilità pubblica degli obiettivi che propone, oltre che dalla quantità e dalla rilevanza degli attori che vi si riconoscono. Naturalmente, ci si attende un comportamento coerente da parte di quanti lo sottoscrivono, e che dovrebbero orientare di conseguenza le proprie strategie d'intervento. Tuttavia l'adesione alla visione proposta non comporta impegni cogenti, lasciando ai futuri accordi dell'autorità di governo con i singoli soggetti il compito di tradurre gli indirizzi in veri e propri atti amministrativi.

In definitiva, attraverso questo processo d'interazione strategica fondato su visioni ed impegni comuni, il progetto prende materialmente corpo, federando le singole volontà d'intervento, e alimentando così la trasformazione urbana con la molteplicità degli interessi e dei protagonismi in gioco. Ciò contribuisce ad evitare l'artificiosità e lo schematismo dei programmi eterodiretti, che si traducono generalmente in spazi banalizzati, e privi di quelle qualità che provengono dalla ricchezza delle differenze.

Operativamente il Master Plan si compone di tre documenti: *Visione guida*, *Quadro di Programmazione Strategica* e *Quadro di Coerenza dei Progetti strategici*. Tutte e tre queste articolazioni programmatiche muovono dall'idea di città da conseguire, nella convinzione che debbano essere i valori territoriali a far convergere le differenti strategie di intervento, piuttosto che le logiche abituali delle politiche di programmazione economica.

Stato di fatto

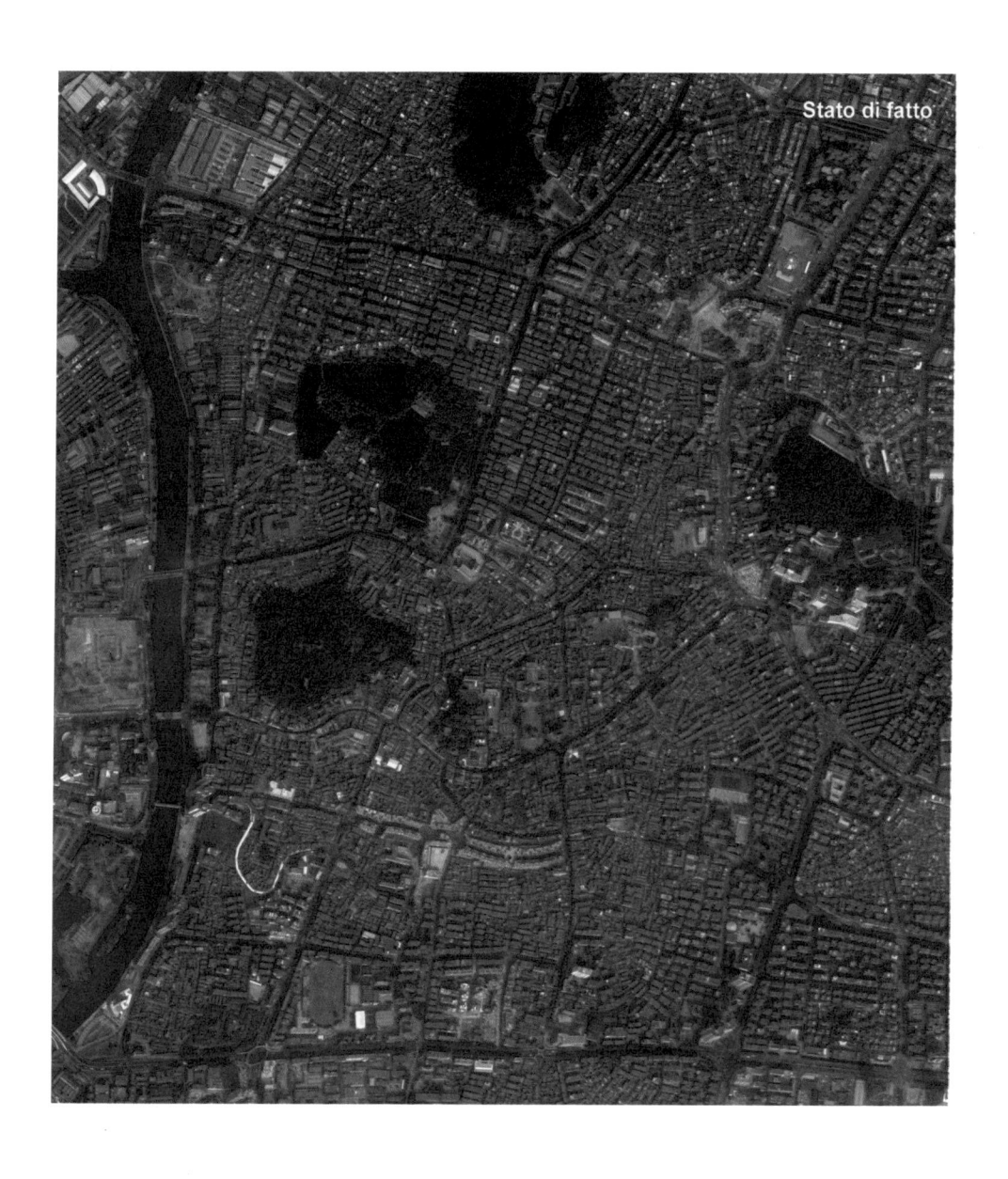

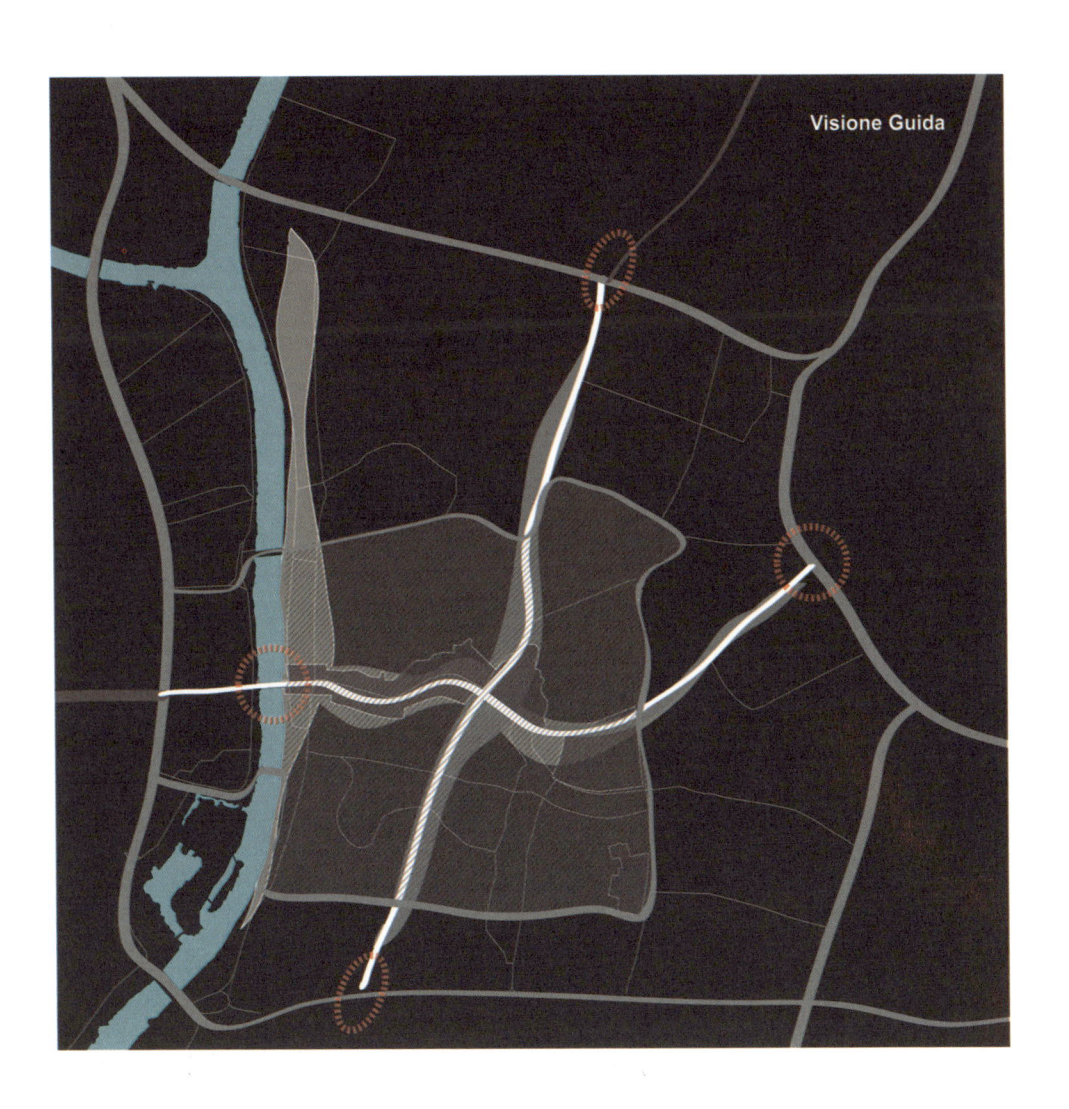

Visione Guida

Visione Guida

La Visione Guida per Zhongshan conferma l'idea di un'area ad elevato valore storico culturale e con funzioni urbane ad elevata centralità, circondata tutto all'intorno da uno spazio multifunzionale che funge da filtro territoriale e che prepara l'accesso all'area più interna, secondo uno schema praticato tradizionalmente nell'urbanistica cinese.

Questa visione corrisponde perfettamente alla delimitazione di città storica e città antica già operante nella pianificazione locale, ma la rafforza ulteriormente. Assimila infatti l'intero cuore urbano ad un centro storico tipico delle città italiane, cioè come luogo della identificazione collettiva ad elevata qualità fisica e funzionale, che richiede strategie particolarmente attente ai valori del patrimonio esistente e dei suoi modi di uso. Peraltro la strategia proposta per Zhongshan non si limita a tutelare gli assetti tipologici e morfologici esistenti, come accade di solito per i centri storici.

Avendo in precedenza riconosciuto come condizione necessaria per la qualità urbana la coerenza e il valore relazionale tra le diverse parti che compongono le trame insediative (si veda ancora il saggio di apertura già citato), la Visione Guida prevede di *mettere a sistema la distribuzione oggi frammentaria delle principali presenze architettoniche, ambientali e funzionali, utilizzando come supporto il sistema dei segni della storia e della natura.*

Emerge in definitiva l'immagine di un'area centrale ad elevato valore figurativo, morfologico e funzionale, racchiusa all'interno di una fascia d'interposizione che la separa dalla città estesa, graduando conseguentemente le politiche di tutela e valorizzazione dell'esistente. Quest'area, votata all'identificazione collettiva come deposito dei valori culturali comuni e come spazio ad accessibilità controllata, viene attraversata da *due nuove strutture urbane di progetto* che s'intersecano tra loro a croce, proiettando i singoli episodi locali ad una scala propriamente urbana, leggibile nel suo insieme e nelle sue continuità sia morfologiche che funzionali.

La prima struttura funge da corso urbano, che attraversa trasversalmente l'area da est ad ovest, mettendo a sistema le diverse zone di protezione storico-culturale già individuate (Sun Wen Xi, Xi Shanshi, Sun Wen Zhong), e prolungando l'effetto del positivo programma di pedonalizzazione e recupero urbano già avviato dall'Amministrazione comunale. La seconda struttura è invece disposta longitudinalmente, e regola gli accessi rispetto alle due grandi direttrici esterne, Lianyuan West Road (a nord) e Zhongshan Road (a sud).

Nell'idea di città proposta, l'esperienza dell'accesso gioca un ruolo fondamentale. Assumendo come riferimento le strategie della mobilità sostenibile, *si prevede per l'area più interna un traffico urbano "ad emissione zero"*, in particolare utilizzando la fascia di filtro come spazio di interscambio tra le diverse modalità di trasporto.

Diversamente infatti dai centri storici della città europea, che hanno subito gli effetti disastrosi della motorizzazione e poi troppo tardi sono stati costretti ad adottare misure remediali, cercando di espellere il traffico veicolare e di valorizzare al contempo la pedonalità e le altre forme di *slow mobility*, nel caso di Zhongshan diventa possibile anticipare l'esplosione della mobilità veicolare privata prevista per i prossimi anni. Si tratta di avviare fin d'ora una strategia di graduazione della mobilità, rendendo accessibile il centro storico con parcheggi di interscambio e sistemi di trasporto alternativi, nel segno di una politica della sostenibilità che contribuisce positivamente alla innovazione tecnologica e gestionale dei sistemi di trasporto urbano.

Nel futuro di questo centro-città, dovrebbe acquistare un ruolo determinante la *configurazione delle "porte di accesso"*, da intendere come spazi ad elevata qualità architettonica, funzionale e anche simbolica. La loro posizione scaturisce in modo inequivocabile dal disegno della struttura urbana prefigurata: due porte all'estremità del corso urbano trasversale, la prima di fronte al fiume (porta urbana ovest) e l'altra in corrispondenza dell'incrocio su Liantang North Road (porta urbana est). Le altre

Schema di assetto

Legenda:
- parchi urbani
- riverfront
- fiume
- porte urbane
- grande anello viabilità esterna
- anello mobilità interna
- corso urbano
- strada nuova
- strada mercato
- centro città
- corona / filtro

due porte sono previste in prossimità delle attestazioni verso l'esterno del corso urbano longitudinale, rispettivamente su Lianyuan West Road (porta nord) e su Zhongshan Road (porta sud). Il riferimento alla metafora della porta non deve però rinviare ad un'immagine convenzionale, come quella di un varco nella città murata, tipico delle città del passato. Qui *le porte vanno invece pensate come spazi rappresentativi della contemporaneità, ovvero come hubs multilivello di interscambio tra flussi globali e flussi locali*, che mettono in gioco relazioni di scambio di natura materiale quanto immateriale. Le *porte-hubs* sono l'espressione delle nuove tecnologie di comunicazione interindividuali e interculturali, che insieme alle potenti infrastrutture per la mobilità, la logistica e l'energia ridisegnano lo spazio globale delle reti, indebolendo il potere delle distanze fisiche. Appartengono dunque ad un nuovo paesaggio urbano, attraversato da indecifrabili campi di relazioni reali e virtuali, che sconvolgono non tanto l'ordine

Quadro di coerenza_progetti di rete

Legenda:
- fiume
- porte urbane / hubs territoriali
- rete della mobilità principale
- rete della mobilità eco-sostenibile
- rete degli spazi pubblici / delle permanenze
- strada nuova
- strada mercato
- centro città
- corona / filtro

interno ai singoli luoghi, quanto piuttosto le loro relazioni reciproche, generando nuovi contesti di senso e nuove relazioni tra spazio e tempo, che proiettano il centro storico nella contemporaneità. La rappresentazione di questo paesaggio sfugge allo sguardo, e sfida l'immaginazione.

Non si risolve in una mappa familiare di nodi fisici di reti infrastrutturali. Evoca piuttosto la presenza di latenti territori-rete, dove ciascun polo si definisce come punto di incrocio e di commutazione di reti multiple, nodo di densità dentro una gigantesca intersezione di flussi.

Le porte-hub di accesso al cuore storico di Zhongshan danno forma a*ll'incontro e al conflitto tra flussi commutati e luoghi stratificati, tra territori-rete e territori dell'identità.* Si configurano come catalizzatori di nuovi assetti insediativi, associati alla propagazione delle reti connesse alle nuove tecnologie globalizzate.

Alberto Clementi | 117

Quadro di programmazione strategica

Con il "quadro di programmazione" vengono impostati gli assi e le misure d'intervento, secondo le procedure tipiche della programmazione economica e sociale dello sviluppo. Le diverse strategie sono traguardate sulla visione della città definita in precedenza, come spazio identitario per eccellenza che incarna il progetto per una città più sostenibile, più inclusiva e più intelligente.

Di conseguenza, gli assi prioritari riguardano in particolare il miglioramento delle prestazioni ambientali locali, le azioni a favore del welfare e della coesione della società locale, le azioni a favore dello sviluppo locale con particolare riferimento alle attività commerciali e all'economia della conoscenza con l'utilizzazione diffusa di reti digitali e tecnologie ICT. Per ogni asse vengono individuate le misure e gli obiettivi specifici, le azioni prioritarie, gli attori di riferimento, i tempi di attivazione, i progetti coinvolti, le risorse necessarie. La definizione più puntuale del Quadro di Programmazione è rinviata ad una fase successiva del programma di cooperazione con la Provincia del Guangdong, quando saranno conosciute meglio le modalità di programmazione e gestione degli interventi in Cina.

Quadro di Coerenza dei Progetti strategici

La terza articolazione del Master Plan, il Quadro di Coerenza, identifica i Progetti a valenza strategica per la conservazione e la trasformazione dell'area, assicurandone la corrispondenza all'idea di città avanzata attraverso la Visione Guida.

Sono previste due tipologie di progetti: i progetti per le reti della sostenibilità, e i progetti d'area, che approfondiscono singoli temi della trasformazione. I primi sono finalizzati ad organizzare, configurare e mettere a sistema le diverse reti che concorrono alla sostenibilità: reti verdi, reti d'acqua, reti di mobilità interne articolate ai diversi livelli, reti per l'energia, reti degli spazi pubblici che incorporano gli elementi del patrimonio storico-culturale. Questi progetti hanno l'importante funzione di innescare e propagare gli effetti della riqualificazione sostenibile, evitando per quanto possibile l'effetto "isola", ovvero la formazione di aree ad alta sostenibilità pensate in termini di autosufficienza.

Gli altri, i progetti d'area, prevedono una varietà di *azioni integrate di contesto*, commisurate alla specificità delle situazioni di intervento: dalla riqualificazione e restauro conservativo delle zone già citate di protezione per i valori storico-culturali (Sun Wen Xi, Xi Shanshi, Sun Wen Zhong), alla realizzazione delle nuove Porte Urbane-Hubs, alla qualificazione degli spazi pubblici e delle nuove centralità locali, allo sviluppo delle attività commerciali secondo una varietà di tipologie architettoniche e funzionali. Mantenendo fermo il principio dell'integrazione e della processualità, le strategie proposte sono di natura fondamentalmente incrementale, prevedendo fasi a breve e a medio termine che dovrebbero consentire di verificare e adeguare i programmi di intervento.

Quadro di coerenza_progetti d'area

Riqualificazione delle emergenze

Porta urbana Est

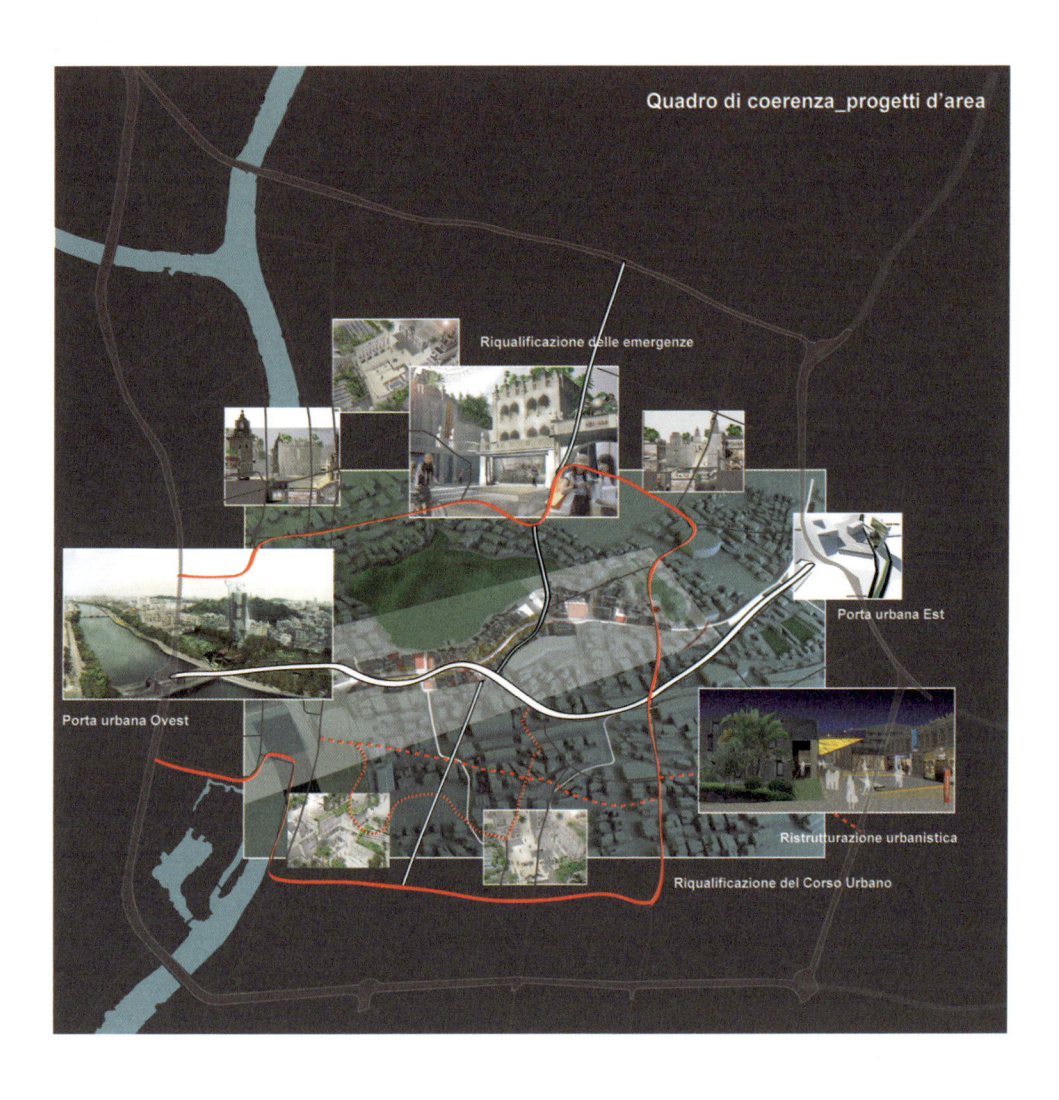

Porta urbana Ovest

Ristrutturazione urbanistica

Riqualificazione del Corso Urbano

Alberto Clementi | 119

XII
Porta urbana Ovest

**Ester Zazzero
Claudia Di Girolamo***

Università G. D'Annunzio, Chieti-Pescara

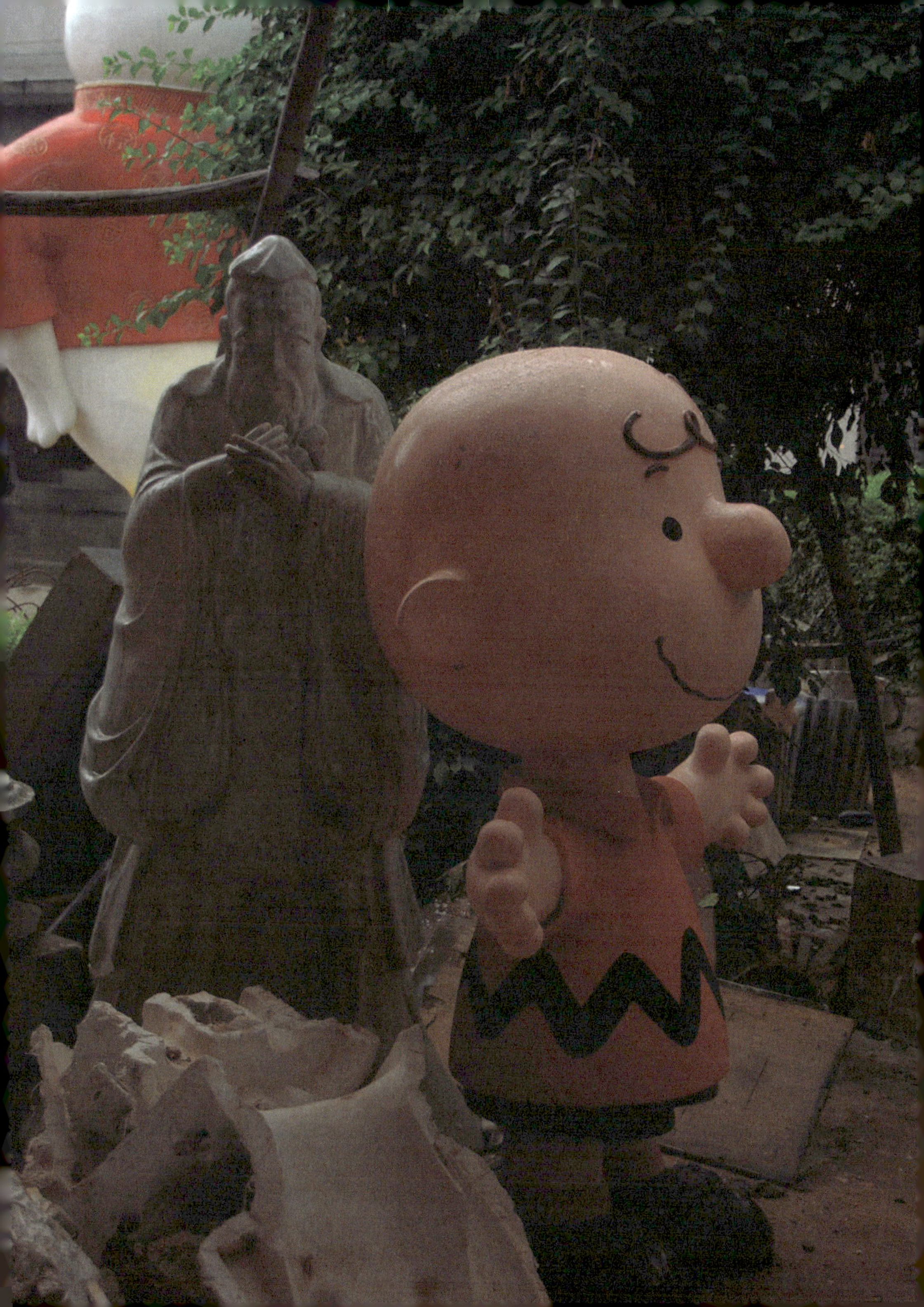

Strategia delle reti e progetto urbano
Il progetto di "Porta urbana Ovest" a Zhongshan, è impostato nella prospettiva della trasformazione sostenibile della città esistente, attribuendo un ruolo determinante alle **reti per la sostenibilità,** specificate nei loro caratteri funzionali e morfologici. Queste reti sono definibili come infrastrutture ambientali e paesaggistiche deputate a catalizzare gli effetti urbani della sostenibilità, con l'obiettivo di convogliarne la propagazione nello spazio e nel tempo; attraverso le reti inoltre si mira a conseguire livelli di prestazione ambientale appropriati rispetto a standards predeterminati, non diversamente da quanto avviene per gli standards dei servizi collettivi.

La porosità dei tessuti edificati, la presenza di vuoti urbani, aree di degrado e *brownfields,* offre molteplici possibilità di realizzare le reti nel corpo della città esistente, integrando le singole aree in una strategia complessiva di miglioramento della sostenibilità. In generale le *reti rosse* della mobilità sostenibile contribuiscono significativamente a ridurre le emissioni inquinanti, garantendo l'accessibilità appropriata alle diverse aree di centralità urbana, a partire dai nodi del sistema dei trasporti. Il sistema della mobilità sostenibile è generalmente appoggiato al trasporto su ferro o comunque al trasporto collettivo "ad emissione zero". Funge da telaio di sostegno per le reti minori della mobilità lenta, organizzato in modo da collegare agevolmente i luoghi della residenza con le destinazioni degli spostamenti urbani.

Altrettanto importanti appaiono le *reti viola (per l'energia)* che dovrebbero integrare i sistemi energetici convenzionali con i nuovi dispositivi di accumulo energetico, posizionati all'interno dello spazio urbano, a loro volta interconnessi con le unità di autoproduzione con fonti rinnovabili in grado di generare e scambiare la quota di energia eccedente il fabbisogno locale. Inoltre, largamente sperimentata appare la strategia delle *reti verdi*, una conquista dell'urbanistica moderna, che purtroppo ha trovato fino ad oggi un impiego generalmente insoddisfacente, nonostante sia stata ben chiara fin dall'origine la sua efficacia al fine di migliorare la funzionalità, la qualità e la vivibilità degli spazi urbani e di quelli produttivi. Più di recente, si è riproposto il tema delle reti verdi affiancandolo a quello delle reti viarie e ferroviarie (spesso con iniziative pionieristiche di sviluppo dei dispositivi di produzione energetica con eolico o fotovoltaico) e soprattutto a quello delle *reti blu* delle acque, interessate in misura crescente dalle strategie di paesaggio e al tempo stesso di rigenerazione ambientale ed ecologica degli ecosistemi umidi, al fine di tutelare le risorse idriche esistenti e di migliorarne la qualità, anche per favorire nuove forme di fruizione compatibili con le condizioni di vulnerabilità ecosistemica. Le reti qui richiamate contribuiscono alle strategie di riconversione urbana mirate alla sostenibilità nelle loro diverse articolazioni: *reti viola*, ovvero le reti della produzione e distribuzione dell'energia, che devono condurre al progressivo ridimensionamento dei sistemi *fuel oriented* a favore delle energie pulite e rinnovabili; *reti rosse*, cioè le reti della mobilità sostenibile, che contribuiscono in modo decisivo alla riduzione dell'inquinamento atmosferico e dei consumi energetici; *reti blu*, ovvero il sistema delle acque e degli spazi di pertinenza, che svolgono funzioni determinanti ai fini del funzionamento degli ecosistemi, ma che hanno un ruolo rilevante anche rispetto alle morfologie e ai valori identitari delle città; infine le *reti verdi*, ovvero le reti che danno continuità agli spazi aperti pubblici e privati destinati a verde, particolarmente vocati al mantenimento dei valori di biodiversità ma anche alla valorizzazione delle attività per il tempo libero e lo sport;

Reti viola (energie rinnovabili)
Le reti dell'energia integrano la produzione ricavata dai singoli edifici con il fotovoltaico, bilanciando i singoli apporti all'interno di una rete che in prospettiva può diventare autosufficiente. Si è per la verità ancora ben lontani dalla visione futuribile di Rifkin, di una città che diventa al tempo stesso luogo di produzione e di consumo dell'energia richiesta. Non sono ancora stati inventati dispositivi efficaci

di stoccaggio dell'energia autoprodotta, e non si dispone al momento dei complessi software che sono necessari per gestire in modo intelligente i rapporti tra unità di produzione e unità di consumo, in analogia con i sistemi web per la comunicazione. In questa fase appare più realistico programmare piuttosto la compresenza delle energie eteroprodotte, anche con sistemi convenzionali, e quelle autoprodotte a base prevalentemente di fotovoltaico e solare termico applicati ai singoli edifici. Per questi ultimi il miglioramento delle prestazioni energetiche è ormai un obbligo, dettato non solo dalle normative ma anche dalla necessità di ridurre l'impatto ambientale e i costi di gestione del costruito.

Reti rosse (mobilità sostenibile)
La trasformazione della mobilità urbana di Zhongshan verso un funzionamento più sostenibile è una sfida decisiva, perché come molte altre città stanno crescendo i problemi di congestione del traffico, che si riflettono pesantemente sulle condizioni di vita della popolazione e anche sui livelli di funzionalità e di produttività della struttura urbana.
Qui mette conto non tanto di richiamare le tradizionali strategie di razionalizzazione della mobilità attraverso "piani del traffico urbano", ovvero quelle più innovative di sostituzione del parco auto con nuovi mezzi "ad emissione zero", soprattutto nell'ambito del trasporto pubblico. Piuttosto ci si riferisce alle strategie specifiche di potenziamento della mobilità dolce, con percorsi pedonali e ciclabili che dovrebbero concorrere alla limitazione del traffico affidato ai mezzi individuali su gomma.
Perché queste strategie abbiano successo, occorre prevedere un insieme di azioni interdipendenti e mirate agli stessi obiettivi. Ad esempio si tratta di garantire l'accessibilità dell'area ed il suo collegamento con le altre parti della città attraverso un sistema di trasporto pubblico efficiente, con il sistema delle fermate ben scandito e servito da adeguati parcheggi di interscambio; poi di realizzare una rete protetta e sicura di percorsi pedonali e ciclabili, ben collegata alle fermate del trasporto pubblico e alle aree di destinazione residenziale. All'interno delle aree residenziali dovrebbe inoltre essere applicato diffusamente il principio del *traffic calming*, con basse velocità di attraversamento che dovrebbero ridurre gli effetti nocivi di una presenza intrusiva del traffico veicolare.

Reti blu (acqua)
L'utilità ed il ruolo urbano delle "reti blu" a Zhongshan appaiono evidenti non solo per le funzioni ambientali e paesaggistiche, ma anche per il contributo offerto agli aspetti urbanistici e igienico-sanitari. Sono noti ad esempio i vantaggi derivati dalle superfici naturali nel drenaggio delle acque durante gli eventi meteorici, e la loro importanza nei processi di fitodepurazione.
Ma la loro presenza migliora anche la regolazione del microclima, assorbe l'ossido di azoto, contribuisce alla fissazione delle polveri, attenua il rumore.
Una gestione sostenibile del ciclo dell'acqua in ambiente urbano dovrebbe dunque assumere molteplici obiettivi, da quelli di strutturazione degli assetti ambientali e insediativi a quelli più propriamente ecologici; in particolare, mirando alla riduzione delle superfici impermeabilizzate, attraverso la riorganizzane del sistema delle pavimentazioni o della vegetazione; ovvero alla regimentazione, con sistemi di stoccaggio temporaneo, delle acque meteoriche di prima pioggia al fine di evitare esondazioni localizzate o il sovraccarico del sistema fognario e depurativo, considerando che queste acque potrebbero invece essere meglio utilizzate per limitare l'uso non alimentare di acqua sollevata da falda o captata da sorgenti e potabilizzata.
Scontata la difficoltà di restituire l'organicità della rete dei torrenti e dei loro affluenti preesistenti ai processi di urbanizzazione, facendo riemergere ad esempio i corsi d'acqua già intubati e oggi recapitati sotterraneamente ai fiumi maggiori che attraversano la città, si tratta comunque di ripristinare almeno la leggibilità del sistema delle acque lavorando sulle loro tracce, rigenerate quando possibile in ambienti

umidi da interconnettere a rete; e, quando non possibile immediatamente, dirottando altrove usi incongrui, con l'obiettivo di avviare un processo graduale di riqualificazione ambientale e paesaggistica dell'area urbana.
A Zhongshan sembra possibile proporre un insieme di interventi mirati alla *qualificazione ambientale e paesaggistica delle reti d'acqua*. In particolare :
a. risistemare le fasce di pertinenza dei corsi d'acqua ancora a cielo libero, al fine di contemperare le primarie esigenze di messa in sicurezza dal rischio idraulico con le potenzialità di tutela idrica e di valorizzazione ambientale e paesaggistica;
b. connettere ambientalmente e paesaggisticamente il sistema idrico attraverso un'opera di infrastrutturazione ambientale, imperniata sulla riqualificazione dei canali esistenti;
c. rigenerare il sistema delle connessioni umide locali, con opere di risistemazione dei canali ed altri interventi di riqualificazione funzionale e paesaggistica degli spazi circostanti, mirando a creare spazi qualificati per lo sviluppo delle attività del tempo libero;
d. realizzare unità ambientali di nuova formazione con specifiche finalità naturalistiche attraverso interventi che riproducono per quanto possibile la diversità degli habitat caratteristici del luogo.

Reti verdi (ecosistemi e servizi)
Le "reti verdi" a Zhongshan dovrebbero fungere da vera e propria infrastruttura ambientale che assolve a precise funzioni strutturali nella organizzazione della città, sia in termini ecologici che urbanistici. Infatti, come componente della funzionalità ecologica, riveste un ruolo importante nella riproduzione dei processi naturali in città. Realizzando infatti corridoi di connessione con gli habitat interni ed esterni all'area centrale, si favoriscono i necessari scambi biologici, che incrementano il grado di diversità biologica e le capacità autorigenerative dell'ecosistema stesso.
La funzionalità in termini urbanistici attiene, invece, alla possibilità di assumere lo spazio della rete verde come ancoraggio per il sistema dei servizi, con il duplice vantaggio di garantire la continuità dello spazio collettivo sottraendolo alle sovrapposizioni con il traffico urbano, e di conseguire una elevata qualità ambientale che ne accresce il valore d'uso.
La progettazione delle reti verdi all'interno della città si propone dunque sia di contribuire alla qualificazione del sistema insediativo che di favorire in un'ottica ecologica un recupero generalizzato della qualità ambientale. Non si tratta soltanto di mettere a sistema l'insieme delle aree a verde pubblico, quanto piuttosto di creare habitat interconnessi capaci, nel complesso, di instaurare nuove relazioni tra natura e costruito all'interno della città.
Gli spazi interessati da questa strategia saranno in linea di principio le preesistenze destinate a verde pubblico e privato (parchi urbani, giardini pubblici e privati, parchi fluviali, viali alberati), integrati dove possibile dalla grande varietà di spazi aperti dimessi o residuali, di vuoti urbani e soprattutto di spazi a verde previsti negli strumenti di piano a seguito della loro cessione da parte dei privati, sia in termini di oneri di urbanizzazione che di permute o compensazioni per lo sviluppo edilizio.

Strategie di progetto per la porta urbana
Nella strategia di riqualificazione in chiave sostenibile della città di Zhongshan, il progetto "Porta Urbana Ovest" assume un ruolo centrale, sia per la sua particolare posizione - a cavallo tra la città storica, custode dei valori identitari della tradizione della città cinese, e il territorio della metropoli circostante - sia per il suo rapporto di vicinanza con le emergenze naturali presenti nell'area: il fiume che lambisce la città storica, e la collina interna a diretto contatto con il corso urbano di Sun Wen Xi. Quest'ultimo, è particolarmente significativo, perché rappresenta il primo esempio in Cina di strada interna al centro città trasformata in percorso pedonale, fortemente caratterizzata dagli usi commerciali

e da altre funzioni di centralità metropolitana. In sintonia con la volontà espressa dalla comunità locale di operare un "salto di qualità" nella prospettiva della sostenibilità urbana, il progetto di Porta Urbana Ovest diventa il banco di prova di un progetto urbano in grado di innescare il processo di evoluzione della città esistente, alla luce degli obiettivi di uno sviluppo urbano più sostenibile, intelligente e inclusivo. Un progetto urbano capace di contribuire alla qualità degli assetti morfologici e funzionali, ma al tempo stesso in grado di far convergere strategie dello sviluppo economico e sociale, tenendo adeguatamente conto dei problemi di fattibilità per l'attuazione degli interventi in programma.
All'interno dunque di una strategia della sostenibilità più complessiva, ambientale, economica e sociale, le proposte per la Porta Ovest sviluppano localmente le indicazioni del Master Plan per una riqualificazione del centro città che includa l'accesso con sistemi di mobilità a basso inquinamento atmosferico, la diffusione delle energie rinnovabili, il riuso appropriato dei suoli e degli edifici, la valorizzazione del sistema degli spazi pubblici, all'interno di una strategia più complessiva di miglioramento dei metabolismi ambientali e di contenimento del consumo delle risorse non rinnovabili.
A tal proposito, si propone di agire su alcune categorie di opere, in particolare opere pubbliche, che possano configurarsi come attivatori di contesto, in grado di innescare la trasformazione. L'attenzione è rivolta alle infrastrutture per la mobilità, alle reti verdi e alle infrastrutture energetiche, ovvero alle reti della sostenibilità che possono trainare i processi di riqualificazione urbana. Il modello prefigurato prevede di agire prioritariamente sulle reti per la sostenibilità, le quali determinano a loro volta un campo di trasformazione da sottoporre a progetto. Il progetto urbano diventa, così al tempo stesso progetto di rete, legato al concetto di transcalarità, e progetto d'area, configurandosi processualmente come enzima della trasformazione sostenibile.
Il progetto della Porta viene concepito come progetto dello spazio di incrocio e commutazione di flussi, siano essi materiali (percorsi e reti tecniche) o immateriali (reti digitali e reti delle permanenze storiche). Mette in forma la centralità come spazio dell'innovazione: la porta è destinata infatti a configurarsi come un nuovo *hub* territoriale, un nodo funzionale e simbolico della città metropolitana, dove i singoli flussi interagiscono, venendo commutati intanto che attraversano la porta.
Qui la rete degli spazi pubblici, delle piazzette, del commercio e dell'incontro, propria del centro storico di Zhongshan - a ricordare l'intimità della città proibita - incontra il sistema delle grandi percorrenze metropolitane prima, e territoriali poi, al di là del fiume: l'interazione crea una nuova spazialità che interseca, sovrappone, ibrida.
Il terreno si corruga, diventa artificiale, ed ospita al suo interno i servizi e le funzioni proprie di un nuovo nodo di interscambio globale-locale. La copertura verde funge da spazio pubblico, genera terrazze come spazio d'incontro e punto di vista privilegiato; dalla modellazione artificiale del terreno spicca la torre simbolo della *smart city*, il *brainport* che racchiude al suo interno funzioni commerciali e direzionali, e sulla pelle tutti i dispositivi energetici e digitali che ad una diversa scala lo fanno diventare "progetto sostenibile" e lo collegano con il "sistema mondo".
La formalizzazione architettonica della Porta, ad una diversa scala, più propriamente urbana, sviluppa sinergie e risolve l'intersezione tra due interventi più ampi, il *Riverfont* ed il Corso Urbano principale. Questi, in fasi diverse, sono programmati in modo da innescare il processo della trasformazione nel segno della sostenibilità di tutta l'area centrale della città di Zhongshan, riconosciuta come zona di protezione per il suo alto valore storico e culturale.
Il progetto del *Riverfront* contribuisce ad allestire una rete verde di valore paesaggistico-ambientale, inserendola in un sistema reticolare di connessione con gli habitat interni ed esterni all'area centrale. Questo spazio è destinato in particolare ad un parco lineare culturale-ricreativo, elemento di attrattività per gli abitanti della città ma anche per chi la visita occasionalmente. Il parco lungo fiume si collega con il parco collinare poco distante, interno all'area di centro-città, creando un sistema del verde complesso

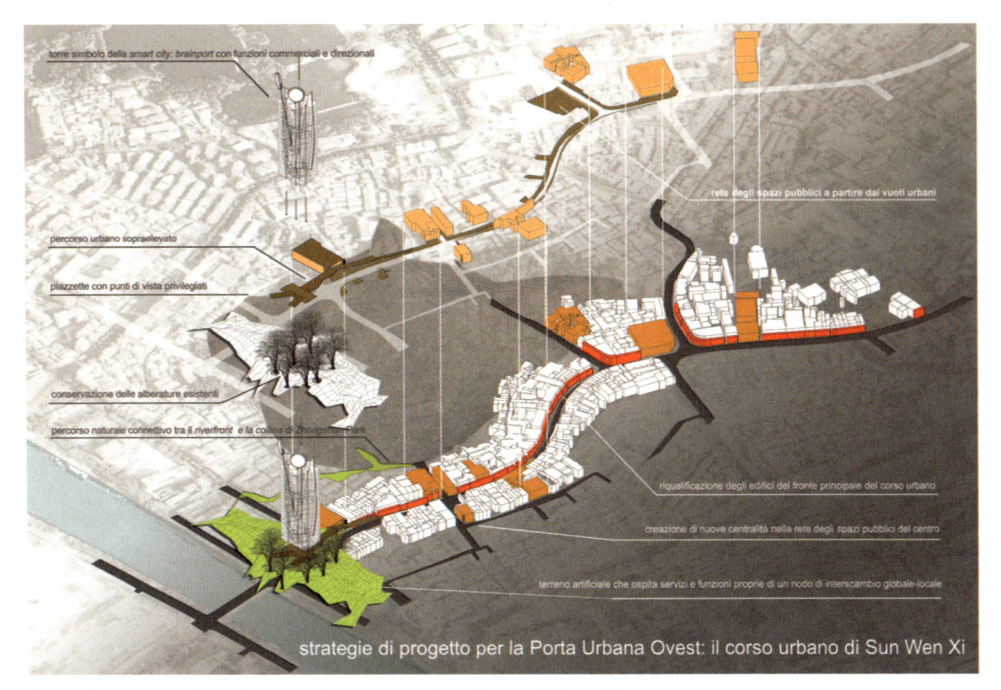

figura 1 Porta Urbana Ovest_Strategie di rigenerazione della Porta e del Corso Urbano

ed articolato, che mira all' interpenetrazione tra spazi di naturalità e spazi costruiti, come chiave di volta della qualità di un paesaggio urbano che integra la storicità dei tessuti con la contemporaneità degli spazi realizzati di recente. Il progetto della riqualificazione del *Corso Urbano principale* agisce chirurgicamente sul tessuto urbano di Sun Wen Xi, con la volontà di conservare il sistema storico-testimoniale rendendo leggibile la rete delle permanenze e delle qualità identitarie proprie di Zhongshan. Il Corso supera i confini di Sun Wen Xi per riconnettere l'intera città storica da ovest ad est dando alla struttura urbana quella spina dorsale che oggi non appare con evidenza. L'intento è connettere, creare sinergie tra i luoghi dell'incontro, le piazzette, i templi del culto sacro, i parchi -polmoni verdi della città- creando qualità urbana e senso di appartenenza per chi la percorre.

La rete del sistema degli spazi pubblici e delle permanenze, si iscrive, come già detto, in un più ampio sistema delle reti della sostenibilità, confluendo naturalmente verso Porta Urbana Ovest, lo spazio principale di commutazione e smistamento dei flussi, pedonali, ciclabili o di mobilità dolce (trasporto pubblico ad emissione zero). E' qui che all'impianto stratificato di Sun Wen Xi si aggiungono i nuovi spazi dell'incontro e dell'identità cittadina; i percorsi chiusi, stretti, commerciali diventano percorsi sopraelevati, punti di vista privilegiati che pongono lo sguardo in stretto rapporto con il paesaggio circostante, con il nuovo progetto di sistemazione del Riverfront da una parte, e la riconnessione del Corso Urbano all'interno di una configurazione urbana più consapevole, dall'altra.

Il progetto urbano della Porta Ovest rinvia ad un processo di trasformazione graduale, che dovrebbe mobilitare una varietà di attori pubblici e privati. Alcune opere d' interesse pubblico hanno il compito di avviare i primi mutamenti, sia innescando i processi della sostenibilità, che predisponendo l'area alla valorizzazione fondiaria e immobiliare che dovrà essere guidata da specifici progetti di iniziativa privata. In particolare:

figura 2 Porta Urbana Ovest_Stato di fatto

figura 3 Porta Urbana Ovest_Progetto

- per la rete verde: connettere il Riverfront esistente con il parco collina a nord del Corso Urbano di Sun Wen Xi; restituire continuità percettiva ed effettiva al verde come primo passo verso una qualità urbana che trova il suo punto di forza nella capacità di integrare le diverse variabili in gioco (si veda "Strategie per la qualità urbana" di Alberto Clementi).
- per la rete degli spazi pubblici: mettere a sistema la struttura degli spazi pubblici esistenti con i nuovi percorsi diretti alla Porta Urbana Ovest, qualificare l'esperienza dell'attraversamento della Porta, come ingresso alla "città deposito dell'identità cittadina ".

L'attuazione completa del progetto urbano si prevede nel medio termine - con l'entrata in gioco di capitali privati, o con sistemi partenariali pubblico-privato, i quali, sfruttando l'incremento di valore dell'area, possono investire nella riqualificazione diffusa del patrimonio edilizio esistente, e in particolare realizzare nuove edificazioni con funzioni di elevata centralità e attrattive sul mercato.

In conclusione, si può affermare che gli interventi di rigenerazione urbana associati alla realizzazione della nuova Porta Urbana Hub, hanno un elevato potenziale strategico ai fini di uno sviluppo urbano "più intelligente, sostenibile e inclusivo" (Carta di Toledo giugno 2010); e che l'eco-efficienza dello sviluppo va considerata come una condizione necessaria, ma non sufficiente ai fini della qualità urbana finale. Per raggiungere questo impegnativo obiettivo, si dovrà intraprendere una riqualificazione della città che agisca al tempo stesso con *reti della sostenibilità* alle quali sono affidate le relazioni tra le parti, e con *progetti d'area* locali come incubatori della sostenibilità.

(*) Il contributo è l'esito di un lavoro in comune delle due autrici. In particolare si deve ad Ester Zazzero il paragrafo : Strategia delle reti e progetto urbano; a Claudia Di Girolamo il paragrafo: Strategie di progetto per la Porta urbana. Le elaborazioni progettuali, sviluppate sotto la direzione di Alberto Clementi, sono a cura di Ester Zazzero per la parte relativa alla sistemazione dello spazio esterno della porta, lungo il riverfront; di Claudia di Girolamo per la parte interna, relativa alle connessioni con il corso urbano; è a cura di Cesare Corfone la configurazione dell'edificio-torre

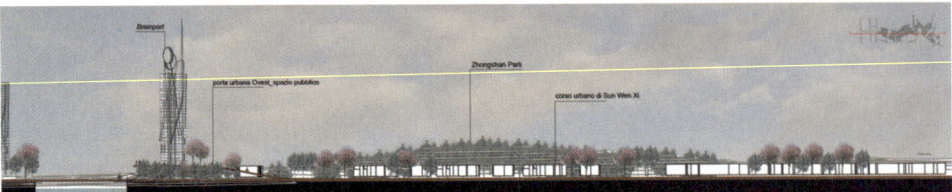

figura 4 Porta Urbana Ovest_Progetto, vista notturna
figura 5 Porta urbana Ovest_sezione longitudinale lungo il Corso Urbano

figura 6a Il terreno artificiale ospita al suo interno i servizi
figura 6b Il parco lineare culturale-ricreativo del Riverfront
figura 6c La copertura verde come spazio pubblico

XIII

Porta urbana Est

Pepe Barbieri

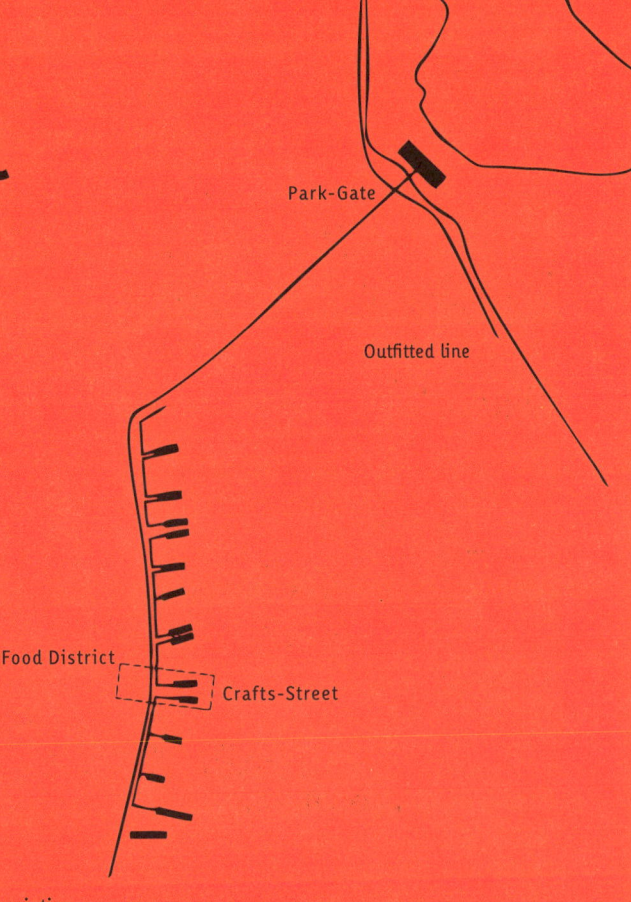

Park-Gate

Outfitted line

Food District Crafts-Street

Gruppo di lavoro
Coordinatore
Prof. Pepe Barbieri
dottoranda di ricerca in Architettura e Urbanistica
Arch. Roberta Di Ceglie
Arch. Andrea Corindia
Università G. D'Annunzio, Chieti-Pescara

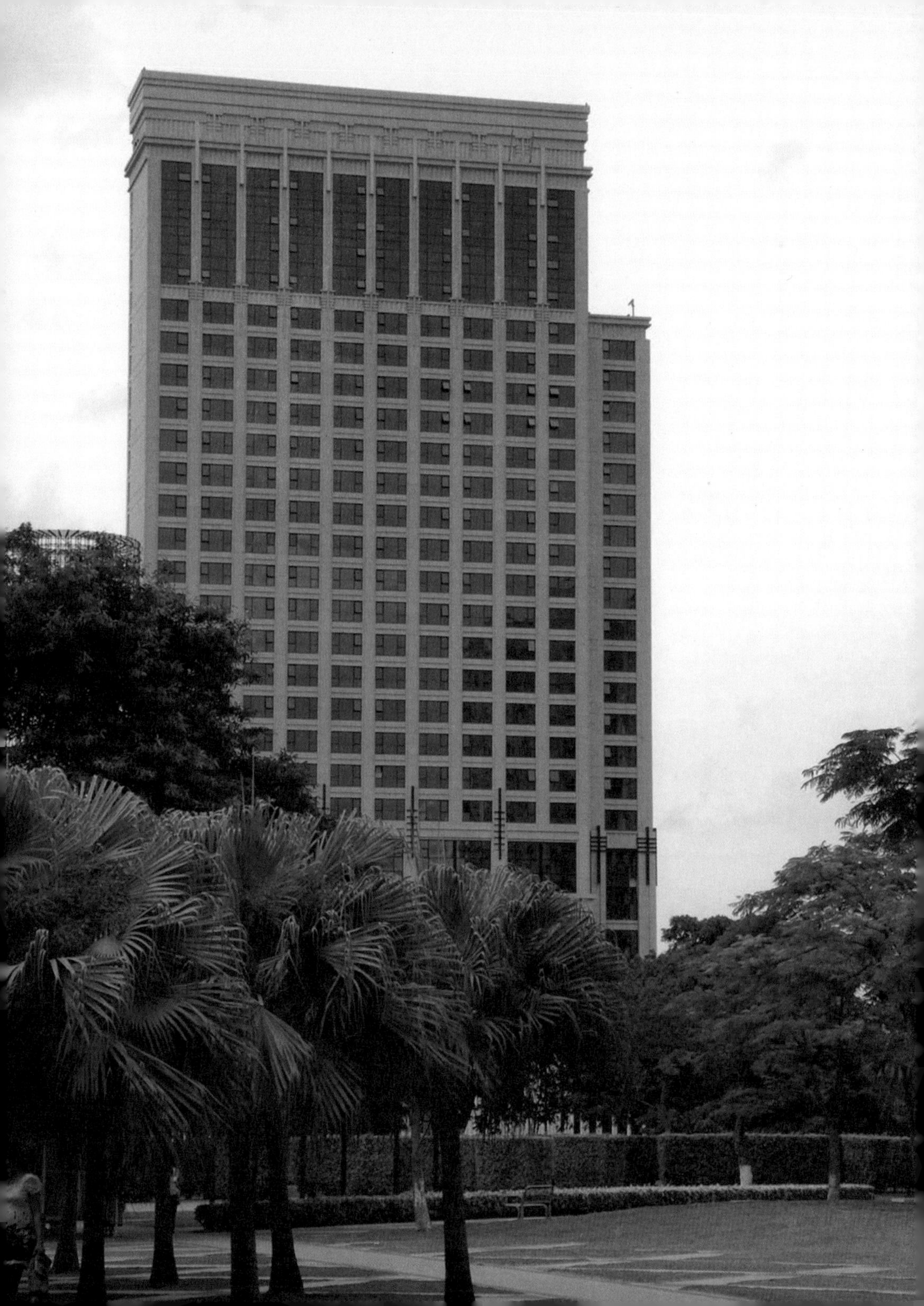

Il tema

Nella città di Zhongshan – come in molte altre città della Cina - si è prodotta negli ultimi anni una estesa e intensa crescita e trasformazione del territorio urbano. E' una trasformazione che ha dilatato ad una dimensione ed ad un uso metropolitano il nucleo storico originario, che oggi deve ritrovare un suo ruolo ed una riaffermata riconoscibilità in un nuovo sistema di relazioni territoriali, nella chiave di una maggiore qualità e sostenibilità dell'organizzazione spaziale complessiva della città.

E' necessario, a questo fine, individuare i principali caratteri identitari dei diversi contesti urbani, il loro rapporto con le più significative preesistenze naturali ed una nuova articolazione del sistema delle infrastrutture con la creazione, in alcuni nodi strategici, di nuove centralità che possano anche rappresentare i segnali configurativi – i *Landmark* – del nuovo assetto urbano. L'area centrale di Zhongshan è servita da un anello infrastrutturale che nella zona Nord Est è tangente l'area dell'Ospedale, a sua volta legata al grande parco della collina ad Est. E' questo un punto nodale irrisolto del sistema urbano: sfocia infatti in quest'area il percorso principale che, da Ovest a Est, attraversa il centro storico connettendosi alla Huabai RD. Questo asse è oggetto già di importanti fenomeni di valorizzazione, anche in rapporto a quanto previsto dal *Masterplan* per le aree individuate quali prioritarie per gli interventi di riqualificazione urbana. Per attivare questi processi è necessario realizzare una migliore accessibilità delle aree centrali della città. Ciò può avvenire creando una mobilità sostenibile, con mezzi ecocompatibili, che percorra principalmente l'asse Est – Ovest in connessione con due nodi di scambio che potranno assumere il ruolo di Porte Urbane, rispettivamente ad Ovest ed Est, in modo da rendere riconoscibili i punti principali di ingresso al rinnovato centro storico. Si attua così quel processo di "differenziazione" che consente di introdurre nel panorama urbano elementi che possano rendere possibile una nuova "narrazione urbana" in cui sia riaperto il colloquio tra la storia e il futuro della città.

Le strategie

1. Riqualificazione delle infrastrutture come spazio urbano complesso.

La Huabai RD è una grande infrastruttura viaria che corre, ad Est, tra il centro storico e la base della collina dove è collocata la grande area di parcheggio dell'ospedale. Oggi la strada si presenta, in corrispondenza del nodo in esame, come un confine che limita la continuità dell'attraversamento del centro storico con le sue aree verdi, tra il parco del fiume e il parco della collina ad Est. Si propone quindi, di divaricare – in corrispondenza del nodo – le due carreggiate così da ottenere una grande *via parco* dove, nelle "isole" che si generano, collocare nuove funzioni pubbliche e facilitare l'attraversamento. In questo modo il sistema delle infrastrutture può essere reso più efficiente con la creazione di un parcheggio di scambio che consenta l'utilizzazione dei mezzi ecosostenibili a servizio del centro storico.

2. Trasformazione delle aree sottoutilizzate o di risulta.

A margine della Huabai RD si trovano aree libere e di rispetto. La principale di queste corrisponde al grande piazzale scoperto destinato a parcheggio per l'ospedale. Nel progetto queste aree verranno utilizzate, per mezzo di un sistema di piastre parzialmente interrate, per disegnare un nuovo suolo che assume la configurazione di un grande "basamento" della collina-parco ad Est. La parte superiore del "basamento" avrà il ruolo di grande "piazza" verde, integralmente percorribile e collegata sia al parco ad Est, sia, attraverso un passaggio interrato, all'asse principale del centro storico. All'interno delle piastre verranno localizzati diversi servizi (compresi i parcheggi di scambio e il parcheggio per l'ospedale) e ampi ambienti da destinare a sport e cultura.

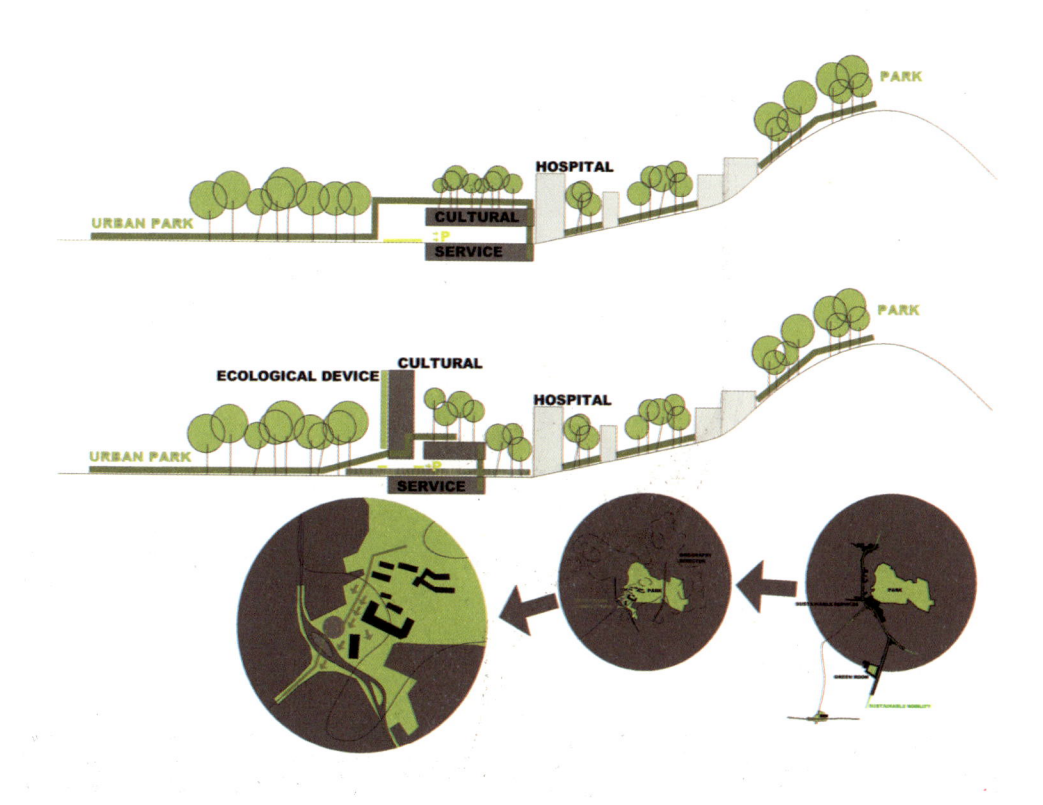

Pepe Barbieri | 133

3 Creazione di nuove centralità.
La grande " figura" estesa del nuovo basamento, rappresenta l'occasione per la creazione di una centralità di rango urbano e metropolitano destinata a risolvere i problemi dell'accessibilità al centro storico e ad aumentare la qualità e la dotazione degli spazi pubblici in quest'area urbana. A questa rilevante struttura, nell'isola ricavata dalla divaricazione dell'anello stradale, può associarsi il grande segno verticale di un grattacielo – non un monolite - che prosegue in alto l'idea di una eco-costruzione che si realizza in un rapporto efficace, dal punto di vista energetico, nell'articolazione spaziale tra pieni e vuoti sovrapposti. Questo nuovo *landmark,* che segnala il passaggio tra una importante preesistenza ambientale e il centro storico, si pone in risonanza – nella scala territoriale – con la soluzione architettonica della porta Ovest, in corrispondenza con il fiume, mettendo in ideale connessione i grandi segni permanenti della geografia di Zhongshan.

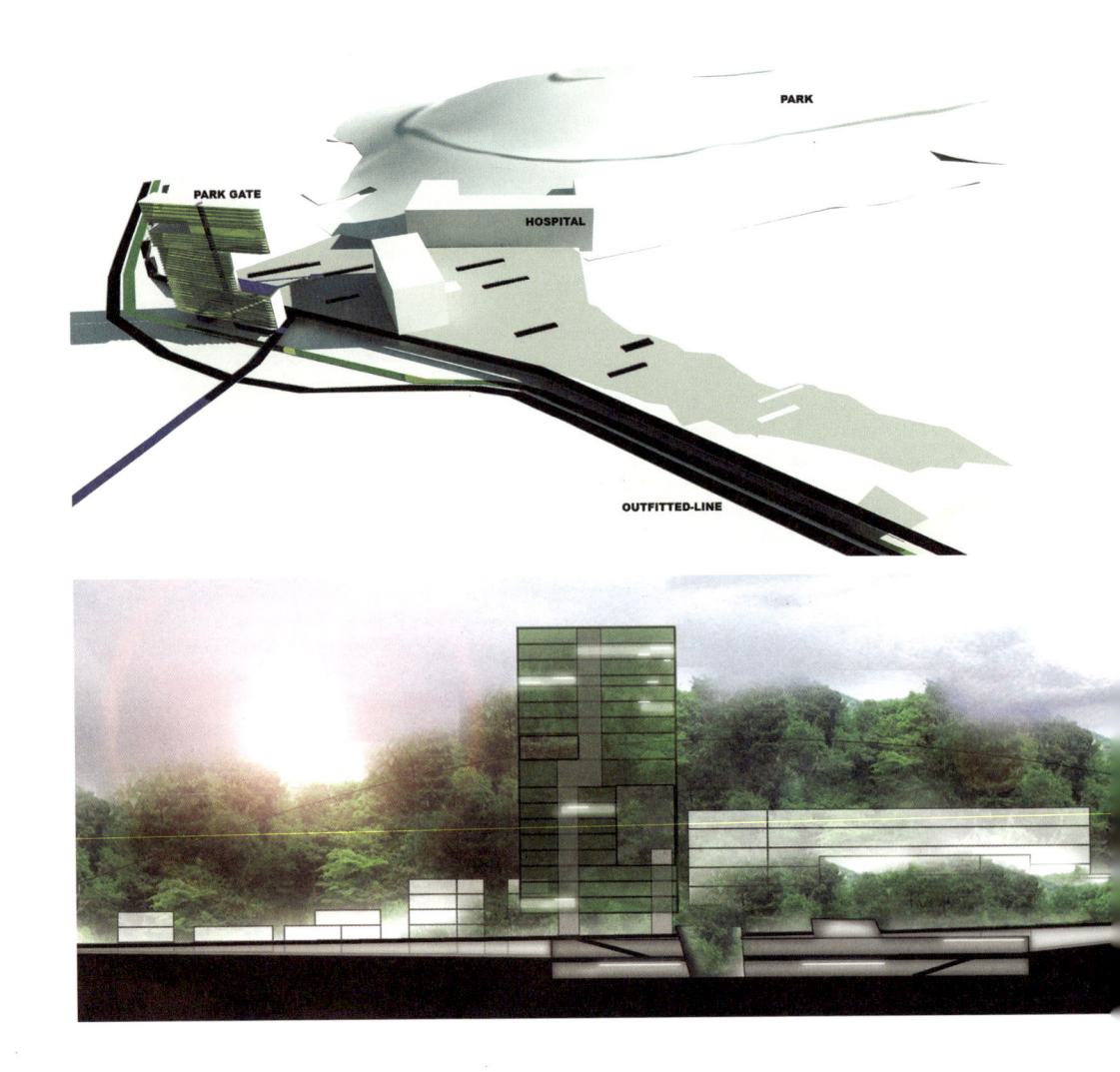

HOSPITAL

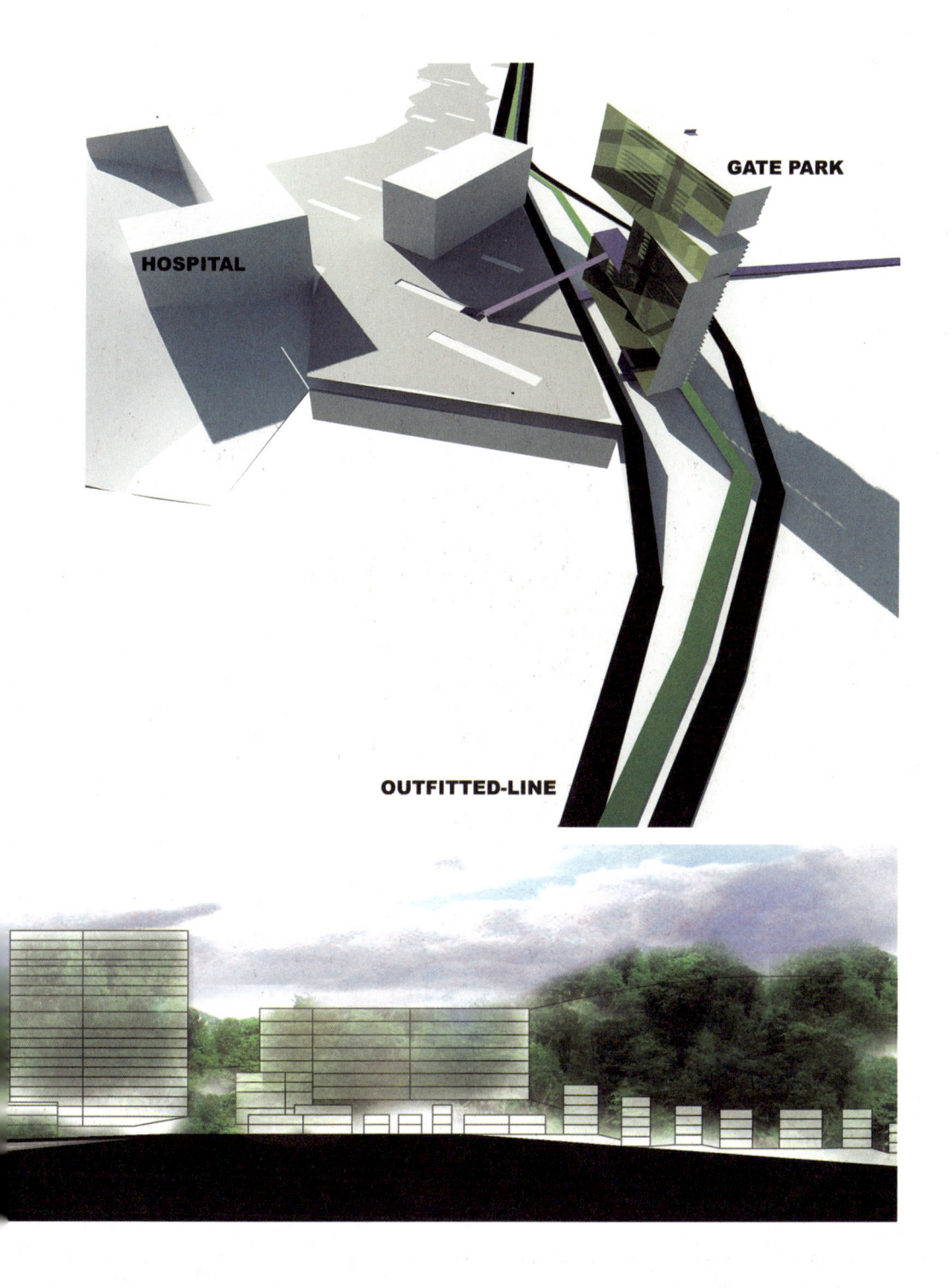

GATE PARK

OUTFITTED-LINE

Pepe Barbieri

XIV

Spazi pubblici e sostenibilità

Susanna Ferrini

Gruppo di lavoro
coordinatore
Prof. Susanna Ferrini, Arch. Vito Fortini
con
Marco Damiani, Arianna Ferrara, Massimo Petracca
Università G. D'Annunzio, Chieti-Pescara

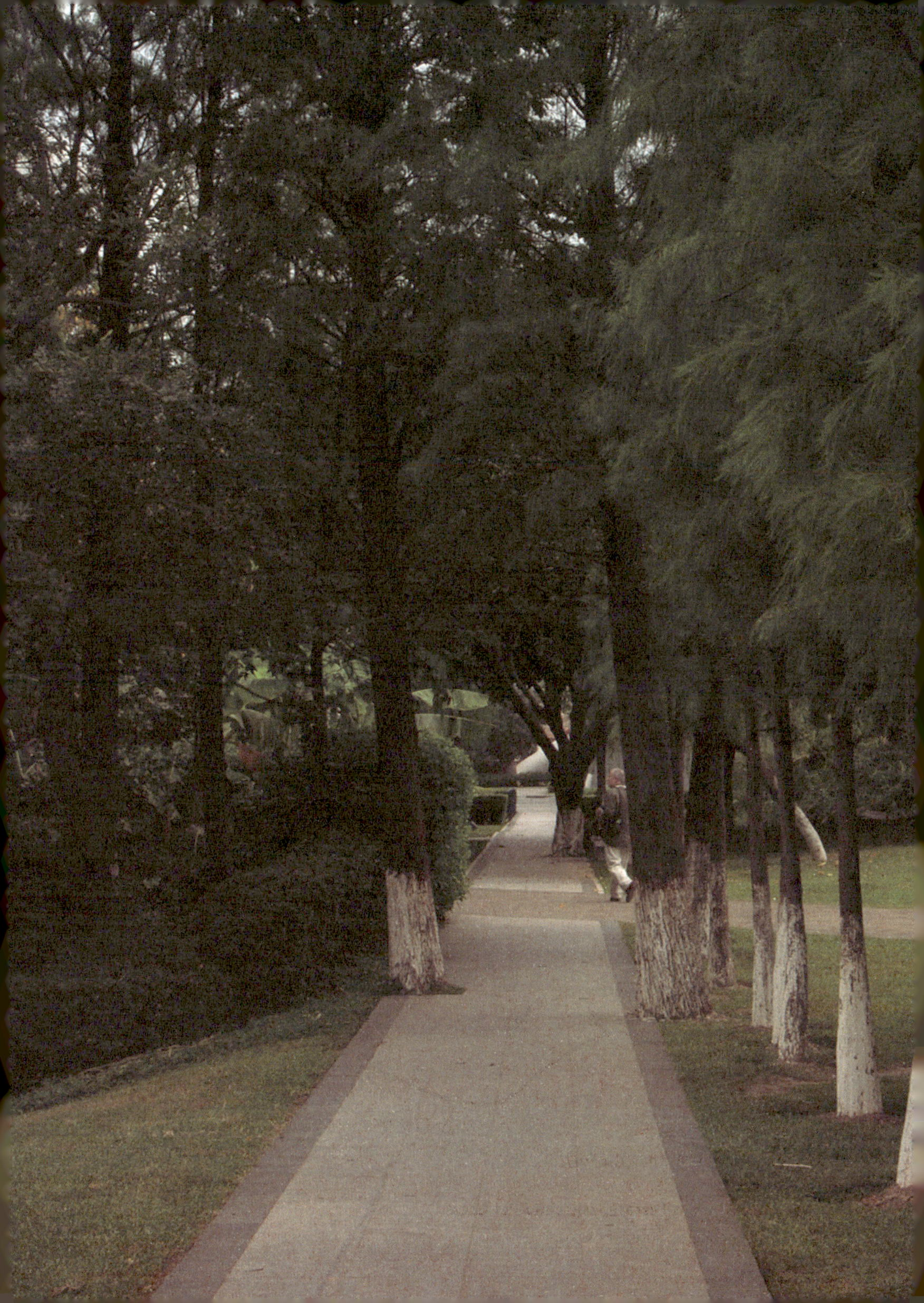

Il progetto degli spazi pubblici per il centro-città di Zhongshan, che s'inserisce nell'assetto complessivo del Master Plan proposto, ha voluto reinterpretare il valore dello spazio urbano, tipico della tradizione storica italiana, attraverso il tema dell'innovazione e della sostenibilità.

Fin dalle prime raffigurazioni della città medievale di Siena nel dipinto del 'Buongoverno', il valore simbolico dell'idea di città storica in Italia è stato espresso dallo spazio pubblico delle comunità urbane, luogo di incontro culturale, di scambio di merci ma anche di informazioni legate alla crescita e alla formazione di un'identità collettiva. La forma del vivere si è sempre, di fatto, identificata con le forme fisiche e spaziali del 'vuoto' urbano, che veniva così a caricarsi di valori rappresentativi e simbolici. Questo processo di identificazione della propria identità culturale con il progetto dello spazio pubblico ha sempre caratterizzato l'evoluzione della città storica nelle diverse epoche, diventando un sistema di 'misurazione' del livello di coesione e capacità di autorappresentarsi di una comunità nei suoi valori sociali e culturali condivisi. Processo che ha generato esempi di grande valore architettonico e spaziale, se pensiamo allo spazio urbano nel Rinascimento e nel periodo Barocco, in cui l'invenzione architettonica di piazze, strade, riunisce in un tutto inscindibile la forma architettonica del 'vuoto', non più solo negativo del 'pieno' costruito, con le forme di crescita della città nelle sue direttrici fondamentali. Lo spazio urbano si raffigura, allora, nella narrazione di contenuti culturali legati alle differenti epoche, ancora leggibile nella città storica italiana. Un insegnamento che ci convince del fatto che il progetto dello spazio pubblico non può semplicemente sovrapporsi a posteriori al tessuto della città, ma deve inserirsi in un processo complessivo di rinnovamento e legarsi a strategie urbane più generali.

La qualità dello spazio pubblico coinvolge una molteplicità di fattori, dalla scala urbana a quella architettonica, e non può configurarsi come un sistema ornamentale e decorativo, riconducibile alla semplice aggiunta di elementi di arredo urbano. Si configura, piuttosto, come un intervento strutturale sulle stesse forme della città, derivando da scelte strategiche legate alla mobilità, alle trasformazioni urbane e più in generale ai valori che un'epoca ritiene fondanti per la propria crescita civile. Il senso della prossimità, dello scambio culturale vanno recuperati, proprio attraverso la ritrovata capacità delle forme dello spazio pubblico di accoglierle e di raffigurarle, creando una continuità di lettura della città, un filo rosso che permetta di riconoscere i contenuti espressi. Si tratta di ritrovare, in senso innovativo e contemporaneo, la 'misura' dello spazio urbano in relazione alle nuove funzioni pubbliche culturali e ai diversi tempi dei flussi che caratterizzano la nostra nuova idea di città.

In questo senso, il progetto per l'area centrale di Zhongshan ha voluto rileggere le forme dello spazio pubblico inserendo il tema portante della sostenibilità, che è stato affrontato nei suoi aspetti di forma architettonica, di sfruttamento delle energie rinnovabili, di sicurezza sociale, di mobilità sostenibile, di creazione di distretti urbani con funzioni avanzate e specializzate, all'interno di un sistema a rete degli spazi pubblici. In maniera emblematica, il concept dell'intervento è stato raffigurato nell'immagine della tela di un ragno che progressivamente, a partire dalla nuova porta urbana sul waterfront, collega in un sistema continuo le strade esistenti e i nuovi distretti culturali e commerciali, che nascono dal recupero di alcune aree strategiche del centro-città. Il sistema a 'tela di ragno' degli spazi pubblici si richiude ad anello, toccando aree 'sensibili' dell'area urbana ed inserendo nodi di scambio per la mobilità interna sostenibile, per la captazione delle energie rinnovabili e dotando alcuni edifici di nuove funzioni per stimolare una rinnovata qualità d'uso dello spazio collettivo. Il processo di riqualificazione ha investito anche le grandi strutture commerciali presenti nel centro-città, mettendole a 'sistema' con la rete di piazze e percorsi pedonali.

La progettazione di nuovi distretti funzionali presenta una duplice valenza: da un lato, permette di creare forti attrattori nel sistema dei percorsi, che si configurano come i nodi della rete degli spazi pubblici; dall'altro permette di recuperare alcune aree problematiche del centro-città. Ne sono esempi il distretto legato all'arte e alla creazione artistica contemporanea; il distretto museale-espositivo;

il distretto legato alla cultura culinaria cinese, concepito come un 'distretto del gusto', che lega la 'comunicazione' di questo importante valore culturale con la ristorazione e lo sviluppo di un turismo sostenibile e di qualità.

Nell'area di SunWen Xi, l'obiettivo è di intervenire sugli edifici moderni 'in conflitto', e al tempo stesso di valorizzare gli edifici d'interesse storico. Inoltre, lo spazio pubblico si configura come una nuova infrastruttura tecnologica ed energetica, quasi un serbatoio di energia, in vista della sua autosufficienza nel funzionamento del sistema di illuminazione, della mobilità 'lenta' sostenibile e di quelle nuove attività in grado di dare impulso alla vita collettiva. Il disegno dello spazio pubblico intende valorizzare il ruolo dei percorsi pedonali e dei portici come il luogo della prossimità e dello scambio, di garantire la permeabilità e l'accessibilità degli edifici pubblici, di potenziare il sistema del verde e delle alberature.
In particolare, il progetto collega in un unico sistema riconoscibile la rete degli edifici e spazi pubblici: a partire dal fiume, mette a sistema il Zhongshan park, il Wenhua Museum e il nuovo Art district, il Fashion District, lo spazio pubblico del Sun Yod Sen Memorial, il Food District e l'area commerciale, articolata in strade mercato e nuovi spazi per il commercio.

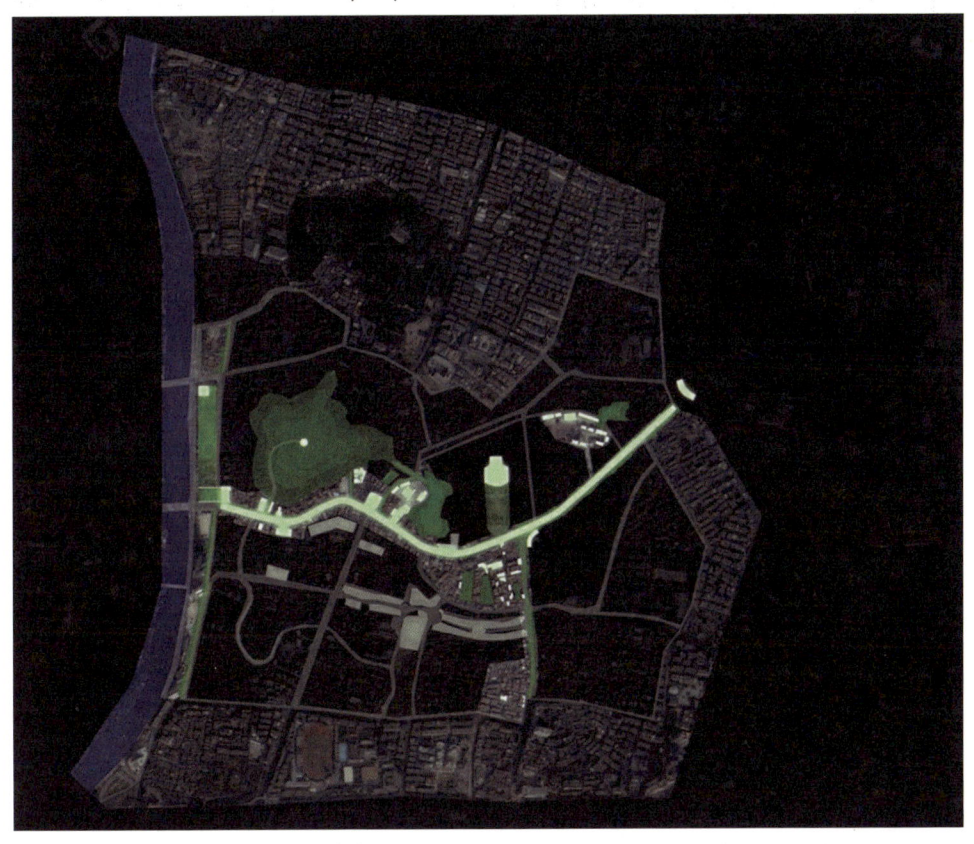

figura 1 Wide Eco- Sustainability

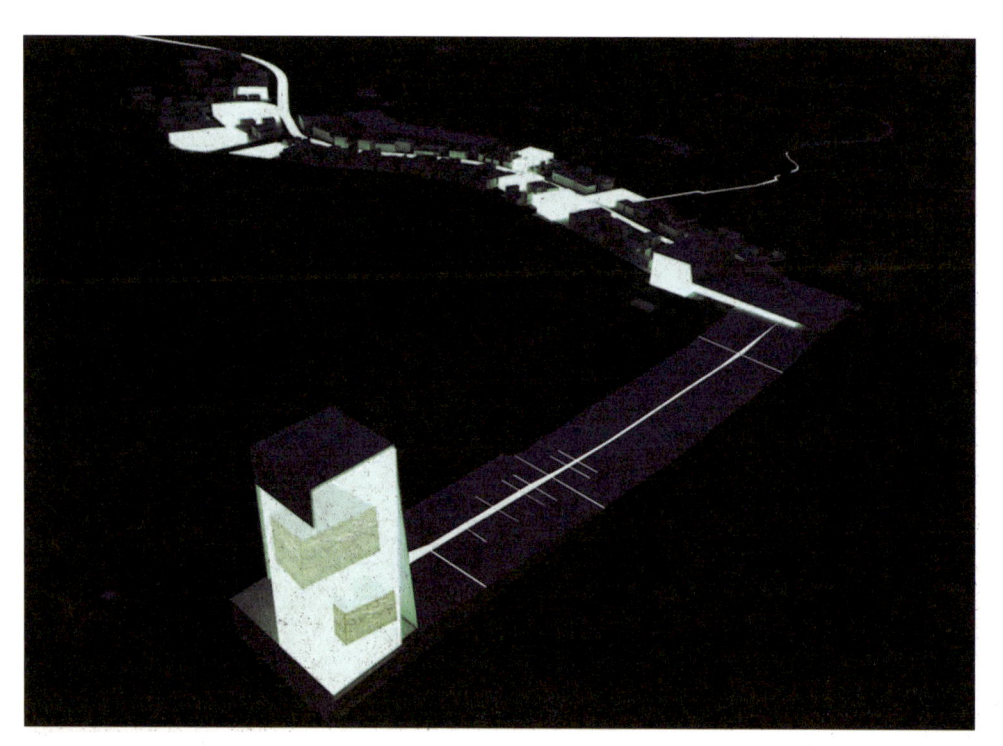

figura 2 Wide Eco- Sustainability

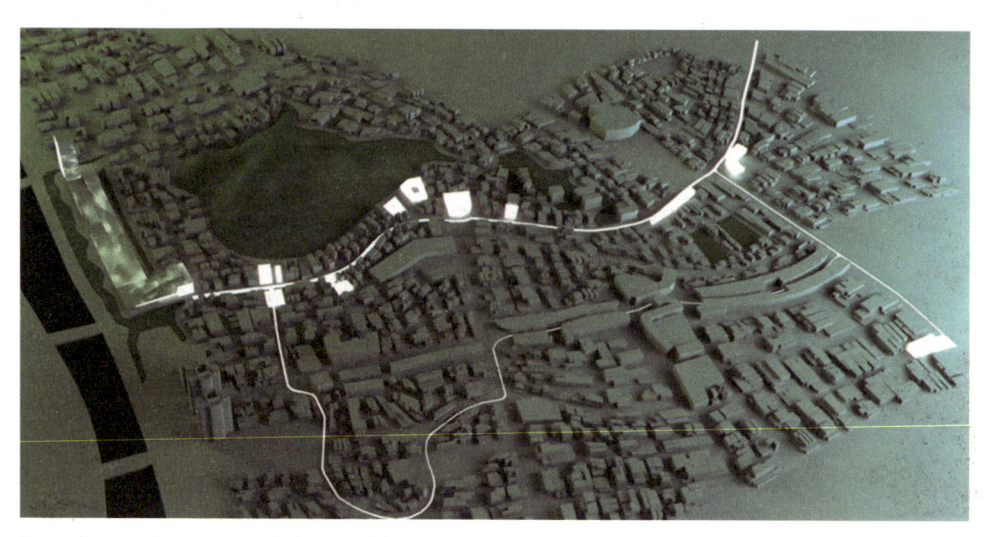

figura 3 Progetto di rigenerazione degli spazi pubblici: corso urbano di Sun Wen Xi

140 | Spazi Pubblici e sostenibilità

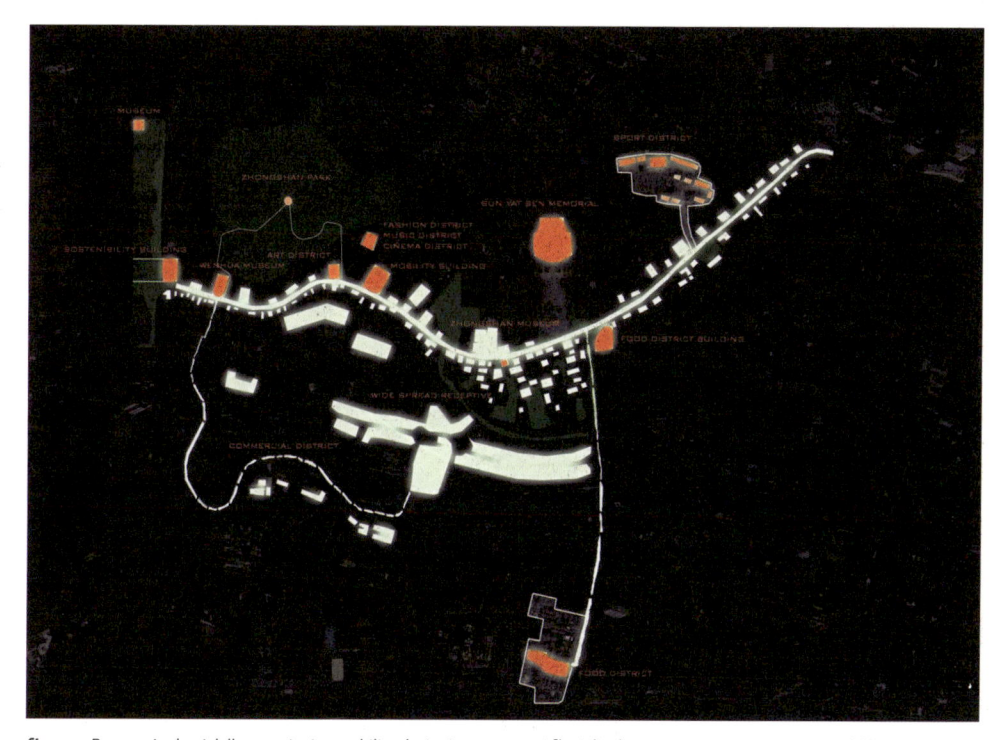

figura 4 Paesaggi urbani delle energie rinnovabili: relazioni tra paesaggi fluviali ed energie, tra energie e spazio pubblico

figura 5 Progetto Zhongshan

Susanna Ferrini | 141

XV

Strategie rigenerative dello spazio pubblico

Luigi Coccia
Marco D'Annuntiis
Federica Ottone
Massimo Sargolini

Gruppo di lavoro
coordinatore
Prof. Umberto Cao

Tutors
Massimo Sargolini, Marco D'Annuntiis, Luigi Coccia, Federica Ottone,

con
Gianluca Bracci, Roberta Camillucci, Roberta Caprodossi, Chiara Ciccolini, Sara Cipolletti, Alessandro Gabbianelli, Corrado Gamberoni, Sara Marini

Scuola di Architettura e Design di Ascoli Piceno, Università di Camerino

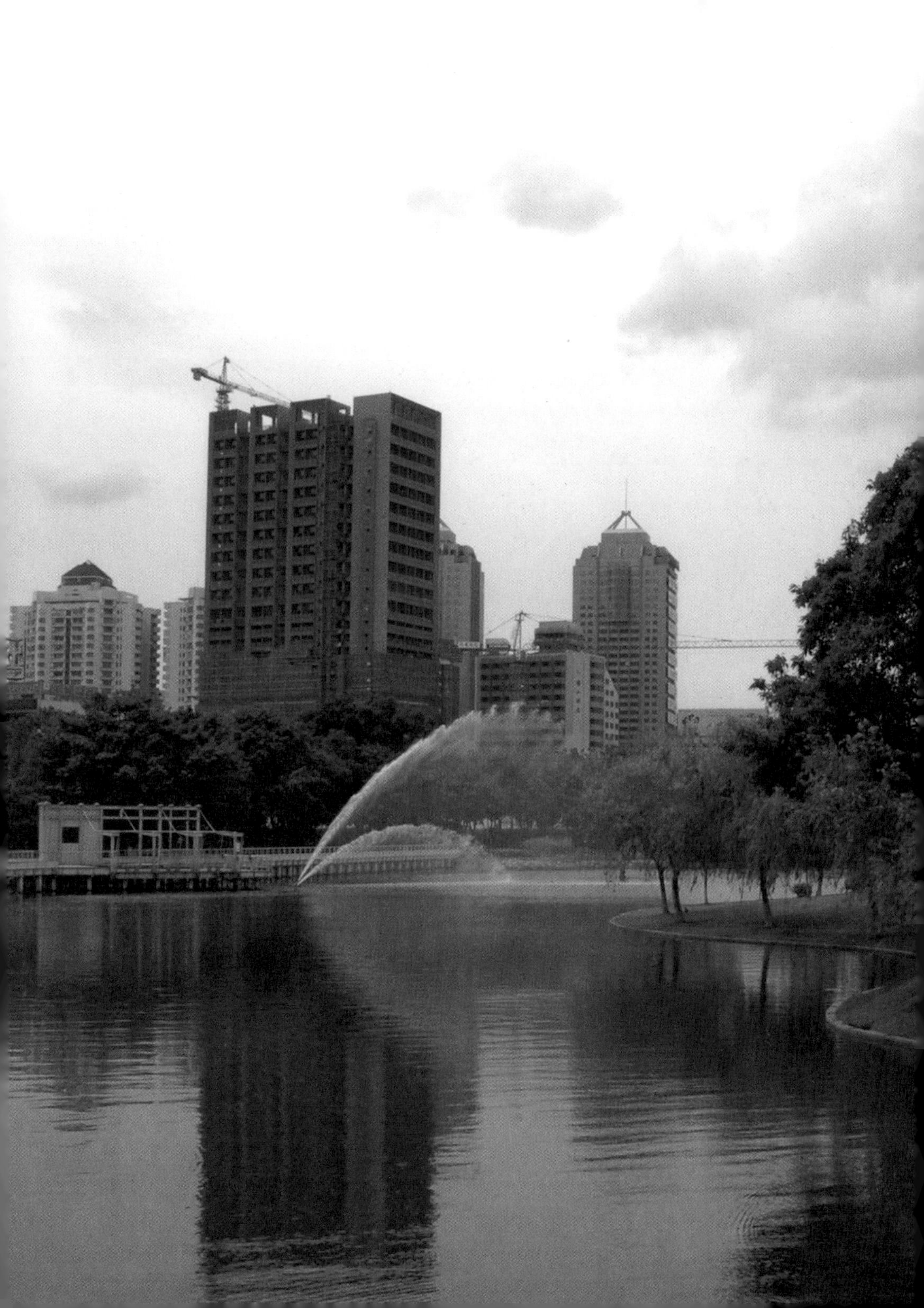

Rete del verde, verso un sistema polverizzato
Massimo Sargolini

La dedizione della città di Zhongshan alla cura del verde, dei parchi e dei giardini è un carattere identitario, che sembra irrinunciabile per i suoi abitanti.
Il verde può divenire un'importante chiave di lettura nel ridisegnare il ruolo urbano di alcune aree centrali e nel decodificare la moltitudine di oggetti e soggetti visti e riconosciuti nei dedali di questa labirintica e dinamica città. Peraltro, gli spazi aperti urbani (che si declinano in verdi urbani, percorsi di attraversamento e di connessione di luoghi pubblici e dell'identificazione collettiva) potrebbero stabilire feconde interazioni ecologiche, funzionali e percettive con la morfologia extraurbana, filiforme o meandriforme, dell'intera area del Pearl River Delta, che stenta a ritrovare le vie di un'evoluzione realmente sostenibile. Le grandi infrastrutture ambientali che tagliano il contesto territoriale agricolo e industriale si innestano sulla griglia della rete urbana, alimentando la osmotica riorganizzazione dei contatti tra città e campagna, contribuendo a ridefinire le porte di accesso alla città, le nuove direttrici e gli orientamenti per il disegno di suolo. Questi filamenti tendono ad assottigliarsi ed a sbriciolarsi man mano che penetrano nei tessuti centrali più compatti; addensandosi invece in prossimità dell'asta fluviale ed in corrispondenza dei grandi parchi.
Ogni spazio aperto viene percepito come parte di un fitto reticolato di inquadrature; molte delle quali esplicite e manifeste, altre caratterizzate dal segreto o dall'effetto "nicchia". Da questo sistema del verde, talora sminuzzato in forma infinitesimale, che s'incunea anche nel cuore degli spazi pubblici e simbolici di Zhongshan, prende forma e sostanza il progetto di connessione tra le diverse, pregevoli, centralità.

Massimo Sargolini, Marco D'Annuntiis, Luigi Coccia, Federica Ottone | 145

Sovrascritture urbane
Marco D'Annuntiis

L'attitudine italiana a ricercare ed interpretare il senso dei luoghi nelle vicende cinesi è stata spesso sacrificata ad una "comoda" modellistica, che è sembrata meglio incarnare la rapida ed incontrollabile invasione di idee e di immagini. Una visione messa tuttavia in fallo dalle recenti espressioni dell'arte cinese che, come nelle giovani studentesse di Weng Fenn, restituiscono una realtà sospesa tra passato e futuro, tradizione e innovazione, rivelando le contraddizioni sociali generate dalle grandi trasformazioni politico-economiche e culturali in atto. Il problema quindi è in primo luogo superare le difficoltà di comunicazione, le reciproche erronee letture tra culture. Cercare codici condivisi per riformulare il discorso su Zhongshan, trovando in essa stessa un senso possibile della proprio destino, altro dalle immagini preconfezionate occidentali. Problemi di scrittura che testimoniano degli ostacoli che si frappongono alla leggibilità delle forme e alla comprensione dei significati, ma che nella specificità della cultura cinese non possono che tradursi anche in questioni di conoscenza e interpretazione. La dotazione di senso attraverso la reiterazione di elementi semplici, come i *dots* con cui Chen Yong esplora la ripartizione di significato mediante punti posti in successione secondo il linguaggio *Braille* su corpi bianchi; la ricerca di forme debite della contaminazione culturale e della loro stratificazione, perseguita da Gu Wenda nelle sue *ri-scritture* di nuove storie dagli elementi della tradizione, con antichi strumenti, ma non in continuazione esatta con essa; nonché il recupero della nozione di testi preesistenti con cui rispettosamente confrontarsi, delineano così un orizzonte possibile del progetto quale nuovo racconto da sovrascrivere alla città di Zhongshan.

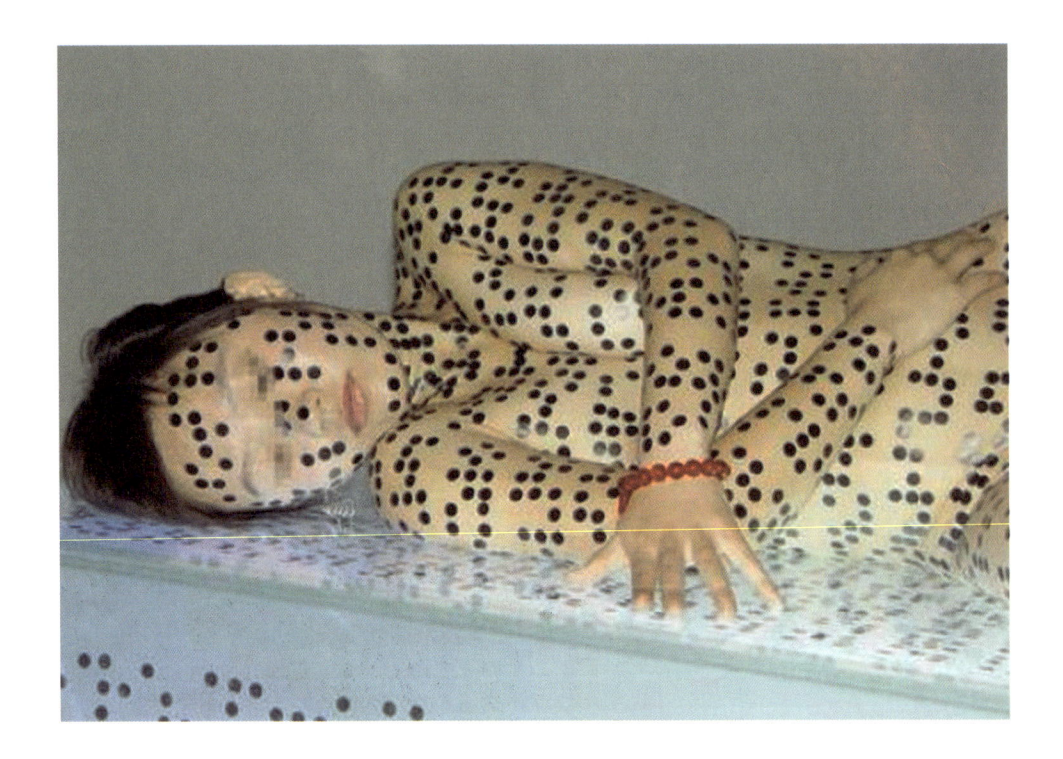

Massimo Sargolini, Marco D'Annuntiis, Luigi Coccia, Federica Ottone

Erosioni del suolo urbano
Luigi Coccia

"La nostra civiltà ha completamente estinto o rimosso l'idea di appartenenza alla terra, e le immagini urbane ne sono la riprova. Le città hanno reso invisibile la terra, quasi per nascondere i loro sensi di colpa." Wim Wenders

Il centro storico di Zhongshan viene sottoposto ad una operazione di riscrittura che utilizza la materia vegetale come elemento primario per un auspicabile processo di rigenerazione urbana.

Il sistema del verde pubblico, definito dai grandi parchi che occupano siti altimetrici dominanti all'interno di un tessuto edilizio tendenzialmente compatto, si sovrappone ad un nuovo sistema, un verde diffuso e polverizzato, che invade il centro storico innescando un processo di riqualificazione. L'azione rigenerativa agisce attraverso una ideale erosione del suolo urbano, un manto artificiale che ha progressivamente occultato la terra riducendo il tema del verde ad una piantumazione di essenze vegetali in grandi vasi, banali elementi di arredo urbano disposti lungo le principali vie della città.

L'effetto di questa operazione consiste in un ridisegno dello spazio pubblico, in un progetto di suolo inteso come processo conformativo, come dispositivo formale capace di fare interagire un ordine costruttivo prestabilito, fissato da geometrie astratte, con un ordine che viene dalle cose, che è insito nei luoghi. Tale azione non si manifesta come semplice arredo urbano, ma si impone come struttura organizzativa dello spazio aperto capace di evidenziare e valorizzare situazioni esistenti e di indirizzare trasformazioni future. L'ideale erosione del suolo urbano, restituendo visibilità alla terra, rende disponibile questo materiale naturale originario ad una nuova sperimentazione architettonica e urbana, rinnovando una tradizione antica, quella dell'arte dei giardini propria della cultura orientale.

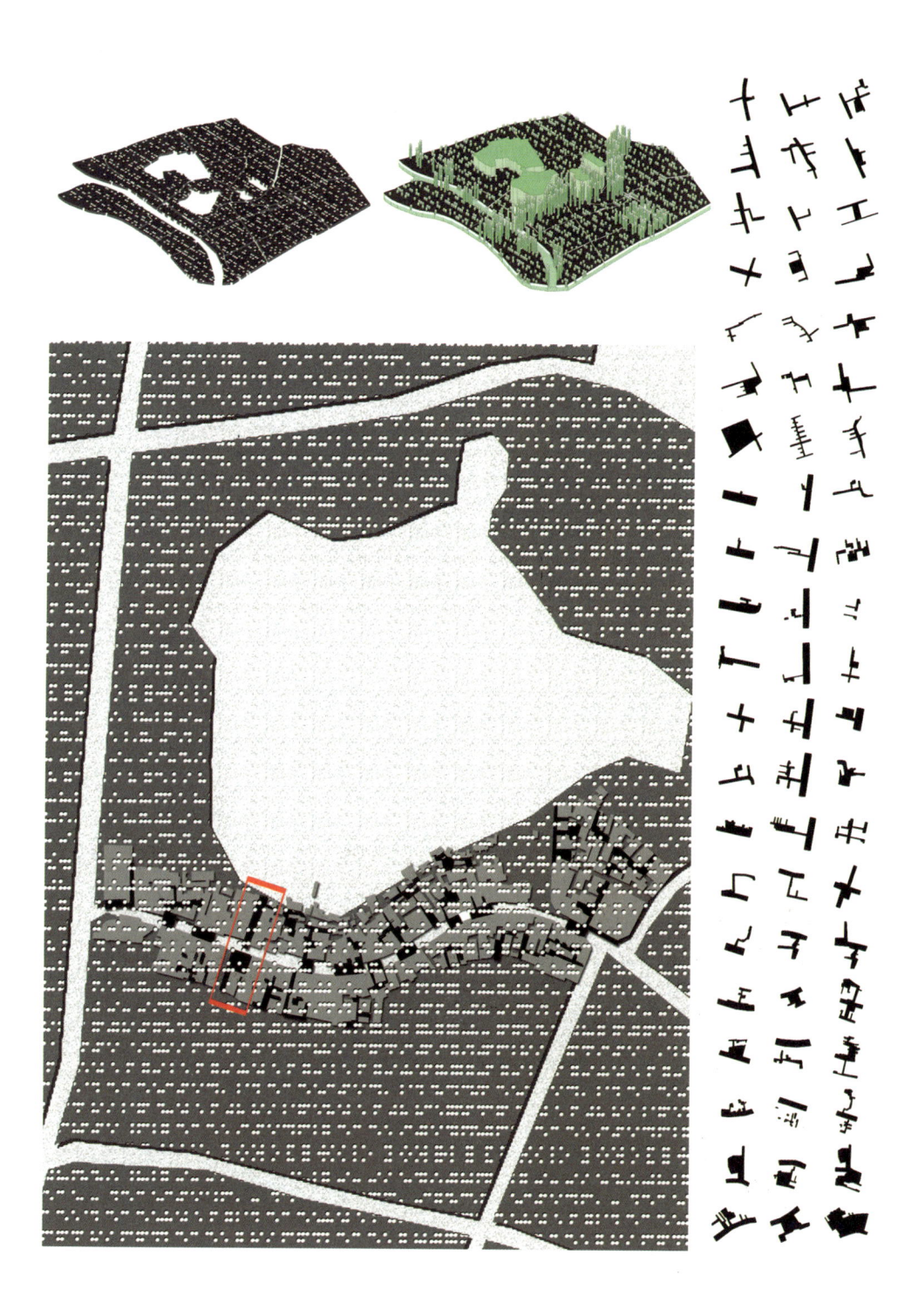

Massimo Sargolini, Marco D'Annuntiis, Luigi Coccia, Federica Ottone | 149

Sezioni dello spazio aperto
Federica Ottone

Lo strumento del progetto serve per verificare attraverso un'analisi attenta delle situazioni di contesto, alcune ipotesi di modificazione basate principalmente su sistemi di relazione che, nel caso dello spazio pubblico, possono essere riconducibili ad elementi che spesso non hanno una dimensione fisica vera e propria, un volume, una forma. Si tratta di spazio composto da aria, aria che copre distanze più o meno accentuate e che determinano condizioni spaziali e ambientali diverse. Si tratta di sistemi infrastrutturali che portano benessere come canali d'acqua, più o meno visibili, pavimentazioni, elementi verdi dal carattere filiforme come rampicanti, pareti, ecc. Si tratta di elementi di servizio come reti di connessione, che viaggiano invisibili, ma che traducono lo spazio pubblico in spazio effettivamente vivibile e qualitativamente rispondente ai bisogni della città contemporanea. A questi elementi immateriali si aggiungono, dialogando, elementi materiali che, se visti non come oggetti di "arredo"- privi cioè di un sistema immateriale che li connette e li tiene insieme - ma come facenti parte di una strategia di insieme, attribuiscono forma e valore all'intero progetto dello spazio pubblico.

Per comprendere appieno questa complessità si è ritenuto opportuno operare delle sezioni significative nelle quali esplorare le possibilità di dialogo tra il costruito e lo spazio racchiuso tra gli edifici. Sezioni che esplorano in profondità dentro la terra e fuori, che segnano distanze ed altezze, che determinano le relazioni tra ciò che è immateriale e ciò che è materiale. La sezione è una pratica parziale ma, volendo trovare una analogia con la pratica diagnostica medica, la sezione altro non è che un fotogramma di una *tac* da effettuare nel corpo malato delle città per trovare risposte non sempre percepibili ad occhio nudo. Qualcosa che nasce da situazioni minime, piccoli cancri da trasformare in nuove opportunità.

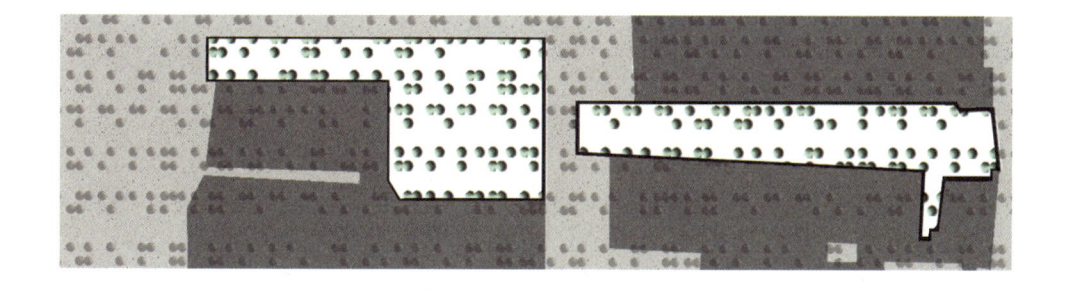

Massimo Sargolini, Marco D'Annuntiis, Luigi Coccia, Federica Ottone | 151

XVI

Ristrutturazione urbanistica

Lucio Zazzara

Gruppo di lavoro
coordinatore
prof. Lucio Zazzara
con
Walter Basciano, Ginevra Catasta, Antonio De Simone, Daniele Fiucci
Università G. D'Annunzio, Chieti-Pescara

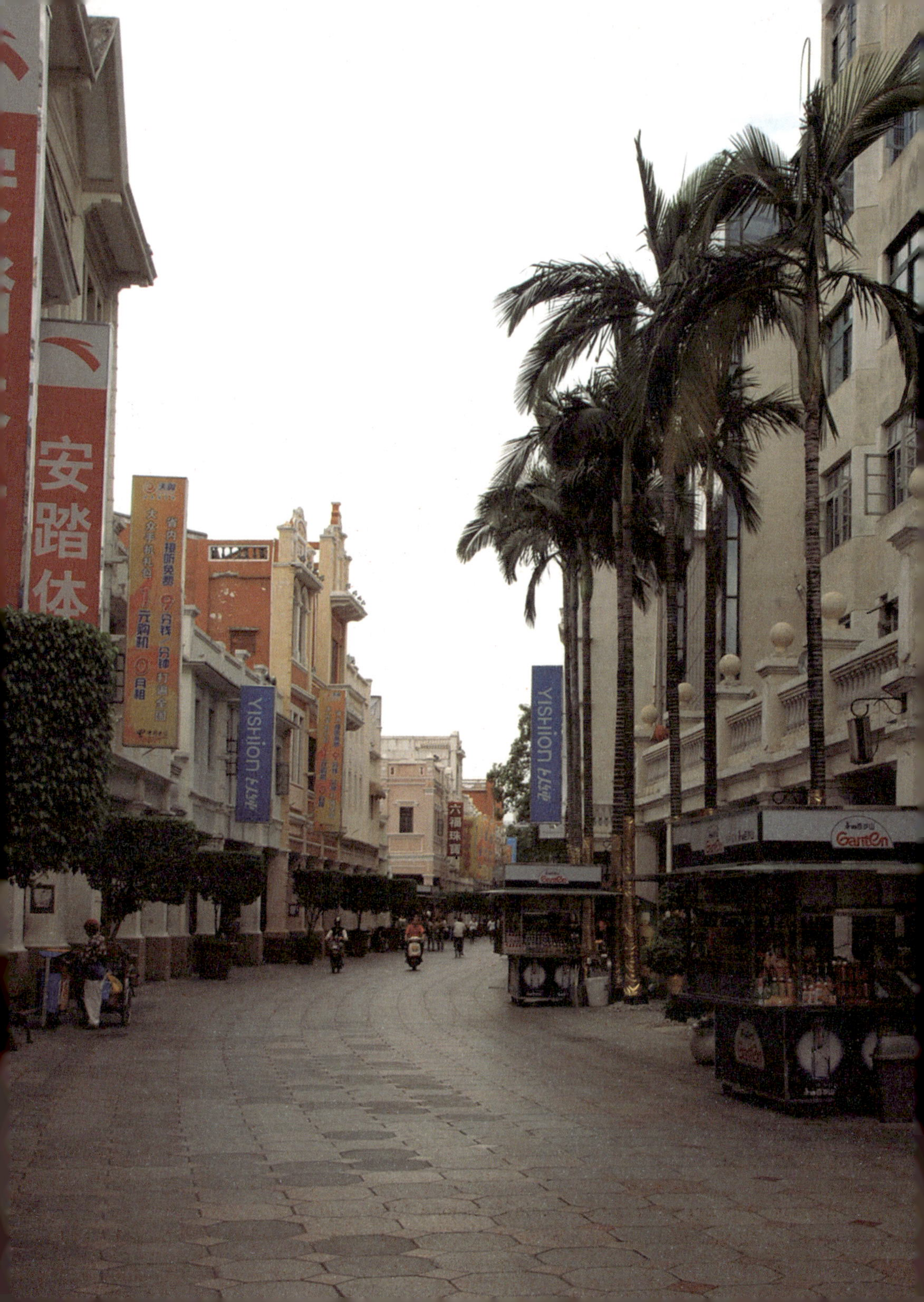
安踏体
YISHion
六福珠寶
YISHion

Uno dei temi più importanti che, soprattutto nell'ultimo trentennio, hanno impegnato la ricerca urbanistica, è certamente quello della nuova interpretazione e della riqualificazione delle parti urbane che hanno perduto il loro senso nel sistema generale della città. In Europa si è sviluppato un dibattito serrato, e le esperienze hanno riguardato praticamente tutte le città. A partire da quelle più grandi e caratterizzate da un più forte –e problematico- rapporto con la storia, la questione si è incentrata sul modo più efficace per contrastare la decadenza economica, fisica e sociale dei contesti locali, piccoli e grandi. Le cause del decadimento sono state diverse: la crisi di interi settori produttivi e delle aree ad essi dedicate; l'espansione poco governata dei territori urbani e la scarsa integrazione dei nuovi quartieri con le vecchie centralità; ma anche lo sviluppo di nuove reti territoriali rispetto alle quali le città cresciute intorno ai centri storici sono divenute incoerenti e scarsamente attrattive; la conseguente domanda di mobilità, proiettata sulla scala metropolitana e regolata da dinamiche complesse e non più dominate dal rapporto centro-periferia.

Il sistema territoriale del tutto nuovo in cui la città storica si è trovata inserita, ha messo in crisi i modelli di interpretazione e di governo tradizionali. Il piano urbanistico, inteso come strumento di rappresentazione e di progetto delle forme urbane, è risultato largamente inadeguato; soprattutto in relazione alla sua scarsa flessibilità rispetto alle dinamiche economiche e alle loro conseguenze sulle strategie spaziali. In generale, nelle città europee il piano urbanistico tradizionale ha limitato il suo ruolo a quello di rappresentazione del quadro delle tutele al livello locale; cioè della rappresentazione delle parti di territorio non modificabili, in quanto considerate patrimonio storico o destinate a localizzazioni puntuali di opere e tracciati infrastrutturali di interesse pubblico. Crescente importanza hanno intanto assunto i quadri strategici, capaci interpretare meglio i grandi motori territoriali e di consentire visioni programmatiche di maggiore respiro temporale; ma con il grande limite di perdere il rapporto con le trasformazioni spaziali e con il controllo qualitativo delle opere.

Grande importanza hanno assunto le politiche che hanno saputo associare l'uso del piano regolatore, come sistema di tutela degli spazi di accertato interesse pubblico, con quello del progetto urbano, soprattutto di iniziativa pubblica, mirato al controllo delle caratteristiche spaziali delle trasformazioni, ma anche alla regolazione dei meccanismi economici e finanziari e al monitoraggio dei risultati delle operazioni, nelle giuste proiezioni temporali. Così il rinnovo della città per parti è stato declinato in vari modi, dai vari governi locali, generalmente senza abbandonare il piano urbanistico ma puntando fortemente sul contributo del progetto, spinto alla scala architettonica e capace di consentire una molteplicità di valutazioni: sugli aspetti qualitativi dello spazio atteso, sulle fattibilità finanziarie, sulle possibilità di rapporto imprenditoriale pubblico-privato, sulla capacità di generare processi di rinnovo e di riqualificazione urbana –anche a partire dalle attese di rivalutazione fondiaria e immobiliare.

A partire dalla fine degli anni '70, un esempio importante, diventato di riferimento a molte altre città, è stato quello di Barcellona - città dalle grandi tradizioni urbanistiche, costruita sostanzialmente sul piano ottocentesco di Cerdà. Barcellona, appena ritrovata la propria autonomia amministrativa (dopo la fine del franchismo e con il ritorno della democrazia in Spagna), ha deciso di governare la propria modernizzazione senza rinunciare al *Plan General Metropolitano* (di A. Solans, approvato nel 1976, dopo una lunga gestazione), e puntando nel contempo ad un forte impegno del Municipio nella attuazione di interventi puntuali, mirati ad affrontare temi di riqualificazione generalmente circoscritti. Questa è la politica che, in assoluta coerenza, ha consentito di gestire ad una scala ben maggiore anche le risorse economiche per le Olimpiadi del '92, conseguendo risultati di rilievo assoluto.

Tra le città di dimensioni simili, anche Atene ha saputo cogliere altrettanto bene l'occasione dei Giochi Olimpici del 2004. Se dal punto di vista della qualità dei nuovi spazi urbani e dell'architettura, non si sono raggiunti obiettivi di grande rilievo, tuttavia Atene ha dimostrato di sapersi trasformare positivamente, in particolare con una sostanziale riorganizzazione del sistema della mobilità, che ha coinvolto tutte le reti, alle diverse scale -dalle autostrade urbane e interurbane ai trasporti pubblici urbani e metropolitani, al nuovo aeroporto internazionale- che ha generato sensibili effetti, a ricaduta, sulla vivibilità generale dei quartieri, migliorandone l'accessibilità, e riducendo al tempo stesso la pressione del traffico e l'inquinamento atmosferico.

Altrettanto bene hanno saputo fare (o stanno facendo) numerose altre città europee: da Bilbao, che ha saputo riconvertirsi dopo il grave degrado seguito alla crisi dell'industria metallurgica degli anni '70; a Genova, che cogliendo la spinta delle celebrazioni Colombiane del '92, ha saputo riqualificare l'intero centro storico e recuperare tutto il fronte sul mare, a partire dal Porto Vecchio; infine a Torino, che ha affrontato l'evento delle Olimpiadi invernali con una efficace azione di trasformazione degli spazi urbani in coerenza con il Piano regolatore da poco approvato.

Il dato che accomuna l'azione di governo delle trasformazioni in queste e in numerose altre città (che omettiamo di citare per mera questione di spazio), è la capacità di dotarsi di una visione al futuro, proiettata nella dimensione della cultura e del tempo libero. Il nuovo marketing urbano è infatti giocato soprattutto sull'attrattività culturale, associata agli spazi per le attività commerciali e ricreative (a loro volta legate allo sviluppo del turismo e della mobilità delle persone, più in generale); ma spesso anche alla qualità delle opere, attribuendo un ruolo centrale all'architettura.

Gli obiettivi della rigenerazione urbana sono dunque connessi generalmente alla ricerca di nuovi ed originali significati delle città, attraverso non solo il perseguimento di politiche ambientali e di sostenibilità ma anche con un uso pervasivo del *design*, per ricercare identità e gerarchie nuove a livello locale e internazionale.

Come sostenuto da Lars Reuterswård, *Director of the Global Division of UN-Habitat*, nella conferenza annuale del 2009 a Zurigo dell'AGS (*The Alliance for Global Sustainability*), l'anno 2007 ha fatto registrare un sostanziale cambiamento nelle modalità di crescita della popolazione mondiale, poiché per la prima volta nella storia l'incremento demografico nei territori urbani ha superato quello dei territori non urbani. Il dato è particolarmente significativo e rappresenta una realtà che non vede decrescere la popolazione delle grandi e consolidate realtà urbane dell'Occidente sviluppato, e al tempo stesso mostra un'impennata nella tendenza della popolazione ad inurbarsi in qualunque condizione ed a qualunque latitudine.

Nelle medie e grandi città del Sudamerica, dell'Africa e dell'Estremo Oriente, la popolazione continuerà a crescere più che altrove; in questi territori abiteranno i due miliardi di persone in più che nel giro di vent'anni abiteranno la terra. Risulta del tutto evidente come le politiche che saranno scelte per governare le trasformazioni delle città risulteranno determinanti per tutta una serie di effetti sulla qualità della vita delle popolazioni.

Il confronto con la realtà urbana di Zhongshan, per quanto limitato dalla scarsità della documentazione disponibile, evoca tutti i temi a cui abbiamo accennato. La proposta di trasformazione dell'area centrale mette in evidenza alcune priorità per la migliore qualificazione degli spaz esistenti.

In primo luogo è apparso necessario distinguere parti di tessuto che possono costituire le invarianti di un nuovo sistema, in quanto rappresentative di una modalità tradizionale di uso del suolo, in un processo di sedimentazione non sempre del tutto comprensibile, ma che esprime con chiarezza l'uso abitativo e il rapporto con i grandi segni che attraversano la città. E' stata attribuita particolare attenzione anche ad alcune presenze di valenza metropolitana come il *Sun Yat Sen Memorial Hall* e il *Museo della Città*, capaci di attribuire una certa centralità alle due grandi strade *Sun Wen West Road* e *Fengyuan Road*. Come si vede nella proposta di *masterplan*, a partire da questi riferimenti si è ritagliato un quadrilatero irregolare all'interno del quale si sono ipotizzate operazioni di sostituzione edilizia e di parziale cambiamento delle destinazioni d'uso. Di fronte al *Memorial Hall* e nei pressi del *Museo* si è ritenuto opportuno concentrare le trasformazioni edilizie più importanti, consistenti non solo nella

figura 1 Masterplan dell'area Sunwenzhong, Zhongshan

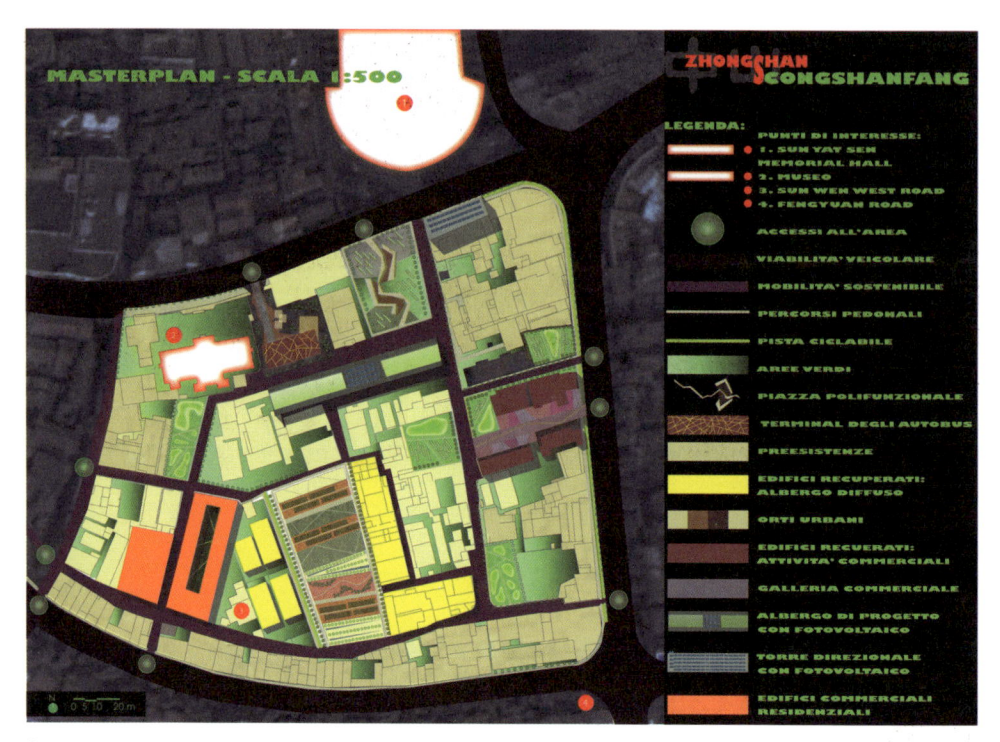

localizzazione di un edificio alto direzionale-commerciale sul fronte della strada principale, ma anche nella proposta di un edificio-albergo lineare, di cospicue dimensioni, sul fronte arretrato, sullo sfondo di una nuova piazza-giardino che arriva a lambire il retro del *Museo* e delimita anche lo spazio che è stato interpretato come un'altra piazzetta. Sull'altra strada importante si è infine proposto un parziale diradamento per la formazione di una galleria commerciale lungo un passaggio pedonale esistente, in modo da formare un invito a penetrare nella parte più interna del comparto per addentrarsi nella zona in cui si prevede di mantenere l'edilizia bassa esistente, per ridestinarla ad un *albergo diffuso* organizzato intorno ad un piccolo insieme di orti. Memoria e innovazione sono alla base delle proposte presentate, che rinviano alla progettazione di architetture fortemente identificative per l'edificio direzionale e per il nuovo albergo. Per il resto, si è voluto accennare ad un modo di procedere attento alla possibilità di far convivere i segni del passato urbano con nuove possibilità d'uso. Si è inteso fare un riferimento esplicito al rischio della cancellazione della memoria *tout-court* mediante operazioni di rinnovo radicale alla maniera delle città americane (ma spesso anche di quelle orientali, come Tokyo, Singapore, Hong Kong). Le trasformazioni ipotizzate sono state oggetto di una verifica sommaria della prefattibilità con riferimento alla ipotesi che la parte pubblica debba assumersi il minimo del costo e che gli interventi offrano possibilità di rendite capaci di attrarre capitali privati.

figura 2 Vista della galleria commerciale

figura 3 Vista della sistemazione dell'area

XVII

Riqualificazione delle emergenze

Livio Sacchi

Gruppo di lavoro
coordinatore
Prof. Livio Sacchi
Tutors
Arch. Massimiliano Mazzetta, Arch. Alessia Maiolatesi
Architetti
Alessandro Basso, Teresa Racanelli, Carla Ramunno
Studenti architetti
Siriana Di Tommaso, Maria Di Virgilio, Pierangelo Palmisano
Università G. D'Annunzio, Chieti-Pescara

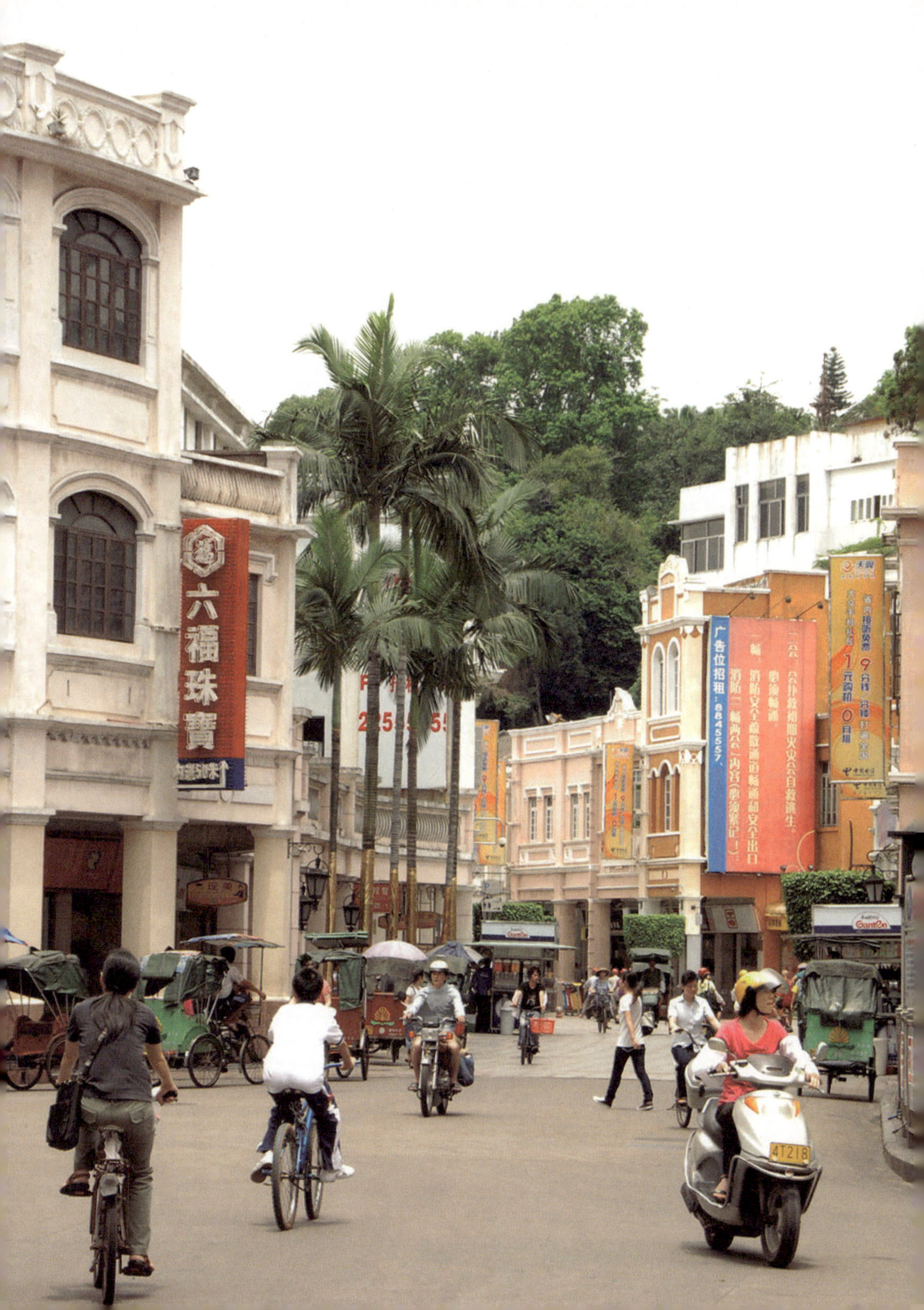
六福珠寶
广告位招租: 8845557、
Ganten

Sunwen Xi Lu è, probabilmente, fra le prime strade pedonali dell'intera Cina.
Posta in posizione privilegiata rispetto alla struttura urbana, baricentrica ma anche legata a due grandi elementi naturali costituiti dal fiume da una parte e dal parco dall'altra, la strada assume ulteriore rilievo per la presenza di una sequenza di edifici storici fortemente caratterizzati dal punto di vista dell'immagine e per la loro destinazione prevalentemente commerciale che la rende, nel suo insieme, un lungo shopping mall all'aperto. Una piazza ne interrompe l'andamento lineare, assumendo il ruolo di catalizzatore dei significati architettonici e spaziali, ma anche diventando luogo privilegiato d'incontro e scambio sociale; in questo punto specifico, un asse taglia trasversalmente la strada e crea una ulteriore, interessante opportunità progettuale, mettendo in relazione fisicamente e visivamente altri punti notevoli della dinamica urbana. Sunwen Xi Lu ha dunque elevate potenzialità di divenire, in un prossimo futuro, un seducente polo d'attrazione alla scala urbana, in grado di garantire ai suoi frequentatori un ambiente sicuro, vivace e stimolante, ma anche poco rumoroso, salutare e non inquinante, ricco di attività e servizi tecnologicamente all'avanguardia e in grado di attirare esercizi commerciali, *showrooms, ateliers*, studi e uffici in una dimensione fortemente creativa che, pur essendo chiara espressione della cultura locale, non rinunci a interagire con i più qualificati influssi internazionali, non diversamente da ciò che avviene nei centri di molte città italiane.
Il primo obiettivo è costituito dal recupero identitario dei caratteri architettonici e funzionali, in una più ampia ottica di valorizzazione della cultura locale; la metodologia seguita fa riferimento ad alcune buone pratiche di recupero messe in atto da architetti italiani sia in ambiente nazionale sia all'estero. Per il raggiungimento di tale obiettivo, i punti principali sono la tutela della diversità propria di una lunga stratificazione storica (così difficile da raggiungere negli interventi progettati ex-novo) e il rafforzamento dell'orgoglio civico e del senso di appartenenza a una comunità, in modo da far sentire i frequentatori della zona "cittadini" e non *city users*. Il secondo obiettivo, peraltro parzialmente legato al primo, è più esplicitamente rappresentato dalla sostenibilità dell'operazione di recupero. La necessità di andare verso insediamenti sostenibili non è più procrastinabile. La città è il campo in cui si giocano le sorti del futuro dell'umanità. La sostenibilità urbana è un concetto concretamente valido rispetto ad alcuni parametri fondamentali quali la produzione di più energia di quanta se ne consumi, la raccolta e il trattamento dei rifiuti all'interno dei propri confini, la raccolta e il riciclaggio delle acque ecc. Naturalmente tali obiettivi devono coesistere con quelli, tradizionali, di creare benessere economico e sociale, favorire la crescita culturale e tecnologica ecc. Si tratta dunque di una grande sfida: senza una profonda rivoluzione di pensiero, sarà difficile modificare lo stato delle cose. L'edificato e i trasporti sono responsabili del 70% delle emissioni nocive. Bisogna andare rapidamente verso una nuova stagione edilizia a emissioni zero. Gli obiettivi della sostenibilità - far sì che il soddisfacimento dei bisogni dell'attuale generazione non comprometta un'analoga capacità di quelle future - sono ovviamente ampi e, attraversando ambiti disciplinari molto diversi, investono pure, in misura determinante, la città e il territorio. L'esplosione demografica in atto, i movimenti migratori e le conseguenze che tali fenomeni hanno sulle città, la continua crescita degli ambienti artificiali e la conseguente sottrazione di spazi alla natura, fa sì che da molte parti la questione sia considerata la vera sfida progettuale del XXI secolo. Si stima che circa il 50% dei consumi energetici mondiali venga oggi assorbito, in particolare, dall'edificato. Quest'ultimo dovrà essere sempre meglio isolato (in ossequio, peraltro, alle normative progressivamente più esigenti); favorire, nei limiti del possibile, l'impiego di materiali locali (prestando quindi attenzione alle linee progettuali regionaliste, senza per questo cadere nel localismo o nel pittoresco); funzionare come vero e proprio generatore di energia, con la possibilità di vendere o scambiare quella prodotta; Facciate a strati multipli, atri, corti o cavedi meccanicamente o naturalmente ventilati, soluzioni ad alta o bassa tecnologia, cellule fotovoltaiche, schermi solari, vetrate interattive, muri polivalenti, mulini a vento, serre o tetti giardino, sistemi di recupero del calore prodotto all'interno dell'edificio o dell'acqua

piovana sono solo alcuni dei molti temi con i quali è costretta a misurarsi una progettualità sostenibile. Una svolta decisiva nella progettazione e gestione di edifici 'intelligenti' si verificherà, più che con la massiccia adozione dell'elettronica, con l'introduzione delle bio e nanotecnologie nei processi di produzione dei materiali da costruzione, in maniera da modificarne le caratteristiche intrinseche (per esempio, vetrate che reagiscono al passaggio della luce e che, in combinazione con cellule solari, sono in grado di trattenere energia). Negli ultimi anni si è parlato anche di *green architecture*, un'architettura che, non limitandosi al semplice utilizzo di soluzioni tecnologiche sensibili nei confronti dell'ambiente e del risparmio energetico, sia soprattutto in grado di relazionarsi creativamente e organicamente con il contesto naturale nel suo insieme.

Quanto alle normative, in tutti i Paesi dove la sensibilità politica, culturale e sociale sul tema è molto elevata, va facendosi strada l'opinione in base alla quale un effettivo miglioramento della sostenibilità non si otterrà tanto imbrigliando in un reticolo di veti la creatività progettuale, quanto piuttosto liberandola e puntando a rendere i prodotti edilizi sostenibili prima di tutto belli e piacevoli da usare. Le norme insomma cominciano a essere viste come un indebito surrogato di un pensiero consapevole; e la nozione di sostenibilità è sempre più percepita come una logica da integrare, come preziosa opportunità aggiuntiva, all'interno del processo progettuale.

Riassumendo, nella coscienza dell'importanza di una progettualità attenta e sensibile, dell'impiego di tecnologie innovative e soprattutto di un comportamento maturo da parte degli investitori, degli amministratori come degli stessi fruitori, tra i punti principali indispensabili al raggiungimento di tale secondo obiettivo sono: una puntuale conoscenza della caratteristiche climatiche del luogo; l'impiego di materiali locali e di tecniche costruttive tradizionali; l'impiego di tecniche passive di ventilazione e illuminazione naturale; il ricorso a fonti di energia rinnovabili; il riuso delle acque; la diffusione di coperture e muri "verdi".

Il terzo obiettivo è costituito dalla flessibilità di utilizzo degli edifici in vista di una loro eventuale, futura riconversione: flessibilità rispetto ai cambiamenti imposti dalle mutevoli necessità dell'utenza (qualità rivelatasi spesso elevata nell'edilizia storica), che va intesa in maniera duplice: rispetto alla talvolta desiderabile lunga durata di un edificio o, viceversa, rispetto a una previsione di vita relativamente breve che si accompagna alla facilità con cui la stessa fabbrica possa essere riconvertita (o demolita) e i materiali di risulta opportunamente riciclati. Il quarto è infine costituito dall'adeguamento antisismico delle strutture e dal raggiungimento di una migliore e generalizzata accessibilità per le categorie meno favorite (diversamente abili, anziani, bambini ecc.) con la definitiva rimozione delle barriere architettoniche.

Per poter, nel loro insieme, realizzare tali obiettivi è naturalmente molto importante una corretta *governance* dell'operazione, in modo da far coesistere gli interessi, magari diversi, degli investitori pubblici e privati, dell'amministrazione locale, delle varie associazioni di categoria e dei diversi gruppi di cittadini. Sarà necessario ricorrere a progettisti di grande sensibilità, che abbiano gusto, senso della misura e delle proporzioni, che siano in grado di operare con coraggio scegliendo il nuovo ma riportando nel nuovo lo spirito del vecchio, senza per questo proporre falsi storici e senza ammiccare superficialmente alle preesistenze.

Le amministrazioni dovranno dotarsi di strumenti normativi agili e flessibili, che possano costituire una utile guida per i privati, per i progettisti e per le stesse amministrazioni. Sarà insomma necessario adottare, senza sovrastrutture ideologiche ed evitando pregiudizi strumentali, un punto di vista a *geometria variabile*, capace di articolarsi tra continuità e discontinuità in una molteplicità di approcci teorici e di esplorazioni critiche. Si tratta di una strategia che, dopo il tramonto delle contrapposizioni dialettiche tra opposte concezioni teoriche e operative, appare quasi obbligata, a patto di ricordarsi che, se è vero che si può essere antichi solo se moderni, non è vero il contrario. Sempre maggiore importanza assume la questione del consenso sociale. Tutto quanto riguarda infatti la città (e la sua realizzazione fisica, infrastrutturale, edilizia ecc.) viene realizzato grazie a una elevata condivisione delle scelte. Quest'ultima si conquista coinvolgendo e ascoltando l'opinione pubblica, sulla scia di esperienze che in passato furono definite di "architettura della partecipazione". Ma anche predisponendo organismi di controllo in grado di *scegliere* al di là dei particolarismi locali. Operando cioè con sensibilità, creatività e con un alto livello culturale ed etico, in sottile equilibrio fra partecipazione e decisionismo. Siamo convinti infine che l'architettura debba fare un passo indietro e puntare non tanto a un ruolo da protagonista sulla scena urbana, né, tanto meno, a soddisfare i crescenti appetiti mediatici legati alla sua più superficiale spettacolarizzazione, quanto piuttosto a funzionare sobriamente come uno sfondo, sia pur esteticamente qualificato, per lo svolgimento di una vita urbana attiva e stimolante, in grado di garantire successo all'intera città.

Livio Sacchi | 163

NATURAL SYSTEM

INSEDIATIVE SYSTEM

INSEDIATIVE SYSTEM — INVARIANTS — SUBJECTED TO RESTORATION

INSEDIATIVE SYSTEM — FORMAL RESTORATION — RETRAINING HYPOTHESIS — FUNCTIONAL RESTORATION

Riqualificazione delle emergenze

INSEDIATIVE SYSTEM — FUNCTIONAL RIQUALIFICATION

TOTAL SYSTEM
- FORMAL RESTORATION
- NVARIANTS
- RETRAINING HYPOTHESIS
- SUBJECTED TO RESTORATION
- FUNCTIONAL RESTORATION
- FUNCTIONAL RIQUALIFICATION

TOTAL SYSTEM

POLARITY

Livio Sacchi | 165

XVIII

Corrispondenze tra Occidente e Oriente

Antonello Stella
Andrea Pasquato
Marco Zuppiroli

Gruppo di lavoro
coordinatore
Prof. Antonello Stella

con
Arch. Andrea Pasquato

Dottorando di ricerca in Restauro
Marco Zuppiroli

Facoltà di Architettura di Ferrara

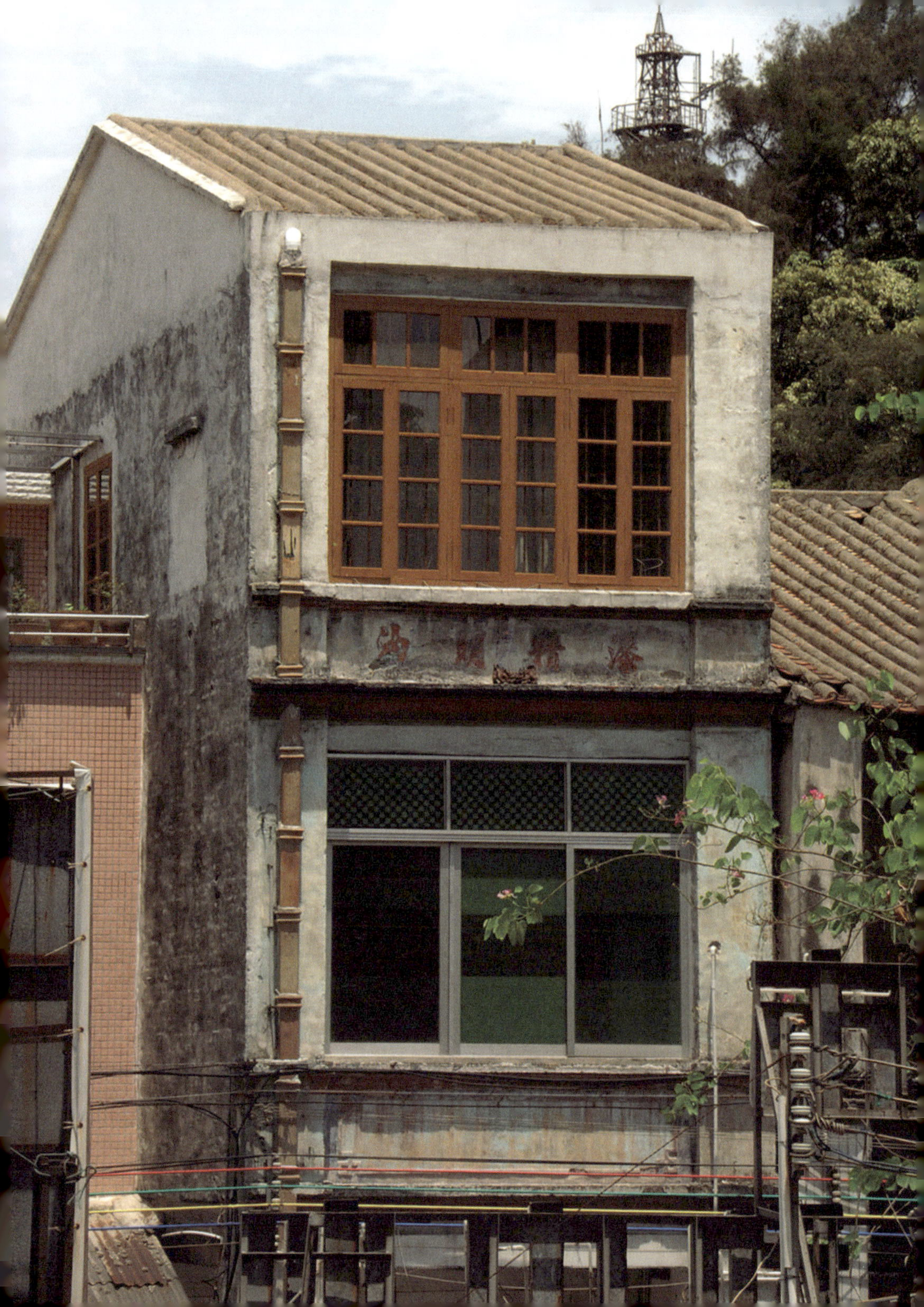

L'occasione di confronto tra due realtà così diverse come quella italiana e cinese nello specifico campo dell'intervento architettonico in contesti storici impone, a noi "occidentali", di uscire da alcune radicate ideologie, per entrare in un'ottica che possa comprendere il senso dell'intervento nel tessuto storico della città cinese.

E' noto, ad esempio, che nelle culture orientali, e quella cinese tra queste, la parola e quindi lo stesso concetto di "antico" ha sempre coinciso, fino ad ora, con il concetto di "vecchio"; ebbene, per noi occidentali ciò che è semplicemente vecchio può essere sostituito; al contrario, ciò che è "antico" deve essere necessariamente preservato e restaurato, con tutte le interpretazioni che ne conseguono.

In particolare, tra gli occidentali proprio noi italiani deteniamo il primato di coloro che più s'impegnano a preservare e restaurare l'antico, anche a costo di arrestare l'inevitabile scorrere del tempo nell'architettura e nelle città. Non è un caso che, mentre le grandi metropoli europee trasformano di continuo il loro cuore pulsante in un serrato dialogo tra antico e contemporaneo, i centri delle nostre città sembrano imbalsamati in immagini d'epoca, dove quello che cambia è l'intorno fatto di mezzi, segni e costumi che rendono ancora più anacronistico lo sfondo di una città fermo ai segni di un tempo passato. In un contesto così delineato, ed alla luce dei veloci stravolgimenti urbani provocati dall' intenso sviluppo dell'economia cinese, sembrano emergere alcune incrinature in questa corsa al rinnovamento senza memoria. Viene rimessa in discussione la pretesa coincidenza vecchio-antico, probabilmente nella consapevolezza che un modello di sviluppo urbano troppo portato alla facile sostituzione ispirata ai modelli architettonici di derivazione occidentale, possa snaturare il carattere stesso dell'architettura della città e del tessuto urbano.

Ecco quindi che alla luce di questa nuova attenzione verso un possibile mantenimento delle caratteristiche del tessuto storico delle città cinesi, il nostro contributo di attenti osservatori delle permanenze, viste però in una ottica non "ingessata", apre nuove ed interessanti prospettive di ricerca sul progetto urbano. Ad esempio, nel rapporto tra tessuto ed emergenza, che è uno dei temi principali dell'analisi urbana, il caso studio di Zhongshan offre nuove ed interessanti prospettive, esplicitate in dettaglio nell'articolo a cura del gruppo di lavoro da me coordinato. In questo caso, l'attenzione ai caratteri di importanza e permanenza del tessuto della città "storica" (in un'accezione tutta cinese del termine "storico"), diviene carattere essenziale dell'analisi e della proposta di progetto. Si tratta di concentrare su questi temi gran parte dell'attenzione analitica, con l'obiettivo di attribuire alle emergenze un ruolo diverso da quello che un'analisi di tipo "occidentale" avrebbe conferito loro.

Nella riflessione qui condotta, lo studio dei tessuti viene distinto da quello della emergenze. Al primo si riconosce un ruolo di continuità e permanenza; alle seconde il ruolo di motori della trasformazione, da un punto di vista sia funzionale che sociale. Si tratta in sostanza di affrontare in modo sghembo ciò che, nel nostro contesto, noi affronteremmo in modo più lineare e gerarchico. Questo spiazzamento rappresenta per il nostro modo di operare un'interessante commistione, o meglio, una contaminazione tra logiche differenti che si incontrano in un punto comune, utile per entrambi i punti di vista e senza alcuna egemonia. Può essere questo il vero senso della ricerca e dello scambio tra culture. E noi siamo convinti che questo sia il modo corretto di operare, ogni qualvolta mondi e modi diversi si incontrano, senza che uno debba prevalere sull'altro.

Zhongshan | China
identity seems recognized into isolate episodes

Ferrara | Italy
identity is an organic hystorical texture

Antonello Stella, Andrea Pasquato, Marco Zuppiroli | 169

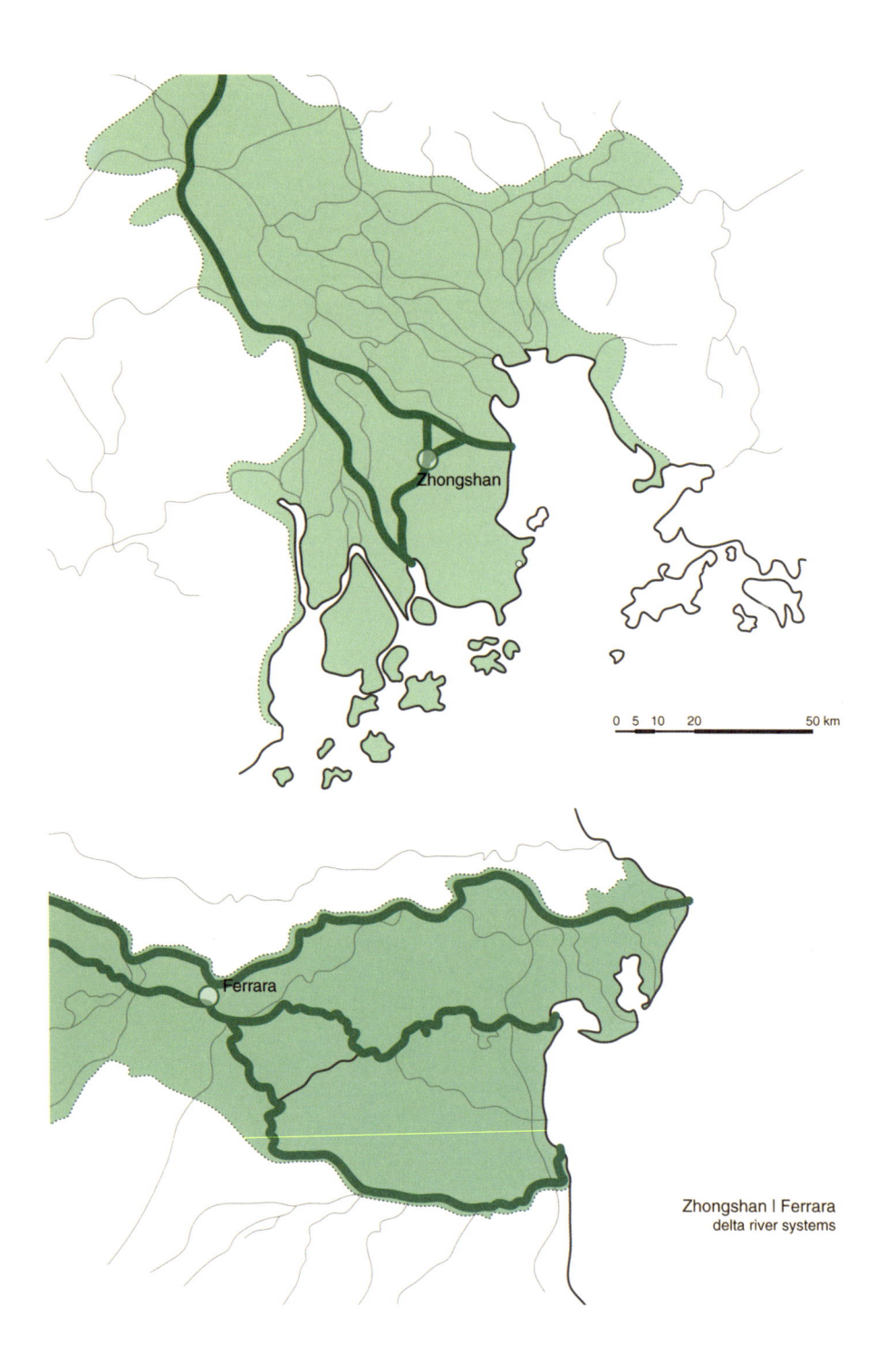

Zhongshan | Ferrara
delta river systems

170 | Corrispondenze tra Occidente e Oriente

L'organismo urbano come territorio dell'identità
Andrea Pasquato, Marco Zuppiroli

Le possibilità di riqualificazione e parziale rifunzionalizzazione dei luoghi identitari disseminati nell'area urbana centrale della città di Zhongshan, muovono dal riconoscimento che questo organismo urbano costituisce di per sé testimonianza avente valore di civiltà, molto più significativamente dei singoli eventi monumentali. E' una struttura estremamente complessa ma decifrabile, ricca di significati, da salvaguardare quindi, nella realtà materica e soprattutto nei caratteri morfo-tipologici d'insieme. L'approccio proposto intende ribaltare la sensibilità che la cultura cinese ha da tempo manifestato nei confronti della città storica, legando indissolubilmente l'edilizia storica di base, vale a dire il tessuto connettivo della città, agli episodi artistici, architettonici o identitari, ed opponendo tutte le possibili resistenze alla considerazione dell'aggregato urbano quale mera cornice ambientale degli eventi monumentali (figura 01). L'interesse per l'edilizia storica di base non è pleonastico, ma strettamente finalizzato all'intervento di riqualificazione, che in una logica di tutela e di sviluppo sostenibile, dovrà comunque perseguire i processi spontanei di evoluzione del patrimonio insediativo. Al riguardo è necessario ricorrere ad un approccio critico, senza superare quello che chiamiamo limite fisiologico di trasformazione del tipo edilizio, oltre il quale tutte le trasformazioni risulterebbero veri e propri stravolgimenti. Nell'individuazione dei caratteri formativi alle diverse scale, può essere di notevole aiuto il confronto con una situazione che presenta alcune analogie, come quella del territorio ferrarese (figura 02). Non diversamente da Ferrara, anche il complesso organismo territoriale caratterizzato dalla presenza del Pearl River Delta determina il primitivo insediamento.

L'aggregato urbano più antico (Sun Wen Xi - Xi Shanshi, e distintamente Sun Wen Zhong) si sviluppa lungo la struttura sinuosa di un probabile paleoalveo (quasi sicuramente già interrato in considerazione della sottile sezione stradale), ove la situazione orografica, lievemente elevata, consente all'abitato di rimanere sempre isolato dall'acqua. Il tessuto edilizio si sviluppa lungo il percorso matrice, che con tutta probabilità disimpegna la polarità portuale attestandosi con una successione di case a schiera il cui passo è ancora oggi ben riconoscibile, anche in presenza di edilizia frequentemente interessata da processi di rifusione in linea (almeno sui fronti oggi a carattere commerciale). Nelle nodalità, dove le brevi percorrenze di impianto dipartono dal percorso matrice, l'edilizia è andata specializzandosi sempre più e, in alcuni casi più recenti, sostituendosi con edifici realizzati al di fuori della logica di sviluppo sin qui delineata (evidenziati in verde in figura 03), al punto da risultare individuati come edifici in conflitto (in rosso) anche nell'Historic conservation planning of Zhongshan elaborato dall'Amministrazione stessa

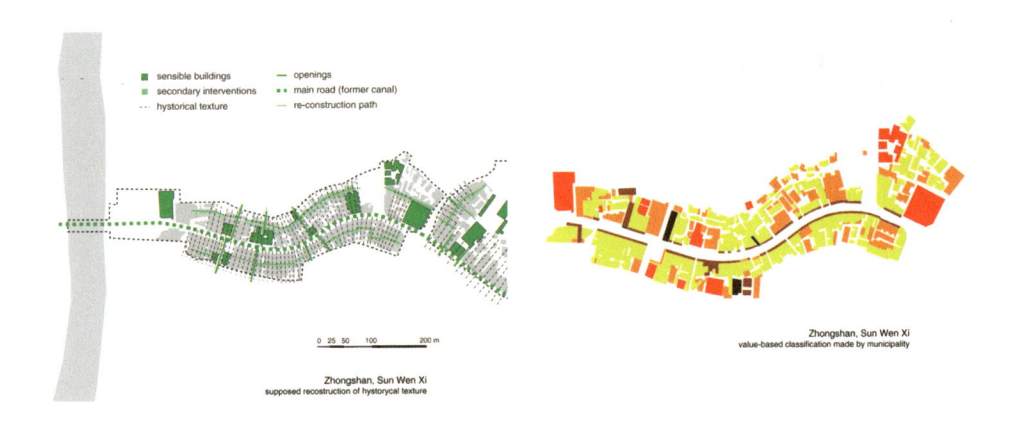

Zhongshan, Sun Wen Xi
supposed recostruction of hystorycal texture

Zhongshan, Sun Wen Xi
value-based classification made by municipality

Ferrara | Palazzo Costabili
concequences of the reuse

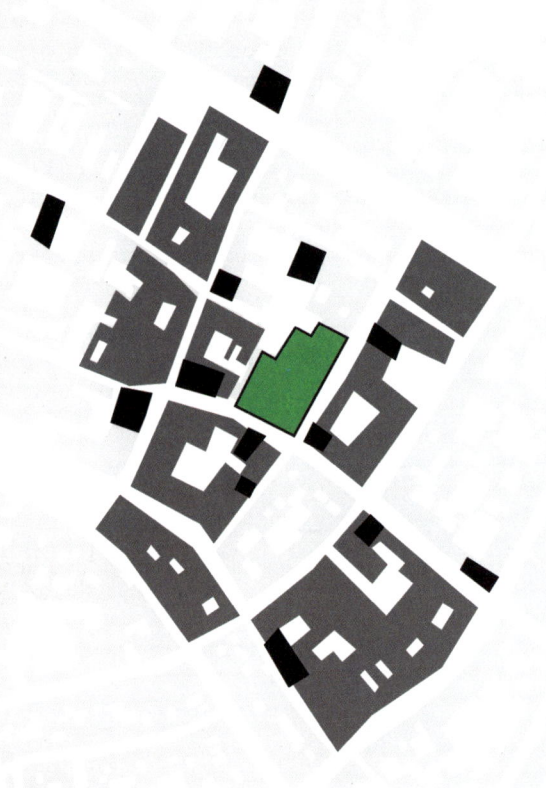

change of function (university)
adding value

growth of a new kind of rental market
for students

appearing of new specific
functions related to the reuse

172 | Corrispondenze tra Occidente e Oriente

(figura 03). La plurifamiliarizzazione delle schiere e la forte pressione abitativa hanno successivamente contribuito ad originare un particolare processo di ristrutturazione, definito dall'apertura di un percorso ad andamento pseudo parallelo al percorso matrice, su entrambe i fronti, finalizzato a rendere indipendenti le cellule che lentamente andavano svincolandosi funzionalmente dall'edificio collocato sul fronte strada. Se gli interventi di tipo conservativo riguarderanno primariamente gli edifici a carattere monumentale, importanti interventi di sostituzione dovranno invece concentrarsi nei punti dove è possibile trovare un tessuto completamente lacerato. La proposizione di un tipo maturo, considerato nel punto del processo tipologico in cui esso presenta le maggiori affinità con le esigenze abitative attuali e proposto nei suoi caratteri essenziali e distintivi, mira ad un riammagliamento del tessuto in grado di conservare la rete viaria e la trama lottizzativa, studiata in ogni sua mutazione e soprattutto indagata nelle sue modalità aggregative. La rivalutazione dei centri storici, non potendo che partire da un'attenta e coerente analisi del tessuto urbano e delle sue modificazioni, passa, a nostro avviso, dalla messa in opera di azioni strategiche, mirate a riattivare le procedure insediative del passato, conservando i tessuti e contribuendo al tempo stesso anche alla loro futura valorizzazione economica. Sulla scorta delle similitudini riscontrate tra Zongshan e Ferrara, appare utile fare riferimento all'esempio di Palazzo Costabili Bevilacqua, antica dimora storica cinquecentesca, sita nel pieno centro della città e, sino al recente restauro e riuso (2000 -2003), non occupata e priva di usi coerenti con la propria peculiare tipologia. Il restauro conservativo e la conseguente utilizzazione da parte dell'Ateneo di Ferrara, che ha trasformato l'immobile nella sede della locale Facoltà di Economia e Commercio, hanno avuto un duplice effetto. Il primo, di risanare un immobile di elevato pregio architettonico e testimoniale, il quale rischiava la precoce decadenza; il secondo, non meno importante, di aver innescato un "effetto volano" per l'insediamento di nuove attività, attirate dalla rinnovata qualità assunta dall'area e dal contesto urbano circostante. Alcune conseguenze del recupero di Palazzo Costabili Bevilacqua sono state infatti la ristrutturazione e restauro degli edificati limitrofi; la ristrutturazione e conseguente offerta sul mercato immobiliare di unità residenziali in area attigua destinate prevalentemente ad abitazione temporanea da parte degli studenti universitari fuori sede; l'aumento del valore degli immobili ad uso commerciale risiedenti nella zona (figura 04).

La nostra proposta per il recupero delle aree centrali di Zongshan nasce sulla scorta dell'esempio citato, e tiene conto di pratiche ormai consolidate di recupero dei centri storici attraverso la riqualificazione delle "emergenze", ovvero di quei punti nodali del tessuto urbano che rappresentano realtà insediative storiche, monumentali, architettoniche, o solamente caratterizzate da dimensioni o destinazioni d'uso particolari. La riattivazione delle "emergenze" e la conseguente rivalutazione dei luoghi è generalmente attuata a mezzo della loro riqualificazione e restauro architettonico, della progettazione degli spazi pubblici e delle opere di arredo urbano, favorendo il mix funzionale, ovvero la presenza di destinazioni d'uso diverse, comunque compatibili, all'interno dello stesso involucro architettonico (residenziale, direzionale, commerciale).

Ciò premesso, possono individuarsi due distinte e successive fasi delle strategie d'intervento:

1) prima fase : a partire dall'analisi del tessuto e dalla rappresentazione e schedatura analitica della matrice insediativa che ordina e governa lo spazio dell'area centrale di Zongshan, si passa all'individuazione dei punti nodali strategici o "emergenze", che, una volta riattivati, possano fungere da elementi urbani catalizzatori del processo di riuso e valorizzazione dell'intera area interessata dall'azione;

2) seconda fase: individuazione di specifiche categorie di intervento in relazione all'edificio ed elaborazione di linee guida a carattere operativo che sottolineino principalmente le necessarie attività di conservazione degli aspetti di carattere tipologico, materico e figurativo. Il fine di tali "linee guida" sarà quello di fornire orientamenti operativi per un'efficace azione di riconoscimento e successivamente di elencazione di specifiche procedure di tutela (figura 05).

1. Riccardo Dalla Negra et Alii, Le ricerche sulla città di Ferrara finalizzate alla sua conservazione: prime ipotesi attorno alla nascita e all'evoluzione del Castrum Ferrariae, in corso di stampa.
2. Gianfranco Caniggia, Gian Luigi Maffei, Il progetto nell'edilizia di base, Marsilio Editori, Venezia 1984, p. 48.
3. Riccardo Dalla Negra et Alii, op. cit., in corso di stampa.
4. Cfr. Giacomo Gallarati, Marco Zuppiroli, La riconfigurazione dell'unità morfologica di Aramo. Nuova espansione e reintegro della lacuna come modalità di intervento complementari, in Alessandro Merlo, Gaia Lavoratti (a cura di), Il progetto nel contesto storicizzato, esempi a confronto, Alinea Editrice, Firenze 2009, pp. 103-104.
5. Gaetano Miarelli Mariani, CENTRI STORICI note sul tema, Bonsignori Editore, Roma 1993, pp. 94-99.

CURRENT

value-based classification
chronological issue + use value

PROPOSED

Integrated classification
adding operativa factors to refine
selecting skills

Ferrara: urban operativa rules for intervention on buildings (operative method sample)

Antonello Stella, Andrea Pasquato, Marco Zuppiroli

XIX

Villaggi urbani
dieci passi
verso il futuro

**Giancarlo Carnevale
Giovanna Fanello
Esther Giani
Francesco Guerra**

Facoltà di Architettura Università IUAV di Venezia

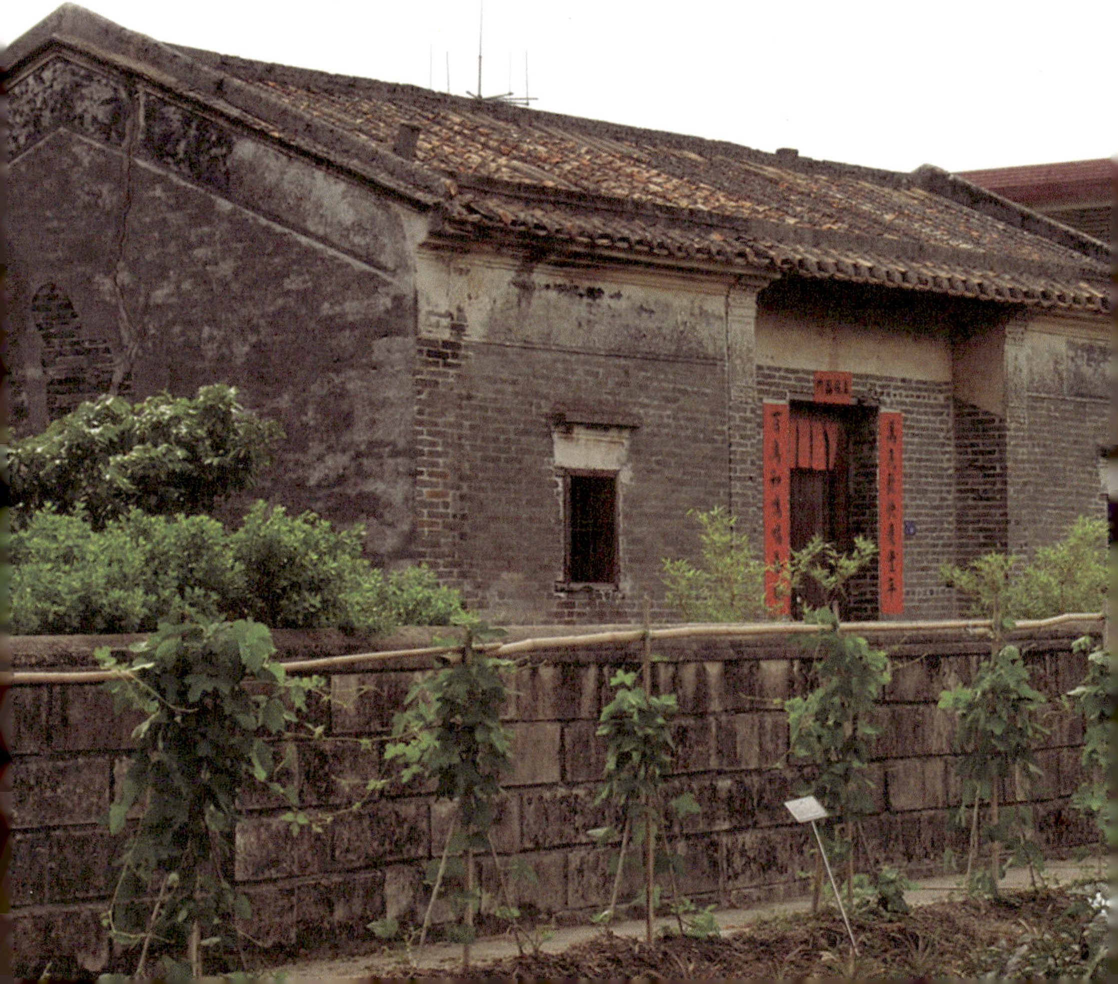

178 | Villaggi urbani dieci passi verso il futuro

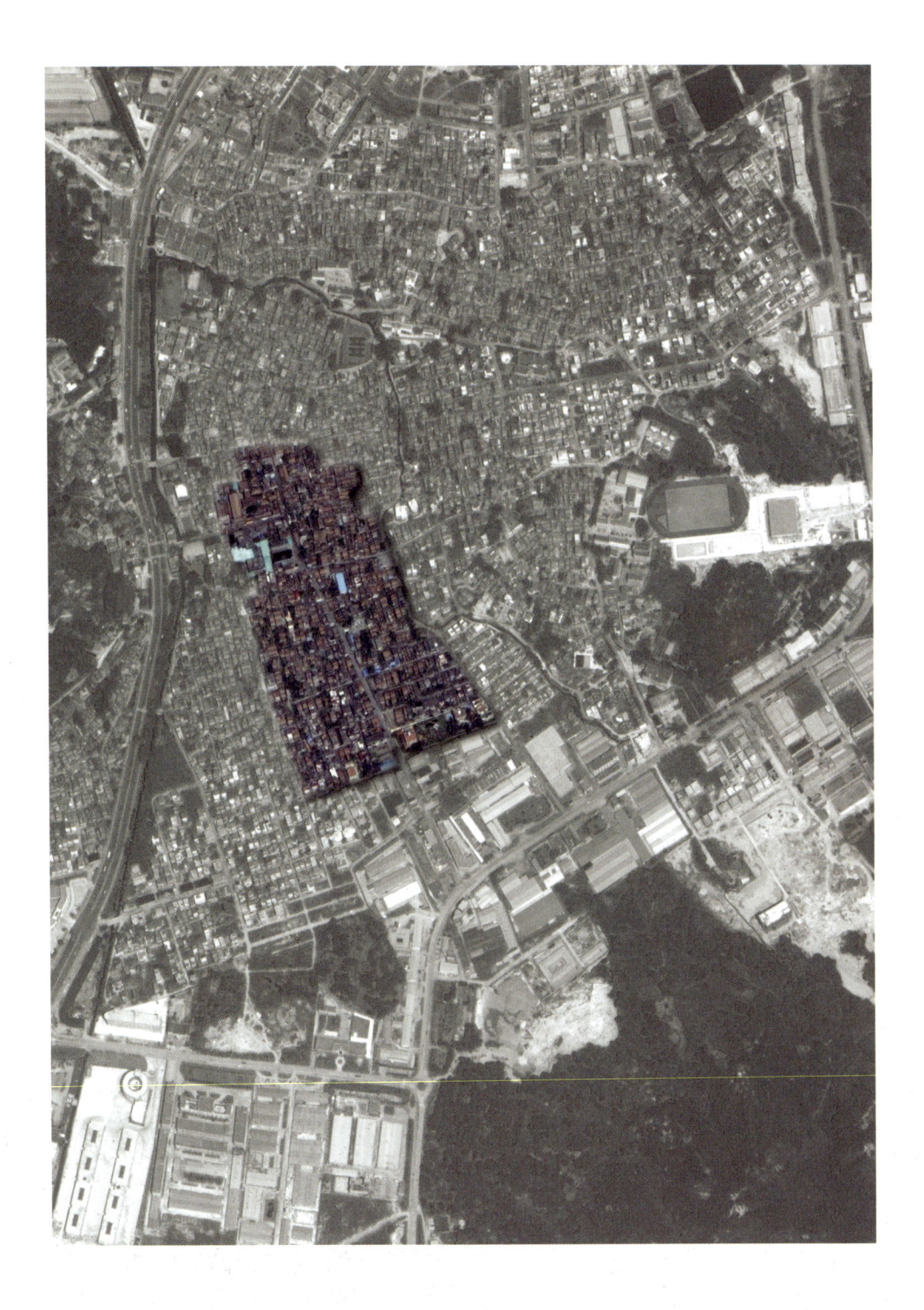

In Cina, forse in maggior misura rispetto ai più studiati contesti geografici europei, esistono complessi urbani, di dimensioni contenute, villaggi, con caratteristiche morfologiche e tipologiche di grande omogeneità. Si tratta in alcuni casi di complessi urbani esterni alle grandi conurbazioni, in altri casi di complessi omogenei inclusi all'interno di aree metropolitane. Le caratteristiche formali di questi aggregati urbani sono quasi sempre di rilevanti qualità, essendosi conservati pressoché conformi alla struttura originaria. Proviamo a descrivere con larga approssimazione l'impianto che si ritrova più frequentemente: generalmente il villaggio si compone di edifici di grande omogeneità, ben costruiti, di ridotte dimensioni, con una struttura viaria di evidente chiarezza, basata su una gerarchia elementare (una strada principale che individua l'asse principale e diramazioni ortogonali di sezione minore, parzialmente carrabili, quasi sempre cieche, che distribuiscono gli alloggi, raramente di tre livelli, quasi sempre di due, dotati di una propria corte interna). Talvolta i villaggi tendono a perdere le proprie caratteristiche di autonomia funzionale ed economica, andando verso un lento declino; si è pensato allora di trasformarli, in vista di un abbandono che avrebbe portato ad un irreversibile degrado, musealizzandoli: pur non trattandosi di una testimonianza monumentale, siamo sempre in presenza di un documento rilevante, che testimonia una cultura materiale appartenente ad un momento storico preciso. In queste soluzioni è possibile visitare gli ambienti di lavoro conservati con spazi intatti, con gli strumenti delle attività artigiane che vi si svolgevano; le case, divenute un museo diffuso, sono ben conservate e più che di restauro, si potrebbe parlare di manutenzione ordinaria ininterrotta, sufficiente a mantenerle in buone condizioni di efficienza. In altri casi si è proceduto alla demolizione integrale, dato il fabbisogno di alloggi intensivi, con la realizzazione, in sostituzione, di quartieri residenziali.
La grande vocazione turistica dell'intero territorio cinese rappresenta una recente acquisizione e sta modificando profondamente sia le politiche di sviluppo urbano sia le scelte di strategie economiche. Tra queste appare poter svolgere un ruolo di rilevante attrazione il patrimonio storico architettonico che testimonia i grandi risultati raggiunti, nei vari periodi storici, dalla civiltà e dalla cultura cinese.
Il concetto di cultura materiale, ormai diffusosi universalmente, tende a rivalutare non solo i luoghi delle celebrazioni, i monumenti, gli eventi, ma anche gli ambienti della quotidianità, le testimonianze di costumi e gusti che appartenevano a epoche storiche diverse. Un ruolo importante conservano questi ambienti urbani marginali, i villaggi, che però tendono a lasciare il passo a forme diverse di vita sociale. L'alternativa è dunque tra la musealizzazione, che però non sembra poter generalizzarsi, pena l'imbalsamazione di troppi piccoli centri storici, o la rivitalizzazione. Non appare possibile restituire linfa vitale in modo artificiale, tenendo in piedi vecchie attività artigiane obsolete o incoraggiando stili di vita che appartengono al passato: il rischio in agguato è l'effetto Disneyland.
Quello che però sembra perseguibile è un processo di rifunzionalizzazione di questi centri storici in chiave turistica, come è già avvenuto da tempo in Italia. Il concetto di *albergo diffuso* ha sempre più preso piede in molti casi, dando luogo a risposte riccamente differenziate ma sempre di grande successo. Sembra possibile introdurre anche in Cina questa prospettiva, seguendo particolari accorgimenti nelle fasi di modificazione; proviamo ad elencare, per successivi passaggi, quali potrebbero essere gli scenari di trasformazione praticabili.
1. Anzitutto la conoscenza documentaria sui luoghi: un'analisi storica, basata sulla cartografia reperibile, sulle fonti individuabili, su eventuali catasti, sulle documentazioni di proprietà, su eventuali episodi storici di rilievo.
2. Successivamente, la descrizione morfologica attraverso il rilevamento planimetrico dei lotti e del tracciato viario.
3. Una ulteriore analisi tipologica porterà alla individuazione di soluzioni distributive ricorrenti e permetterà di approfondire la conoscenza anche delle tecnologie costruttive adottate.
4. Le stratificazioni determinatesi nel tempo verranno così enucleate e, eventualmente, si potrà

180 | Villaggi urbani dieci passi verso il futuro

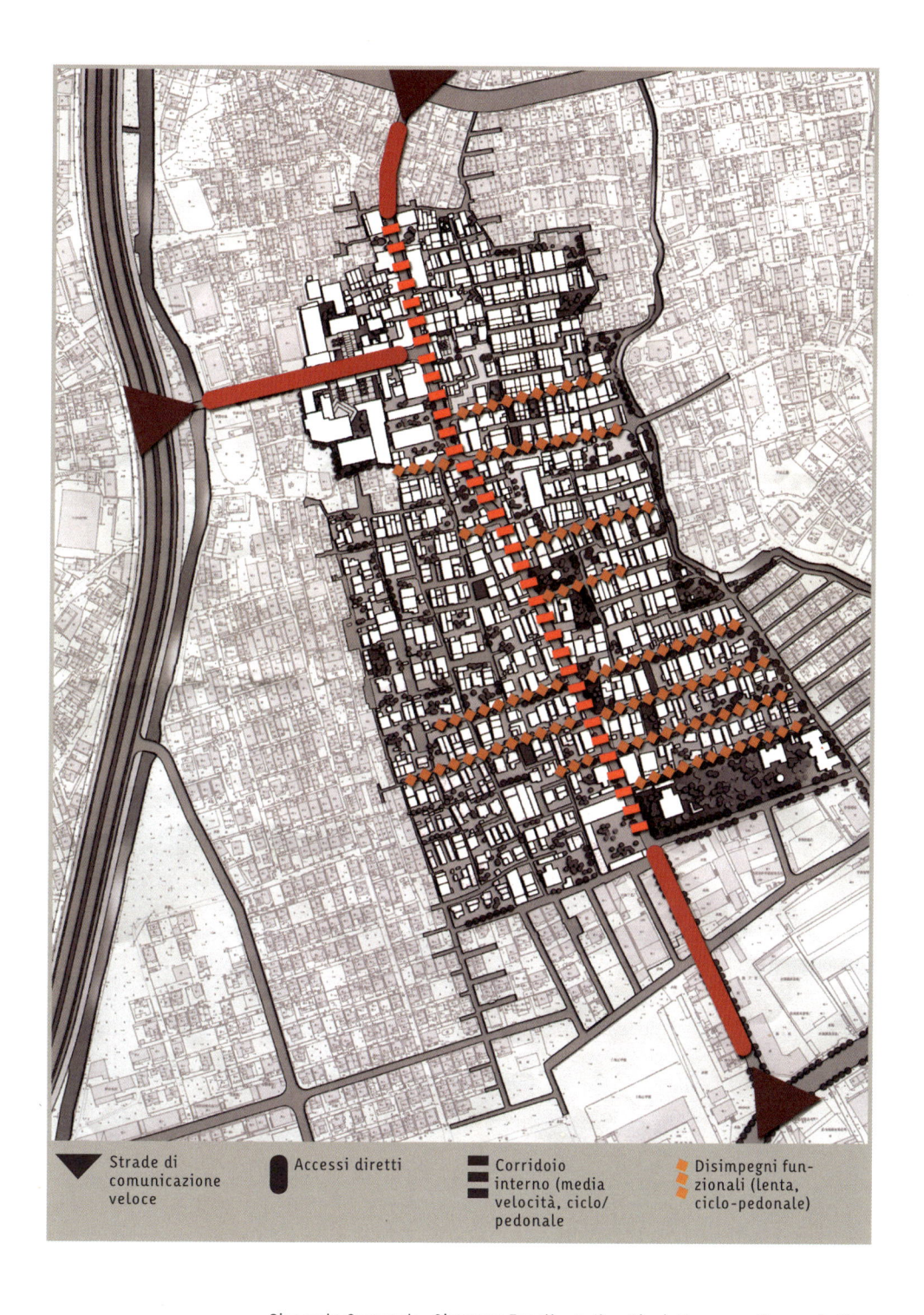

▼ Strade di comunicazione veloce   ● Accessi diretti   ▬ Corridoio interno (media velocità, ciclo/pedonale   ◆ Disimpegni funzionali (lenta, ciclo-pedonale)

Giancarlo Carnevale, Giovanna Fanello, Esther Giani, Francesco Guerra

predisporre un piano di intervento che preveda anche la eliminazione delle edificazioni estranee al tessuto originario.
5. Uno studio preliminare dovrà individuare le possibilità di accogliere, nella prospettiva dell'albergo diffuso, un turismo stanziale, formulando varie ipotesi e progettando le modifiche delle attuali residenze in vista di una recettività turistica.
6. Un piano urbanistico dovrà poi prevedere la riallocazione degli attuali residenti in nuovi alloggi disposti in nuove addizioni al nucleo originario, congruenti e in armonia con esso, oppure, a seguito di verifiche sull'andamento demografico, riabilitando eventuali unità dismesse.
7. La moltiplicazione delle attività turistiche compatibili con le strutture edilizie presenti permetterà, senza stravolgere le morfologie esistenti, di realizzare posti letto, locali di ristoro quali bar o trattorie, attività commerciali o artigianali, servizi turistici in genere, spazi espositivi, luoghi attrezzati per il divertimento e lo svago, attività sportive o di benessere, spazi per lo spettacolo.
8. Alcuni progetti tipo dovranno aprire la strada alle verifiche di fattibilità, per programmare gli interventi sulla base di precisi protocolli esecutivi, definendo tempi e modi onde realizzare economie di scala e ridurre le fasi di attuazione.
9. La valorizzazione dell'attuale struttura viaria dovrà essere attuata con interventi discreti, improntati al massimo rispetto dell'ambiente costruito, senza utilizzare tecnologie invasive, curando in particolare gli elementi di arredo già presenti (il verde diffuso, l'illuminazione, i punti di sosta).
10. Alcune infrastrutture urbane vanno aggiornate, integrate o introdotte, cercando di limitare al massimo gli interventi, mitigando, dissimulando e compensando i loro effetti. In particolare l'impianto fognario, le reti idriche ed elettriche e lo smaltimento delle acque pluviali costituiranno le indispensabili infrastrutturazioni preliminari.
Siamo certi che le prospettive che si aprono per la rivalutazione turistica dei tanti villaggi urbani ancora ben conservati potranno costituire non solo una nuova fonte di benessere, rivolgendosi al turismo interno, molto dinamico e vitale, ma anche e forse soprattutto, al turismo internazionale, caratterizzato da una crescente ed inesauribile attenzione verso il fenomeno Cina

Se il termine "albergo diffuso" ha origine in Carnia, nel 1982 all'interno di un gruppo di lavoro che aveva l'obiettivo di recuperare turisticamente case e borghi ristrutturati a seguito del terremoto degli anni Settanta. Il modello di ospitalità "albergo diffuso" è stato messo a punto da Giancarlo Dall'Ara, docente di marketing turistico, ed ha una storia che affonda le radici nello specifico dell'ospitalità italiana (calda e relazionale), ed è stato riconosciuto in modo formale per la prima volta in Sardegna con una normativa specifica che risale al 1998. Nel 2008 l'idea dell'albergo diffuso è stata premiata a Budapest in occasione del Convegno Helping new talents to grow come migliore pratica di crescita economica da trasferire nei paesi in sviluppo. In estrema sintesi si tratta di una proposta concepita per offrire agli ospiti l'esperienza di vita di un centro storico di una città o di un paese, potendo contare su tutti i servizi alberghieri, cioè su accoglienza, assistenza, ristorazione, spazi e servizi comuni per gli ospiti, alloggiando in case e camere che distano non oltre 200 metri dal "cuore" dell'albergo diffuso: lo stabile nel quale sono situati la reception, gli ambienti comuni, l'area ristoro. Ma l'albergo diffuso è anche un modello di sviluppo del territorio che non crea impatto ambientale. Per dare vita ad un albergo diffuso infatti non è necessario costruire molto poiché ci si limita a recuperare/ristrutturare e a mettere in rete quello che esiste già; inoltre un albergo diffuso funge da "presidio sociale" e anima i centri storici stimolando iniziative e coinvolgendo i produttori locali considerati come componente chiave dell'offerta.

Giancarlo Carnevale, Giovanna Fanello, Esther Giani, Francesco Guerra

Allegati

| XX | Programma per la qualità urbana nella Provincia del Guangdong |
| XXI | Memorandum d'intesa sulla cooperazione tra la Provincia del Guangdong e l'Italia |

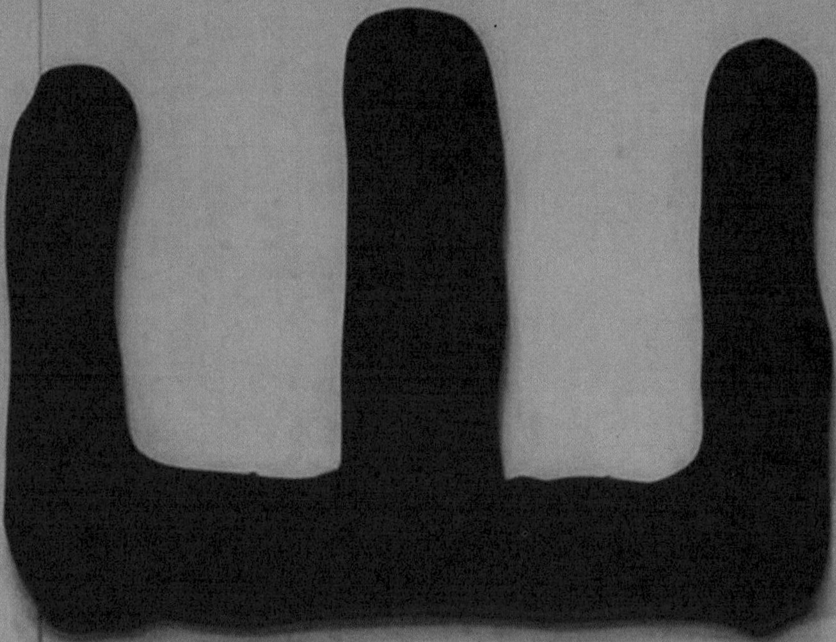

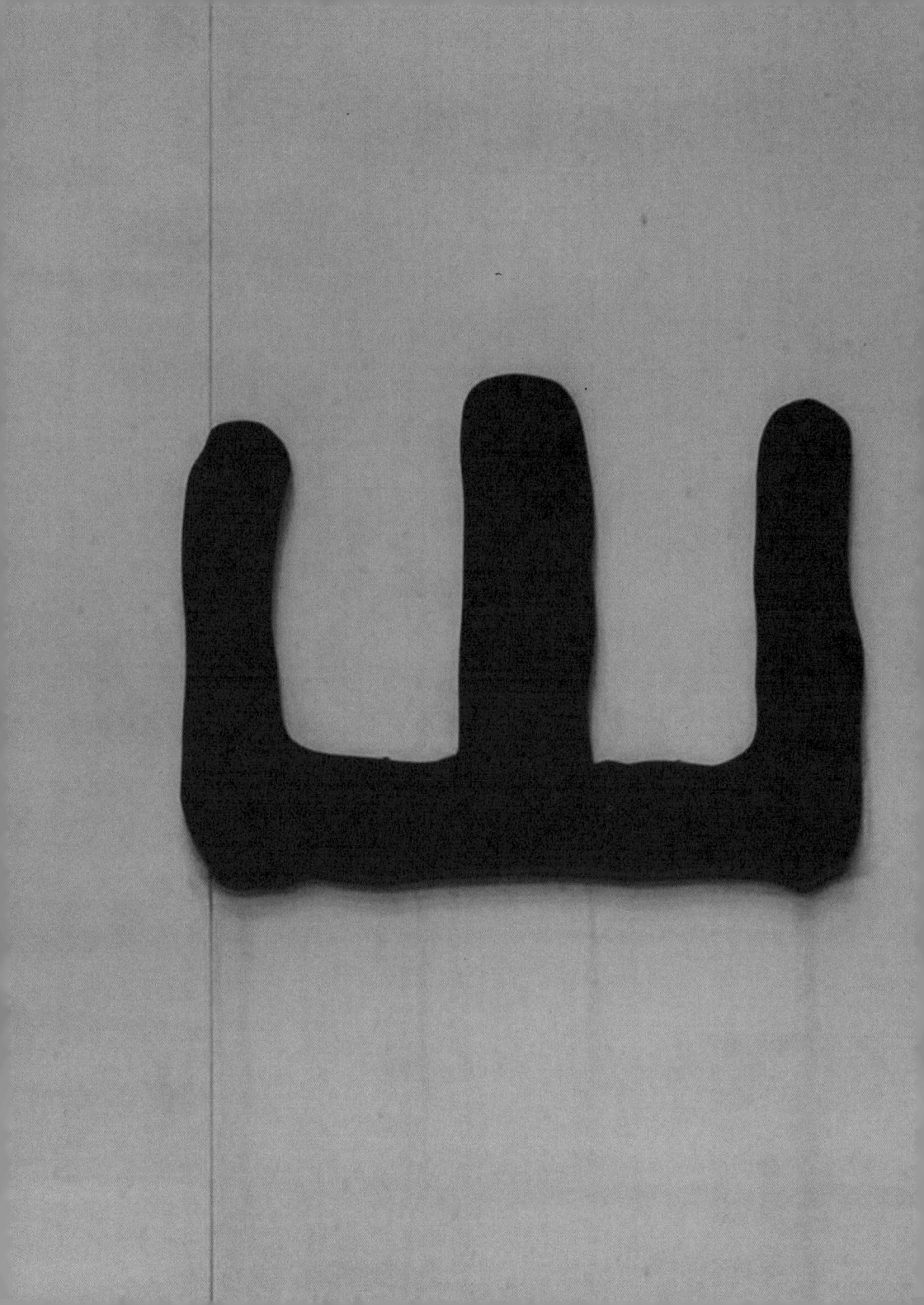

XX
Programma per la qualità urbana nella Provincia del Guangdong

1. Inquadramento istituzionale

Il progetto s' inquadra nell'ambito delle azioni condotte dal Comitato Italia-Guangdong sui Partenariati Territoriali a seguito degli accordi stipulati tra il Ministero degli Affari Esteri (MAE) Italiano e il Governo della Provincia del Guangdong della Repubblica Popolare Cinese. Sulla base dell'accordo sottoscritto il 10 dicembre 2008 a Guangzhou (Canton), tutte le Facoltà di Architettura italiane si sono raggruppate con criteri territoriali, in stretto rapporto con le regioni di appartenenza e con le organizzazioni imprenditoriali rappresentative degli interessi economici e operativi del nostro sistema. Questi raggruppamenti hanno effettuato una prima ricognizione dei temi relativi all'assetto e alla qualità degli insediamenti che sono stati indicati dalla controparte locale durante il primo sopralluogo in Guangdong. Si è dato conto del lavoro realizzato sia nella costruzione di relazioni con il sistema territoriale italiano che nella preparazione dei singoli interventi. Nell'ultima visita in Guangdong delle Rappresentanze della Conferenza dei Presidi delle Facoltà di Architettura Italiane, si sono tenuti numerosi incontri con i rappresentanti della Provincia del Guangdong e delle Municipalità interessate, per definire contenuti e tempi dei progetti di collaborazione.

Per la città di Guangzhou sono stati presi in considerazione i progetti relativi alle aree storiche di Shamien e delle 13 Hongs, ai villaggi urbani di Huangpu, Guangfu, Changha Yuan, e alla preparazione di un modello informatico della città utilizzabile per la progettazione degli interventi. Il raggruppamento delle Facoltà di Architettura di Reggio Calabria, Napoli-Aversa, Matera, Palermo e Siracusa ha definito le prime ipotesi di lavoro, sulla base della documentazione fornita dal "Centro per la Pianificazione e la Ricerca Urbana" di Guangzhou. A conclusione degli incontri è stato sottoscritto un Memorandum MoU che definisce obiettivi e fasi della collaborazione (vedi allegato).

Nella città di Foshan sono stati tenuti incontri con i dirigenti del "Foshan Urban Planning Bureau" sulle metodologie della rigenerazione urbana. Sulla base del MoU sottoscritto con la CPA (allegato), la Municipalità si ripromette di individuare in tempi ristretti le aree di specifica applicazione delle metodologie proposte. Inoltre, la Municipalità inviterà il raggruppamento delle tre Facoltà di Architettura di Roma e la Facoltà di Architettura di Bari a partecipare ai concorsi che saranno banditi per gli interventi relativi alla nuova stazione occidentale di Foshan e alla nuova stazione di Guangzhou.

Nella città di Zhongshan sono stati ulteriormente precisati i contenuti dei progetti richiesti alla collaborazione della CPA (aree centrali di Sunwen Xi Lu, Xishanshi, Sunwenzhong, Congshanfang e del villaggio di Shachong) e sui quali il raggruppamento delle Facoltà di Architettura di Pescara, Ascoli Piceno-Camerino, Ferrara, Venezia (IUAV) e Trieste ha già avviato il lavoro. Un MoU con l'indicazione dei contenuti e della fasi di lavoro è stato concordato con il Zhongshan Planning and Design Institute della Municipalità (vedi allegato).

Per le località di Zhaoqing e di Huizhou è stata assicurata alle controparti la continuità della collaborazione già avviata dai due raggruppamenti costituiti rispettivamente per la prima dalle Facoltà di Architettura del Politecnico di Torino, di Genova, Cagliari, Alghero e Firenze e per la seconda dalle Facoltà di Architettura Civile del Politecnico di Milano, di Architettura di Parma e di Bologna-Cesena. Infine, con la "Direzione delle Costruzioni" della Provincia del Guangdong sono stati discussi i contenuti e la data del *forum* previsto nel MoU del 10 dicembre 2008. A tal proposito, per tenere conto della riorganizzazione in corso delle competenze delle amministrazioni locali in Guangdong e della intenzione di presentare e discutere nel *forum* i primi risultati della collaborazione della CPA, è stato concordato di tenere un prossimo *forum* nel 2010. Il *forum* sarà preceduto da incontri di lavoro che si terranno in Guangdong e in Italia. Un apposito *addendum* al predetto MoU è stato concordato con la controparte cinese (allegato).

L'esito della missione ha potuto confermare l'avanzamento dei lavori avviati dalla Conferenza dei Presidi delle Facoltà di Architettura con le Municipalità selezionate dal Governo Provinciale del Guangdong per la sperimentazione del "Programma per la Qualità Urbana nella Provincia del Guangdong".

La piena soddisfazione delle controparti locali è stata evidenziata da tutti gli interlocutori e testimoniata dal progressivo ampliamento dei campi di collaborazione. In particolare, alcuni dei progetti che sono stati aggiunti ai primi individuati, come gli insediamenti storici di Shamien e dei 13 Hongs a Canton, dipendono dal progressivo interesse suscitato dalle competenze italiane e riconosciuto esplicitamente dalle Municipalità e dalla Provincia. L'esito delle iniziative in corso dovrebbe facilitare la individuazione di interventi di possibile interesse italiano, di carattere anche tecnico ed economico, nell'area della sostenibilità e della rigenerazione delle strutture urbane.

Naturalmente, la prosecuzione dei lavori nei progetti individuati sarà possibile solo nell'ambito del Programma di partenariato con la Provincia del Guangdong incluso nelle azioni che saranno sostenute dal Programma multiregionale affidato dal CIPE al MAE per il sostegno delle relazioni dei territori regionali con la Cina, e che dovrebbe essere presto avviato, come ci è stato comunicato dal Segretario Generale del MAE. Ambasciatore Giampiero Massolo lo scorso 1 settembre (allegato).

2. Organizzazione delle piattaforme

Il "Programma per la Qualità Urbana nella Provincia del Guangdong" vede coinvolto (attraverso la Conferenza dei Presidi) l'intero sistema delle Facoltà di Architettura italiane, che si sono organizzate in cinque "piattaforme" per rispondere alle aspettative della Provincia del Guangdong che ha chiesto di occuparsi di cinque città.

Le cinque piattaforme e le relative città cinesi sulle quali applicare le proposte di progetto sono le seguenti:
- *Piattaforma Mediterranea* (Reggio Calabria, Palermo, Napoli, Aversa, Siracusa, Matera) **Guangzhou**
- *Piattaforma Roma-Bari* (Roma, Bari) **Foshan**
- *Piattaforma Adriatica* (Pescara, Ascoli Piceno, Ferrara, Venezia, Trieste) **Zhongshan**
- *Piattaforma Padana* (Milano, Parma, Cesena) **Huizhou**
- *Piattaforma Tirrenica* (Torino, Genova, Firenze, Cagliari, Alghero) **Zhaoqing**

Poiché lo schema di metodo è stato concordato unitariamente, le fasi di lavoro sono analoghe nelle diverse piattaforme (facendo salva la specificità delle rispettive attività) e i gruppi possono avere la stessa dimensione (a prescindere dal numero di Facoltà che appartengono alle diverse piattaforme), quindi la determinazione dei costi è stata effettuata per piattaforma e poi moltiplicata per cinque.

3. Descrizione dei fabbisogni di intervento

Nel quadro più generale dell'accordo di collaborazione, lo specifico "Programma per la Qualità Urbana nella Provincia del Guangdong" concerne il soddisfacimento di una domanda di *knowhow* che i partner cinesi rivolgono al sistema delle Facoltà di Architettura italiane sul tema della riconversione in chiave qualitativa dei programmi di intervento sullo sviluppo urbano delle maggiori città della regione del Pearl River Delta (PRD Region).

Le attese locali in merito ai contenuti del progetto sono connesse al recupero architettonico, alla riqualificazione urbanistica e, più in generale, alla rivitalizzazione socioeconomica. Si tratta, quindi, di affrontare il tema del "recupero" non solo in termini fisico-formali, ma anche e soprattutto in termini socio-economici, e con forte attenzione alle procedure di implementazione e attuazione delle proposte progettuali. Infatti, in un quadro generale della politica urbanistica locale, essenzialmente fondata su una pianificazione di struttura e sulla successiva "delega" attuativa ai *developer*, si incontrano difficoltà a definire specifiche prassi operative applicabili alle situazioni di contesto che caratterizzano i siti in oggetto. In questo senso, l'esperienza italiana può essere di aiuto, a condizione però che si affronti il tema con un approccio teso alla finalizzazione operativa dei programmi di ricerca, con una forte attenzione alla fattibilità delle proposte progettuali.

4. Obiettivi del progetto

L'obiettivo generale che si intende perseguire con il progetto (obiettivo strategico di medio termine) consiste nel rafforzamento dei rapporti economici, commerciali, finanziari ed industriali con la Cina sia per quanto attiene alla fase di pianificazione degli interventi, sia in quella di coordinamento ed esecuzione. Si intende favorire un nuovo approccio come «Sistema Italia» nelle relazioni dei territori regionali dell'Italia con la Cina, con priorità per i partenariati territoriali e i progetti specifici che coinvolgono le regioni prevalentemente beneficiarie del FAS e che presentano potenzialità inespresse nei legami economici con tale Paese, privilegiando, nel primo modulo, le azioni di sistema (in tale contesto talune amministrazioni regionali hanno dato la loro disponibilità a lavorare sul progetto assieme alle Università). Il progetto intende, quindi, promuovere le condizioni per il coinvolgimento del sistema produttivo regionale nella creazione di nuove opportunità di relazione e scambio economico, commerciale, tecnico, culturale e turistico tra i due territori regionali.

In coerenza con il suddetto obiettivo strategico generale di medio termine, il progetto intende perseguire nel breve termine i seguenti obiettivi specifici:
- messa a punto e presentazione di una proposta di intervento (in termini di metodo e di relativi protocolli di azione), capace di rappresentare in modo compiuto ai partner cinesi il *knowhow* italiano sullo specifico tema richiesto;
- individuazione congiunta di programmi specifici, supportati da idonea copertura finanziaria con eventuale cofinanziamento italo-cinese, sui quali far convergere il sistema delle eccellenze nazionali espresse dal sistema produttivo e da quello della ricerca e della formazione;
- avvio di azioni di livello tecnico volte alla predisposizione di progetti guida e/o studi di prefattibilità, sulla base dei quali verrà chiesto il coinvolgimento dei settori produttivi più avanzati e dinamici del territorio italiano.

5. Risultati attesi e ricadute per i territori italiani

I risultati attesi del progetto sono connessi alla possibilità di partecipare ad iniziative di sviluppo nel contesto cinese, sia in termini di sperimentazione del *knowhow* italiano nel campo dell'analisi urbana, della pianificazione urbanistica e della progettazione degli interventi di recupero e riqualificazione delle città (sistema delle Università), sia in termini di successiva promozione di beni e servizi connessi all'intervento di riqualificazione urbana (sistema delle imprese). I risultati attesi sono, quindi, *in primis* la possibilità di conquistare la fiducia dei *partner* cinesi e di cooperare di conseguenza in specifici programmi di pianificazione e progettazione degli interventi, contando in particolare su fondi a tal fine stanziati dalle istituzioni locali (Provincia del Guangdong e Prefetture di Guangzhou, Foshan, Zhongshan, Huizhou e Zhaoqing).

Un'ulteriore possibilità da perseguire, che tra l'altro genererebbe utili ricadute in territorio italiano, riguarda la offerta di beni e servizi legati agli interventi di recupero e riqualificazione delle città. Si tratta di opportunità che interessano soprattutto le aziende italiane che operano nel campo del recupero architettonico, della riqualificazione urbana, della organizzazione dei servizi complessi che sono in gioco nei programmi di riqualificazione urbana. Gli esiti del progetto potranno aprire nuovi spazi di cooperazione italo-cinese che coinvolgono ampi settori economici, che vanno da imprese di costruzioni specializzate e di impianti, ai fornitori di tecnologie, alle imprese di servizi ambientali, trasporti, ingegneria, allo stesso sistema della formazione universitaria e post-universitaria.

XXI

Memorandum d'intesa

MEMORANDUM D'INTESA

Sulla cooperazione nell'ambito dello sviluppo della pianificazione urbana tra la provincia del Guangdong e l'Italia

Associazione per la Pianificazione Urbana del Guangdong
Conferenza Nazionale dei Presidi delle Facoltà italiane di Architettura

Canton, Repubblica Popolare di Cina
10 dicembre 2008

Sulla base dei ricchi legami storici e dell'eccellente stato delle relazioni bilaterali, la Provincia del Guangdong e la Conferenza Nazionale dei Presidi delle Facoltà di Architettura acconsentono a collaborare al rafforzamento della collaborazione bilaterale nel settore della pianificazione urbana e dello sviluppo urbano sostenibile, allo scopo non solo di favorire la continuazione del dialogo culturale e scientifico tra le due antiche civilizzazioni e di promuovere contatti e scambi tra istituzioni, enti di ricerca e imprese delle due parti, ma anche di sviluppare la reciproca conoscenza e comprensione; (entrambe le parti) sono coscienti di questo e sono pronte alle numerose sfide che potrebbero presentarsi durante la rapida crescita sociale ed economica nel mondo attuale per l'ambiente e per lo sviluppo equilibrato della società. Al fine di attuare l'*Accordo sui Partenariati Territoriali* tra l'Italia e Guangdong, stabilito nel corso della riunione dello scorso 02 luglio 2008, con particolare riguardo ai requisiti del Piano di Lavoro tra l'Italia e la Provincia del Guangdong, le due parti, sulla base di un'amichevole negoziazione in relazione al rafforzamento delle relazioni e della cooperazione, concordano sui punti sottoelencati:

Punto I (Scopo)
Nell'ambito del Piano di Lavoro tra Italia e Guangdong, le due parti creeranno un meccanismo di scambio e di cooperazione pratica. Sulla base dei principi della convergenza di conoscenze, esperienze, e capacità operative delle due Parti, tale meccanismo di collaborazione e di scambio ha l'obiettivo di creare interventi innovativi e di eccellenza nel settore della pianificazione urbana e dello sviluppo urbano sostenibile del Guangdong.

Punto II (Contenuto della collaborazione)
Entrambe le parti concordano di realizzare una ampia collaborazione nel settore della gestione della pianificazione urbana, dello sviluppo urbanistico, dello sviluppo sostenibile, della conservazione e valorizzazione del patrimonio storico-culturale, così come in altri settori concordati in comune.

Punto III (Principi della cooperazione)
Nell'attuare la cooperazione, le due parti seguiranno i principi della negoziazione amichevole e dell'avanzamento graduale, al fine di esplorare ed approfondire l'ambito della collaborazione.

Punto IV (Metodi di cooperazione)
1. stabilire un canale di comunicazione continuo e un meccanismo di negoziazione. Ciascuna parte stabilirà la persona di riferimento ed informerà l'altra parte del nominativo, indirizzo, numero di telefono, numero di fax e indirizzo e-mail al fine di consentire contatti tempestivi in caso di necessità nel corso della cooperazione.

2. tenere incontri nei tempi appropriati, secondo le necessità di entrambe le parti. L'obiettivo è di studiare ed individuare i progetti ed i rispettivi contenuti e di risolvere gli eventuali problemi e difficoltà che dovessero sorgere nel corso della cooperazione:

3. creare un gruppo congiunto di ricerca allo scopo di effettuare ricerche sui temi e i progetti d'interesse della Provincia del Guangdong, nonché di fornire suggerimenti e proposte costruttive:

4. realizzare congiuntamente il "Forum sullo Sviluppo della Pianificazione Urbana", per scambiare punti di vista e discutere tematiche di comune interesse;

5. invitare l'altra parte in Cina o in Italia per effettuare ricerche, ispezionare e visitare progetti e città di rilievo;

6. altri metodi di cooperazione concordati da entrambe le parti.

Punto V (Responsabilità)
Le responsabilità e gli obblighi di ciascuna parte saranno stabilite da entrambe le parti al momento dell'organizzazione delle singole iniziative.

Punto VI (Progetti di prossima cooperazione)
Entrambe le Parti concordano di realizzare il "Forum sullo Sviluppo della Pianificazione Urbana" allegato a tale Memorandum.

Punto VII (Validità)
Il presente Memorandum è stato firmato il 10 dicembre 2008 a Canton e ha effetto a partire da tale data.

Punto VIII (Variazioni)
Dopo essere concordato da entrambe le parti, il presente Memorandum può subire integrazioni e variazioni.

Punto IX (Numero di copie e redazione)
Il presente Memorandum è redatto in due copie, una in lingua Italiana ed una in lingua Cinese, entrambe valide. Ciascuna parte riceve una copia.

Allegato:
Intesa relativa all'organizzazione congiunta del Forum sullo Sviluppo della Pianificazione Urbana tra l'Italia e la Provincia del Guangdong

Sulla base del "Memorandum d'Intesa sulla cooperazione nell'ambito dello sviluppo della pianificazione urbana tra la Provincia del Guangdong e l'Italia", entrambe le parti organizzeranno congiuntamente il "Forum sullo Sviluppo della Pianificazione Urbana tra l'Italia e la Provincia del Guangdong" (successivamente qui denominato "Forum"). Allo scopo di organizzare congiuntamente il predetto "Forum", entrambe le parti concordano su quanto segue:

Punto I (Contenuto)
Il "Forum" ha lo scopo di attuare una ampia e approfondita discussione sulle tematiche della gestione della pianificazione urbana, lo sviluppo sostenibile, la valorizzazione del patrimonio storico e culturale, e lo sviluppo dei rilevanti settori industriali.

Punto II (Regole del Forum)
In principio, il "Forum" verrà organizzato ogni anno alternativamente in Italia e nella Provincia del Guangdong. La data del Forum verrà decisa congiuntamente da entrambe le parti.

Punto III (Organizzazioni e soggetti coinvolti)
In principio, i partecipanti al Forum saranno individui ed Enti della Pianificazione Urbana del Guangdong e la Conferenza Nazionale dei Presidi delle Facoltà Italiane di Architettura. Gli esperti della Cina, l'Italia, e gli altri paesi saranno possibili invitati a presenziare.

Punto IV (Formato del Forum)
Il Forum può essere svolto in diversi formati. Ad esempio, potranno essere organizzati incontri di scambio accademico, nonché incontri dei responsabili della gestione della pianificazione urbana.

Punto V (Responsabilità)
Punto Primo: gli organizzatori del Forum saranno responsabili per:
1. Programmare il contenuto d il formato del Forum;
2. Il luogo, il programma e la pubblicità del Forum;
3. Invitare le autorità competenti, gli esperti, gli individui ed Enti coinvolti;
4. Preparare e distribuire il materiale del Forum;
5. Coordinare i lavori del Forum.

Punto secondo: il co-organizzatore del Forum sarà responsabile per:
1. Assistere gli organizzatori nella selezione del contenuto e del formato del Forum;
2. Assistere nell'estendere gli inviti agli individui e agli Enti coinvolti;
3. Assistere gli organizzatori nell'attività di pubblicità del Forum;
4. Assistere nella gestione del Forum.

Punto VI (Costi del Forum)
I costi del Forum saranno sostenuti dagli organizzatori (i costi sono limitati all'affitto del locale di svolgimento del Forum, al materiale, alle spese alberghiere, al trasporto, escludendo le spese di trasporto internazionali, le spese di consulenza degli esperti, ecc.).

Associazione per la Pianificazione
Urbana del Guangdong
Rappresentante

Conferenza Nazionale dei Presidi
delle Facoltà italiane di Architettura
Rappresentante

Translation

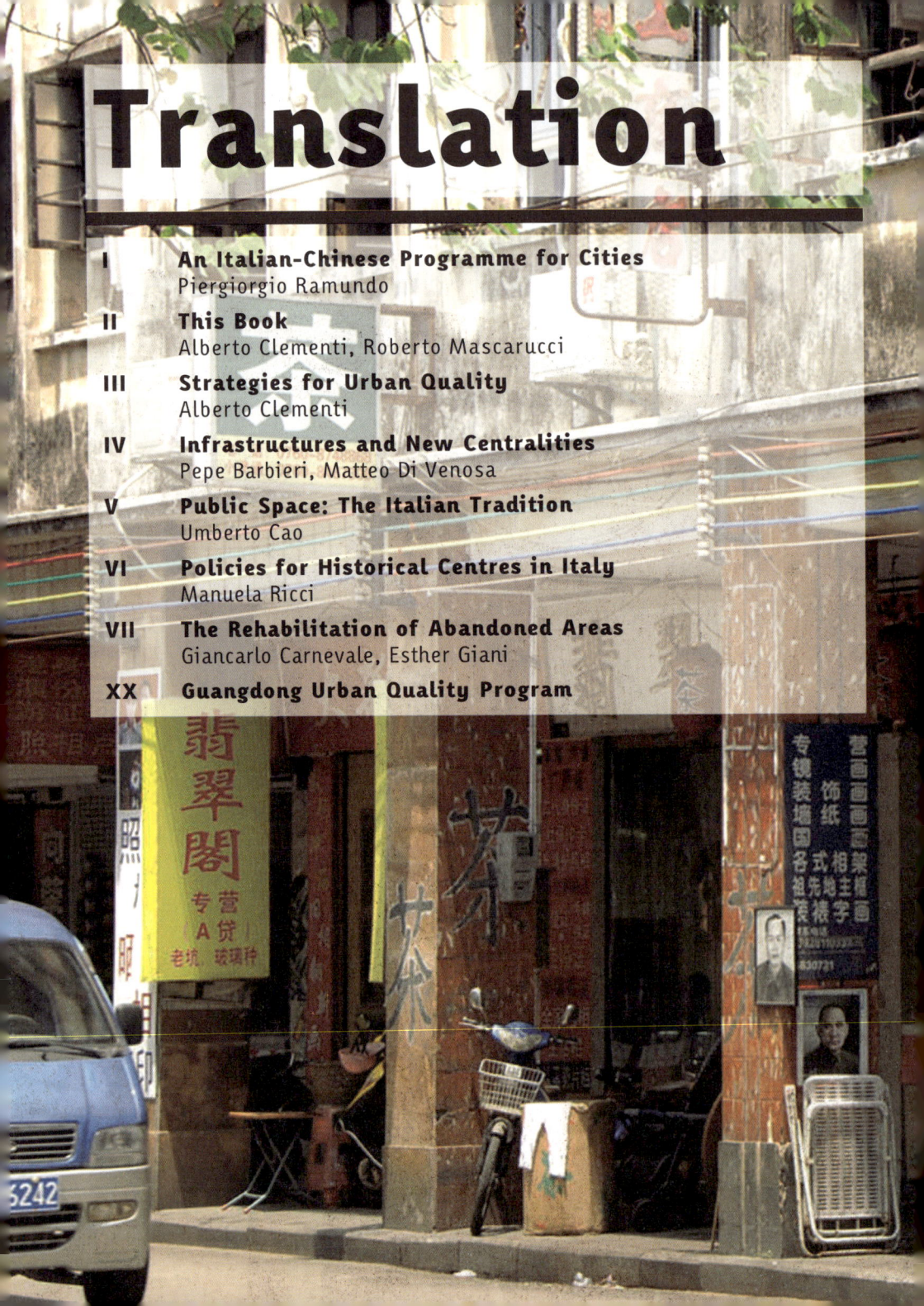

I	**An Italian-Chinese Programme for Cities**	
	Piergiorgio Ramundo	
II	**This Book**	
	Alberto Clementi, Roberto Mascarucci	
III	**Strategies for Urban Quality**	
	Alberto Clementi	
IV	**Infrastructures and New Centralities**	
	Pepe Barbieri, Matteo Di Venosa	
V	**Public Space: The Italian Tradition**	
	Umberto Cao	
VI	**Policies for Historical Centres in Italy**	
	Manuela Ricci	
VII	**The Rehabilitation of Abandoned Areas**	
	Giancarlo Carnevale, Esther Giani	
XX	**Guangdong Urban Quality Program**	

茶 藝廊

An Italian Chinese Programme for Cities

Piergiorgio Ramundo

English

Italy's participation in the processes of urban transformation taking place in China received a clear signal of interest and desire for operative involvement at the level of inter-governmental relations when the Memorandum of the Italy-China Government Committee, signed in Beijing on 13 November 2006, expressed *"active interest in collaborating in the field of urban development and services in China, based on Italy's lengthy experience in this sector"*, indicating that it *"wished to favour scientific, technological and institutional exchanges in the fields of quality development, urban redevelopment, the restoration of monuments and historical-cultural centres"*. To immediately implement this collaboration, confronting the extraordinary novelty and scale of the field of intervention, the inter-governmental agreement also called for the *"institution of a special bilateral work group to verify the feasibility of these programmes, identifying the interlocutors interested in developing this partnership and making every effort to realize its programmes"*. The scale and novelty of urban phenomena in China are such that only a process of interaction and partnership are capable of allowing one to operate and capture the significance of current processes and the questions and capacities of the responses offered by the Italian system.

The path that led to this manifestation of effective reciprocal interest, so explicit and unusual to the world of diplomatic protocols, was initiated in Italy with the political decision to intensify and rebalance economic relations with China, identifying the field of urban transformations as that in which Italian excellence was most consolidated and recognised. At the same time, on the Chinese side, the field of urban development, with its models, costs and social consequences, was constantly referred to in politics and decisions related to development. In particular, both the theme of territorial equilibrium (city-countryside, coastal zones-inland areas, megalopolises-regional urban centres), as well as the forms being assumed by the city, was at the centre of political attention, manifested in the multiplication of international comparisons and open discussions. During our era, together with its rapid and imposing economic development, China has produced the most impressive territorial transformation in human history, transferring hundreds of millions of people from rural to urban areas in a few short years (over 400 million between 1980 and 2010), with unprecedented effects on structures of settlement in terms of dimensions, growth and form. Cities were evidently the space and accelerator of economic transformations. The economies of the manufacturing agglomerations consented by their location in coastal regions and along principal nodes of transport, innovation fed by proximity to primary centres of research and specialised education, the availability of labour at incredibly low social and development costs, have all contributed to the growth of urban settlements favoured by these factors. The advantages compensated the dis-economies of agglomeration (environmental limits, costs of settlement that grow together with size, the modernisation of social services), above all at a cost to labour and immigrant populations, now estimated at 230 million of the 600 million people living in cities, without any right to services and social spending. On the other hand, having considered the work force as a mobile factor devoid of costs related to settlement, dependant upon the demands of production, and located based on strategies and logics of maximum productivity and competitivity, above all international, processes of urbanization pursued exclusively these forces, fostering the growth of circumscribed areas around existing or new urban agglomerations and adjacent to coastal areas. These urban structures, realized at the same time and scale as processes of urbanization, were regulated by vast grids defined by routes of communication and entrusted, after 1990, to private real estate investment. The latter, supported by profits and liquidity accumulated during the economic boom, pursued maximum profit, manoeuvring and restricting supply to the highest incomes. Building activity developed based on volumes difficult to grasp in our context, to the tune of 3-4 billion square meters of primarily urban new construction each year.

Building development was often characterized by extremely homogenous forms, even within the immense Chinese territory. Vast, fully occupied lots isolated from their context, high density constructions, the separation of residences from services and commercial areas, internationally standardized typologies, techniques of construction suitable to vast volumes, architectural images and forms assumed from a repertory of computer graphics. The need for competitive differentiation, within a substantially homogenous system of factors of location and growth, was confronted at the level of image, with a search for outlandish architecture: in terms of novelty, scale, technological and typological solutions and materials. The new architecture of Beijing, Shanghai, Shenzhen and Canton is the result of the continuous search for differentiation. Important global events hosted in these cities have only contributed to the same process through the construction of new and extraordinary works of architecture. Urbanization, with all its themes and problems, has inevitably and powerfully entered into the realm of public policies and priorities, planning documents, economic life and the everyday existence of the country's citizens. In the Five Year Plan 2005-2010, the rural urban ratio was one of the principal political objectives for the redistribution of the effects of development, essentially through the relocation of populations from the countryside to urban areas. Like income, even the development of the internal market, a current anti-cyclical priority, was now conditioned by urbanization, as the city became home to the solvent demand of the highest incomes and the most sophisticated needs for products and services. All the same, the ability of local governments to guide processes of urbanization was objectively limited in terms of strategies for minimizing restrictions on private investments, in particular in real estate, as well as due to the absence of alternative interests. Moreover, private real estate investments were also determinant for public functions, given that 50% of local government budgets is derived from the concession of large areas to real estate developers. Within this general framework of attention to the phenomena of urban transformation, a driving force for the entire economy, and objectively difficult to govern, there has emerged an awareness that what is produced would in any case have been the context of the new urban and globalized Chinese society, with the risk of the immanent loss of specificity, of ties to the interests of local citizens, of relations with nature, of the efficiency and sustainability of the environment and, above all, with culture. Particularly exemplary of this new vision of urban transformations was the Beijing International Conference, held on June 9-11, 2007. Focused on the theme of Urban Culture, it was jointly promoted by the Ministry of Constructions and the Ministry of Culture. The Beijing Declaration on Urban Culture, adopted at the end of the Conference, expressed above all concern: *"Cities run the risk of losing their characteristics, tending to become homogenous; their image is becoming banal, their environment is deteriorating"*. This was followed by a number of general points considered as qualifying for the development of cities:

- The urban culture of the new millennium must have the characteristics of an ecological civilization. The fundamental references of urban development must be: reducing pressure on the environment; reconstructing damaged ecosystems; achieving a new equilibrium with nature and between cities and the countryside.
- Urban development must reflect the interests of citizens. They must participate in decisions.
- The development of culture is an important part of urban development. We require cities of commerce and industry. But above all, cities of culture.

The most significant point in the Declaration, for the opinion expressed regarding current processes and the search for alternatives, deals with urban identity and the importance of history. *"Cities progressively resemble one another because standardized projects substitute fabrics and buildings with defined local characteristics. Cultures and local characteristics disappear through operations of urban redevelopment. The design of streets, public spaces and buildings should reflect the internal beauty, sensitivity and values of the city. Its unique characteristics should be present in each detail or event. Innovation based on urban continuity is the key to creating an identity for the city. This identity will be the factor of success for the city, increasing its competitivity. A successful city should not only be the attraction of the moment, but the glory of history and the pride of the nation"*.

Reference to urban cultural heritage, in its broadest definition beyond the limits of historic monumental or ethnic heritage, creates the premise for discussing the conservation of values that are not immediately functional to mechanisms of land rent and the real estate market, which dominate the development of the city. On the other hand, faced with the monetization of urban space for real estate profit, the fate of historical fabrics and urban typologies, or those that predate the phase of economic liberalization, is clear. In each Chinese city, from Beijing to the most remote urban centre, the effects are evident: the total destruction and reconstruction of areas valorized by urban development, the substitution of uses and typologies with more profitable ones, the forced relocation of local populations.

The demand for and objective of introducing factors of "quality" in the planning of urban organisms, beyond individual architectural episodes, as relevant and successful as they may be, requires processes, programmes, means, experiences, instruments, as well as institutions, all substantially innovative, for the government of cities in China. To the current exclusive efficiency of local governments in planning land use and primary infrastructures of transport, we must add an attention towards and consideration of the value of the organization of urban space at the scale of citizens, their culture, their needs, the history of sites and the forms of inhabiting the city. An identity reconstructed through the awareness of citizens implies the recognition of belonging to place, and thus the stability of social and physical relationships with inhabitation and urban functions. Not by chance, the central elements of this new reflection include the re-emergence of the question of recovering the identity of urban fabrics, intended as the valorization-reconstruction of pre-existing elements, and the search for elements of design and building typology in continuity with specific local traditions. A determinant factor of identity is thus represented by the history of settlements, with their permanence of signs, monuments and characteristics of the past. This climate of research related to strategies for the qualified development of the city must be associated with China's interest in Italian experience and participation. Italy's collaboration offers important references. Particularly useful is the Italian experience and know-how in the field of "urban quality", intended as identity, history, culture, the participation of citizens and the satisfaction of their needs. In particular, Italy is not only viewed as a system that has made the protection of its historical heritage not only one of its characteristics of identity; it has also been able to render its heritage a factor of economic and cultural development, which pervades the entire system. Within a process that views studies of the city and the valorization of history as a qualifying factor of the system of settlement, Italy represents a precious point of reference, having founded its structure of settlement on networks of urban centres that are profoundly rooted to their territory, and which conserve the signs of their history. In China, Italian excellence in the conservation of historical heritage and the governance of urban development is well known. There is a vast awareness of the best practices that Italy can provide for the valorization of historical and cultural heritage, in relation to the needs to increase the quality of the city. Best practices that can be reassumed as follows:

- the priority assigned to the conservation and valorization of historical heritage in urban and regional planning;
- experience acquired in the recovery and redevelopment of historical centres, monumental buildings, collective spaces and urban parkland;
- the development of scientific, technical and economic structures tied to the conservation and valorization of historical, cultural and landscape heritage;
- the quality of life in Italian cities, largely guaranteed by the permanence of historical structures and territorial systems articulated in networks of centres with distinct dimensions and characteristics;
- the promotion of culture in urban contexts, generally based on useful methods for enlivening social existence (festivals and other important events *en pleine aire*, important attractors such as museums and archaeological sites, important urban and cultural institutions and performances);
- urban planning methods based on procedures of participative governance, which guarantee the

identification and sustainability of programmes in harmony with local citizens. This has opened up a field of collaboration with China of extraordinary potential for Italy, for its scientific and professional system associated with urban planning and architecture, for its economic system developed on cultural resources, and for research and innovation in the field of construction and development. It offers an opportunity to experiment in such a dynamic and articulated context as that of China's cities. Italy has thus proposed the global theme of "*Urban Quality*" as the field capable of representing our areas of excellence, and able to open up more promising perspectives of participation with respect to the needs and demands of development in Chinese cities. With regards to the operative agreement for Italian collaboration at the territorial level, called for in the November 2006 agreements and concluded in December 2007 with the province of Guangdong, the diverse actions identified include an important Italian collaboration in the field of "Urban Quality", confirming the interest and priority of interventions focused on identity and the specificity of the form of the city. For the Italian side, the interlocutor capable of most completely representing the competences, experiences and reflections on the theme of urban quality was identified in the grouping of Italian Faculties of Architecture, coordinated by the Deans' Council and articulated in territorial platforms. The MOU that concluded with the *Association for the Urban Planning of Guangdong* in December 2008 listed the first obligations of the collaboration that, with the development of relations with the municipalities, concentrated on the individual cities of Guangdong involved in the start-up phase of the collaboration: Canton, Foshan, Zhongshan, Zhaoqing and Huizhou. The association of architecture faculties began an initial survey of themes relative to the structure and quality of settlements indicated by their Chinese counterparts, during the first site visit to Guangdong, in May and June 2009. They are currently nearing the start-up, together with their Chinese colleagues, of the phase of identifying concrete initiatives for the realization of urban settlements in Guangdong to support the strategy of the "Urban Quality" of China's cities.

II This Book

**Alberto Clementi
Roberto Mascarucci**

English

To best respond to the challenge of collaborating with the Chinese Government on themes of urban quality, and to offer an adequate extension to the agreements to experiment with a number of pilot cities in the province of Guangdong, we imagined a decidedly innovative formula: involving the entire world of Italian architectural and urban planning research, via the Deans' Council of the various Faculties of Architecture. The objective was evident: seeking to offer the best of our design skills by calling on the institutional resources available in each single university, rather than discretionally referring to individuals, or to specific public administrations. In reality, the methodological contribution intended for this formidable occasion of comparison with the Chinese exceeded even the accredited skills offered by our universities. In reality, it was our implicit desire to affirm an equally innovative thesis, capable of best expressing the potentials of our system, exceeding even current practices. The quality of urban design does not depend only on the value of the protagonists involved, or the effectiveness of adopted procedures, competitions or direct commissions. It is rather the result of an added value, born of the nature and intensity of the relations of interdependence between the worlds of research and experimentation, the administration of territorial governance, between business and local society. The more design expresses the sharing of and convergence between the strategies of these different systems of action, the more we can expect to achieve a level of urban quality as it is intended in the "Beijing Declaration" on urban culture mentioned by Ramundo in the previous text. Thus, by beginning with the proposal for *an Italian experience inspired by the circular nature of the relational model of "research-implementation-administration"*, created by Ramundo and Clementi, and further developed in the different faculties in which the Italy-China programme is slowly taking shape, we developed the successive initiative of the Deans' Council. Within this perspective of inter-institutional cooperation, and while awaiting agreements with the Regions and business associations, the Faculties of Architecture began to concretely collaborate with the Province of Guangdong to test the possible Italian contribution to the requalification of five cities-workshops: Canton, Foshan, Zhongshan, Zhaoquing and Huizhou.
To face up to a similar obligation, for us entirely without precedent, we organized five *inter-faculty platforms* according to their emerging vocations and belonging to common macro-regional contexts. The "Urban Quality" programme for Italy and China thus became an opportunity to test new occasions and new methods of relations between Italy's universities. Through an open comparison, we rapidly constructed embryonic inter-faculty cooperation groups with the intention of explicating and valorizing the specific qualities of each faculty using a model of reticular relations that, in the future, would consent us to finally overcome the trend towards fragmentation and the generic, which currently afflicts the Italian university system. This book presents the first results of the design studies and proposals elaborated for the city of Zhongshan by the "Adriatic Platform" composed of the faculties of architecture in Ascoli, Ferrara, Venice and Trieste, and coordinated by Pescara. The cooperation between the different faculties, focused on exposing and testing Italian know-how in the field of strategies for urban and territorial quality, was articulated from the outset on the identification of diverse themes held to be significant to the Chinese context, and later through their coordination by a specific faculty. The application in Zhongshan was implemented by calibrating the design proposals to meet the expectations and specificities of the local context in the wake of a number of missions to China and visits to Italy by the respective delegations, which allowed for the definition of this model of cooperation. The themes assumed as priorities were:

T1. Sustainable Infrastructures and Urban Structures
Emerging Issues: the design of new infrastructural works, above all for road and rail transport, and forecasts of contextual urban development, with a particular focus on objectives of environmental and landscape sustainability.

T2. Cultural Landscapes
Emerging Issues: the conservation and recovery of historical centres and buildings of historical-cultural interest, with particular reference to techniques of earthquake resistant construction; the valorization

of cultural heritage; the design of museum networks; the design of parks and archaeological sites focused on internal and international tourism.

T3. Abandoned Landscapes
Emerging Issues: the recovery and transformation of decommissioned spaces of production (or those being decommissioned). The safeguarding and valorization of river landscapes, and patterns of local settlement, in particular in agricultural areas of relevant historical-cultural value. The recovery of obsolete residential structures.

T4. Open Spaces and Public Urban Spaces
Emerging Issues: the design of urban plazas and new spaces of collective aggregation, with the objective of improving inclusion and local social cohesion; the transformation of urban voids, brownfields and under-utilized areas, to be converted into spaces of identity rich with values of use, as well as figurative and symbolic values; the creation of new continuous networks of open spaces, greenways, blueways and spaces for slow traffic (*go green*), intended as infrastructures for making the existing city sustainable.

T5. New Urban Centralities
Emerging Issues: the configuration of commercial-business urban centres, and their translation into new centralities with elevated multi-modal access.
As requested by the Chinese, the diverse themes were then overlapped with the areas of intervention selected for Zhongshan:
a. the city centre;
b. historical villages absorbed by the periphery;
c. spaces of identity (monumental spaces, architectural elements, structures with historical-cultural value), disseminated throughout the city.
At least three themes converge in the *Master Plan for the Central Area*:
- the system of accessibility and the configuration of urban gates, as intermodal spaces with elevated architectural and functional value, with a view towards the effects of the incipient motorization of the masses; the organization of sustainable accessibility also considers the framework of mobility at the urban-territorial level, including the new perspectives created by the bridge over the Pearl River Delta, currently under construction;
- networks of crossing inside the central area as networks of open spaces of public importance, defined in terms of their figurative, environmental and functional values, and as connections between structures of identity (public buildings, other important buildings);
- market roads, assumed as the specific declension of the more general theme of highly recognizable commercial structures, as a result of their typo-morphological and functional differences.
With regards to the *recovery and valorization of villages included* in the periphery there is a particular convergence with the theme of Requalification of Abandoned Landscapes.
Finally, the *restoration, recovery*, functional redefinition or renovation of *sites of identity* disseminated throughout the city is witness to the convergence, in particular, of the theme of safeguarding and valorizing cultural heritage.
The diverse work groups created within the different faculties were requested to produce a variety of documents, with particular reference to:
- a *lexicon of urban quality*, capable of presenting the theoretical terms of reference of the practices of intervention representative of Italian experience;
- *interpretations of context*, based on the most advanced methods and instruments used in Italy;
- *design guidelines*, with related best practices, deduced once again from Italian experiences;
- eventual *design examples*, as demonstrations of possible results.
The structure of this book is a general reflection of the articulations of our programme. Moreover, the results appear largely incomplete. They reflect the difficulties of a project that requires assiduous *in situ* verifications, and the understanding of reciprocal points of view by both the Italians and the Chinese. Above all, they suffer from the frequent stops and starts and changes in direction of this complex and innovative programme, conducted on our part under the responsibility of the Ministry of Foreign Affairs and the Ministry of Economic Development. What is more, the project has suffered greatly from the reductions imposed by Italy's unexpected economic difficulties. The first section refers to current practices that, in Italy, characterize in particular the strategies of urban and territorial

infrastructural development, the recovery of historical centres, the qualification of public spaces, and the functional redefinition of decommissioned or under-utilized spaces. The second part of the book presents the results of the first design explorations made in Zhongshan. This was an attempt to test the experiences acquired and to identify the hypotheses to developed in the future. It is our hope that this experiment, so promising and innovative, will find space in future policies of cooperation between Italy and China, so highly dependant on the initiatives of Regional Governments and businesses, imagined since the outset as indispensable partners for a real strategy of quality in urban transformations.

Strategies for Urban Quality

Alberto Clementi

English

The Italian territory reflects a composite variety of local qualities of settlement, an expression of the extraordinary diversity of landscapes of which it is composed, and which still conserve their marked individuality, notwithstanding the powerful trends towards standardization associated with recent transformations, and the growing massification of processes of residential construction. The quality of this territory, very familiar to international public opinion, represents for the most part the result of century-long processes of sedimentation and the selective accumulation of layers of settlement that have succeeded one another over time. This has resulted in the slow formation of highly differentiated landscape contexts, able to admirably interact with the human adaptation of local natural environments, and the individuality of typologies of settlement, which in turn reflect the profound diversities of local societies and the incessant evolutions of material cultures that have defined Italy's millenary history. Nature and history have modelled landscapes with fine patterns, now perceived by our gaze as an infinite variety of *territorial rooms* with harmonious and easy-to-measure proportions, each with its own individuality that stands out by contrast from its neighbours, even immediately adjacent (Purini, 2008). This singularity of the Italian landscape appears to resist the forces of modernity, which tend to upset the sense of the existing, generating an unstoppable proliferation of new urbanizations, which generally incorporate permanences in a new network of relations between space and time, between global and local, between natural and artificial. Discovering the secret that permits historical centres and other historical-cultural permanences to survive the sprawling informal mass of the modern periphery, and what is more to continue to irradiate values of identity which appear progressively brighter, precisely in contrast to the anonymity and opacity of the contemporary city, is of significant assistance to a reflection on quality and urban design. The lesson to be learned from the study of building processes in our historical territory, and their vitality in the conflict with modernity, may offer a significant contribution to the study of the methods and forms of design, and its capacity to generate quality, even when the objective is that of identifying the conditions for adapting strategies to the profound diversities of contexts in Italy and in China. In the notes that follow we will seek to synthetically reconstruct the primary characteristics of urban design in Italy, and its possible contribution to the quality of space. Our aim is to support a critical comparison with the situation in China though an evaluation of the potentials and limits of the Italian experience based on a comparative analysis of two countries.

When We Speak of Quality
Notwithstanding the intuitive use we currently make of the notion of quality, both urban and of design, the definition of this concept appears ambiguous, and in conflict with a multiplicity of theoretical difficulties that still appear unresolved. In light of the aims of this text, for reasons of simplicity, we will refer in any case to an interpretation of quality that can be treated within the *realm of processes of inter-subjective evaluation*, which consent the comparative identification of the best solutions, in light of the demands to be confronted, the objectives and criteria underlying any project, and in consideration of the most complex cultural references that orient architectural and urban planning decisions (Clementi, 2010 a). Within this perspective, quality is not intended as an expression of absolute truths, founded on the adhesion to specific cultural traditions or disciplinary ideologies. It appears instead as the precarious outcome of relative truths, inter-subjectively arguable and which, as much as possible, emanate from the structures of meaning and contents of individual projects, rather than from their author's intentions or the client's willMore concretely, we can claim that urban quality can be effectively judged as a tangible value, as it can be perceived through the direct experience of those who inhabit or use a given space. As a consequence, the *quality of projects* should be measured by considering the *quality they induce in the transformations* of forms of settlement and the environment of local existence, at least to the degree in which this is felt by affected local populations, other than naturally being judged by experts and specialists. In light of this observation it should not be difficult to objectively evaluate the

quality of a project, at least *a posteriori*, beginning with the real conditions of its use and the sense of the spaces created.

However, this obvious observation, which in reality also refers the quality of design – *other than its intrinsic contents* – *to the urban quality generated in context*, while it helps to correctly structure the evaluation, beginning with the effects produced rather than disciplinary discussions of the work, which are all too often self-referential, does not in any way resolve the problem of *preventative evaluation*, to be exercised during the critical – initial - phase of any project, when we still know very little about its future consequences. We thus prefer a different approach, which allows us to anticipate opinions about the final outcome, after the transformation has been completed. Within this perspective we can assume that the *total quality of a project*, (or its configuration as an effective contribution to the conditions of urban quality within the context of intervention), constitutes the result of its way of integrating the diverse variables involved and the variety of interventions planned, according to relationships of interdependency that must be created on a case-by-case basis, based on the strategies of the stakeholders involved and the conditions of transformability of the context.

Requirements for the Quality of Design

Total quality thus becomes the *expression of a relational value*, generated by the convergence within design of different variables, and simultaneously the coherence between the diverse interventions planned, offering the sense of a comprehensive and integrated strategy, aimed at the objectives to be achieved. With regards to the integration between strategic variables, as a first approximation we can refer to the values of context, of sustainability, of programmatic effectiveness, of morphogenetic capacity, and to the innovative nature and feasibility of the interventions. In particular, the quality of design will depend upon the joint pursuit of the following requirements:

a. *critical adhesion to context*: in other words, the appropriateness of relations instituted by the project with the *identifying characteristics and recognised values of the context* of intervention;

b. the *environmental and landscape sustainability* of the transformations;

c. *programmatic adherence* to the *functional needs* to be satisfied and the *objectives of development* to be promoted, as well as the *conscious participation* of interested stakeholders, all necessary conditions for ensuring the elevated urban liveability of the planned spaces, combined with the reinforcement of cohesion in local society;

d. the *figurability of spaces and the creation of new values of form* connected with a project's aesthetic, symbolic and morphogenetic values;

e. a *capacity for innovation*, or the creative contribution to the re-interpretation of the existing, opening it up towards the values that characterize contemporary culture and economy;

f. the technical, economic, social and administrative *feasibility* of processes of implementing a project, with the objective in any case of minimizing costs as much as possible and ensuring required amounts of time, compatible with the objectives being pursued;

These categories, which articulate the total quality of a project, can be formulated diversely, in particular considering the new urban strategies recently presented by the European Union with the "Toledo Charter", deliberated at the conclusion of the Spanish Presidency of the EU (June 2010). Assuming the reference of the European idea of a more environmentally and landscape *sustainable* city, more socially *inclusive*, more *intelligent* and economically competitive, the variables can be re-composed in a different order, in any case confirming the substance of the aforementioned reasoning. In particular, the dimension of context would include the values of context, landscape-environmental sustainability and the figurability of spaces; the dimension of social inclusivity correspond with programmatic adherence and the protagonism of local populations; and, finally, the dimension of economic competitivity relates to the values of innovation and the feasibility of interventions (fig. 1). At the conclusion of this synthetic reasoning, it would be possible to state that the overall quality of urban design, *its capacity to effectively contribute to the improvement of conditions of liveability and the quality of the existing city, with an aim towards its competitive, cohesive and sustainable development as requested by the European Union*, lies precisely in the way of combining this plurality of strategic variables, which give rise each time to an "integral" of value, variably connoted by the incidence of the diverse variables. In light of this operative conception of quality, we will attempt to describe the new philosophy that is emerging in Italy and Europe in the way of intending urban design; it is what we refer to as "landscape and sustainability sensitive design".

Towards Landscape and Sustainability Sensitive Design

The growing interest, even in Italy, in Landscape Urbanism, is leading towards the mutation of frameworks of understanding and strategies of design for the city. These new ideas contribute to definitively moving us away from the paradigms of "solid" modernism, strongly conditioned by an *object-oriented* notion *of space* and an *a-temporal* notion *of design*, as well as an approach excessively oriented by the *imposition of the author's* intentions.

In analogy with the landscape, we now tend to privilege process over the completeness of transformations, integrating natural processes and those of urban development in the "common unfolding of an artificial ecology", which represents the true novelty of the contemporary era. Assuming that the city is a hybrid living ecology leads, amongst other things, to the dissolution of age-old dualities such as that of nature-culture, and favours "a productive attitude towards indeterminacy, open-endedness, intermixing and cross-disciplinarity". What is more, the emerging metropolis no longer resembles a system that can be planned and regulated, but is more similar to "a thick, living mat of accumulated patches and layered systems, with no singular authority or control" (Corner, 2003). This new approach suggests a radical rethinking of the way of intending design. It is no longer a prefiguration of future visions to be achieved, as much as a stimulus for transformations that bring into play the capacity for self-organization of local societies. Form itself must be reconceptualized: it is no longer to be intended as an end in itself, but rather as the accidental result of a variety of shaping processes (Mertins, 2003). These new principles of LSSD are still in their liminal state, clashing with deeply rooted traditions in Italy. In particular, they seriously question our way of intending the landscape, urban design and projects for the sustainable city.

Landscape. The Weight of Tradition

Italy boasts a lengthy tradition of landscape protection, reinforced by its explicit recognition in the Italian Constitution. Landscape is given a primary aesthetic-cultural value, *which cannot be subordinated to other values*, including economic ones. This consents, for example, the imposition of restrictions on private property without any economic compensation. Unfortunately, the strength of Italian legislation and the administrative ability to protect its heritage do not correspond with equally appreciable results. Our "*bel paesaggio*" has been devastated by the rampant spread of urban growth, devoid of either quality or design. Precisely this lack of design can be found at the heart of the criticism that architecture and urbanism move in the world of "cultural heritage", responsible for acting exclusively in outstanding landscapes by applying restrictions and coercive rules. Conditions have changed in the wake of the adoption of the European Landscape Convention, and the consequent updating of our legislative framework (2004-06). The Convention has affirmed a new way of conceiving of the landscape and its *social value*, in addition to its aesthetic perception. In fact, it covers *all landscapes*, and not only those of outstanding value. It considers landscapes as *living structures* in continuous evolution, rather than still life paintings to be statically conserved. It proposes a vision that is no longer State-centric, but rather a *networking between institutions and society*. It *includes society's point of view*, in all of its local and supra-local articulations, together with those of experts and institutions. It calls for *active strategies of intervention* and the enabling of actors, for projects, as opposed to the simple application of restrictions. In recent years, beginning with these principles, a vast operation of re-planning the Italian landscape has begun, perhaps the most important in Europe. Regional governments, in partnership with the Ministry of Culture and Heritage, are implementing new Regional Landscape Plans, which legally prevail over municipal urban plans. Unfortunately, the objectives related to the quality of the landscape are rarely integrated within urban planning at the local scale, and the atavistic schizophrenia between urbanism and landscape tends to remain. In reality, in Italy Landscape Urbanism does not yet appear to have adequately permeated the behaviour of the planners, architects and administrators governing the territory (Sampieri, 2008).

Urban Design.
Towards the Integration of Strategies

In the meantime, urban design has evolved significantly, partially driven by the models proposed by the European Union, in particular its programmes for the redevelopment of disadvantaged neighbourhoods (EU-sponsored Urban Programmes). The point of arrival of these experiments was that of leading us to reconsider the very notion of Urban Design, moving past the conventional idea of a coherent assemblage of buildings and public works, accompanied by the budgeting of costs and feasibility calculations. Instead, we have now oriented ourselves to understand Urban Design as *a combination of strategies for local development and welfare, the environment and mobility, together with the more traditional ones of urbanism, building and public works*. A combination with a variable geometry, and a degree of intersectoral relations between spatial, economic and social dimensions that depends, case-by-case, on the specificity of local context, the complexity and relevance of the problems to cope with at the local scale, and the performativity of the network of local actors. Thus conceived, Urban Design assumes a role that sharply differentiates it from other urban planning instruments currently in practice. In fact, it acquires "a composite statute that reflects a confluence between strategic, spatial and institutional dimensions involved in the design of key urban transformations. It becomes a *strategic instrument* because it is the expression of a process of constructing a shared context of action, aimed at facilitating the resolution of complex decision-making situations, involving multiple public and private actors.

At the same time, it does not betray its origins as an *architectural-urban tool* for the configuration of a spatial pattern. Through the design of new arrangements and the new physical forms of urban spaces, it also tends to overlay a cultural order on transformations, contributing to the conveyance of the spirit of the times and the idea of the city we seek" (Clementi, Ricci, 2004).

The Sustainable City. A Liminal Innovation

In Italy, design inspired by the philosophy of environmental sustainability appears to be lagging behind. Italian experiences *"to make the existing city sustainable"* are still rare, even in the more limited version of new eco-neighbourhoods.

In fact, strategies for sustainable development are generally entrusted to specific approaches to energy, transport, water and waste management; urbanism appears to occupy a rather marginal position (Clementi, 2010 b).

The most interesting results so far have been achieved by design at the scale of buildings, now exploring new architectural languages, in which architecture, engineering and technology come together to generate new configurations of building envelopes and spaces. On the contrary, sustainable urban design remains substantially unexplored, and in reality of little interest. As a result, the approach to eco-sustainability appears to be characterized according to diverse disciplinary practices, in particular environmental technologies, without recognisably affecting urban design. In conclusion, it can be said that sustainable urbanism is still taking its first steps in Italy. However, the discussion is now mature enough for it to make a leap in quality that ought to involve plans and projects for the coming years, considering the impulses provided by the European Union. We must, however, highlight a radical difference with respect to the situation in China and other rapidly developing countries. In Italy, as elsewhere in Europe, the basic question deals with the sustainable reconversion of the existing city, with modest levels of new urbanizations. There is no space for design new cities in the pursuit of sustainability, unlike that which is taking place in the Orient, currently facing up to formidable processes of rapid urban development.

The Potentials and Limits of Italian Experience

Italian experience, with its lights and shadows, represents and interesting testing ground for design strategies focused on urban quality. The dense and pervasive grid of historical permanences – thanks also to the solidity of the culture of conservation that runs through most architecture and urban planning in our country – has largely survived the waves of development brought about by modernity, and notwithstanding numerous exceptions, still manages to function as a matrix for the quality of settlement in our cities and open territories.

Contemporary design is forced to measure up to the strength of this inheritance. Rarely has it proven capable of critically reinterpreting it, within a new culture of dwelling that is more in line with the sprit of our times. More often, it tends to respect it, conserving its spaces, which are delegated with symbolic functions of representing local identity and territorial governance. In the meantime, an innovative approach is emerging: *Landscape Sustainable Urbanism*, which well translates the need to unite strategies for the landscape, for urbanism and for sustainability, with the aim of revising urban design. The perspective of design innovation should thus lead towards the new culture of *Landscape and Sustainability Sensitive Urban Design*, as the overcoming of current design practices that maintain a separation between different approaches to the landscape, the environment and the city, within universities and in professional practice. The powerful inertia and the lengthy times of transformations, the small scale of the territory and the landscape, the diffuse prevalence of the culture of conversation, the freedom of self-affirmation of single individuals, the consequence of a misunderstood democratization of rights to access markets of land rent and real estate, weakly countered by the rigidity of instruments for governing the city and the territory, the complexity of mediations between the different institutional, economic and social actors involved in the construction of the city: these conditions radically distinguish the Italian context from its Chinese counterpart. Even while recognizing the profound diversity of the conditions of intervention, the reflection on the secrets that ensure the preservation of the admirable quality of our landscapes and our cities may become a resource that is anything but negligible, even when we must face up to the massive challenges raised by the transformation of the city in China. This, at least, is the sense of the current collaboration with the authorities in Guangdong, for whom this publication, and the reflections presented in this introductory text have been created.

TESTING INNOVATION
Urban Design for San Lorenzo, Rome

This project for the requalification of the Roman neighbourhood of San Lorenzo was developed as part of the UrbLab urban workshop, promoted by the *Lega delle Cooperative*, in partnership with the *Camera di Commercio*. The neighbourhood, transformed over time from an internal periphery into a trendy area of intense nocturnal vitality has, for some time, been the centre of intense social conflict, resulting from the speculative pressures exerted by the real estate market and the combative nature of its residents. Projects attempted to date have run up against the difficulty of reaching the consensus necessary for transformation. The project tests the methodology of Urban Design recently inaugurated by Rome's new Master Plan. However, unlike current practices, it is conceived as a strategic instrument, focused on the convergence in the same area of economic and social, as well as urban, environmental, transport and public works policies. It employs procedures of multi-level participation and multi-lateral public-private partnership, assuming a shared guiding vision as a backdrop for possible agreements. This new way of intending Urban Design takes the form of a Neighbourhood Charter, a strategic document that is articulated in a Guideline Vision, a Programming Framework, with the evaluation of the feasibility of interventions, and the Framework of Coherence of Local Projects, programmed in the short and medium-term.

Pescara Ecolab.

This project is the result of an international workshop organised at the Faculty of Architecture in Pescara (2009) with the intention of demonstrating the practicality of the idea of the sustainable city, even in the region of Abruzzo. The project site is located in the internal periphery, near the river, currently home to industrial functions, many of which are now decommissioned. A number of environmental detractors are present with a strong impact (filtration plant, former incinerator) and above all an enormous cement factory, which is still functioning. This typical peripheral 'brownfield', adjacent to the airport in the heart of the metropolitan area of Chieti-Pescara, represents a potential area for a new centrality at the territorial scale. It is thus in no way risky to assume that a largely deteriorated urban space can become a manifesto of sustainable transformation, with the radical improvement of the quality of its use, landscape and environment, entrusted to the combination of public interventions and private processes, as proposed in the workshop. The programme aims at triggering processes of redevelopment, beginning with the river, and creating, where possible, blueways and greenways, together with new mobility connections aimed at interrupting current conditions of urban isolation. Actions involving the network of sustainability (water, parkland, energy, mobility, public spaces) are aimed at kick-starting the transformation of a number of key areas, previously the object of advanced local projects. Priority objectives include: the creation of a mini-city of music adjacent to the river (as the recovery of the former incinerator); the progressive transformation of the cement factory into a new business, cultural and residential park; the remodelling of the area of the filtration plant in order to reduce its environmental and landscape impact; the progressive transformation of the industrial area into an eco-village, initially to host "creative people", artists and young families. In particular, the design of the eco-village includes the creation of roof gardens, to reduce noise pollution from the nearby airport.

Urban Recovery, St. Adrià de Besòs, Barcelona

This project was developed during the recent international workshop "Recycling Urban Industrial Landscapes", organized in Barcelona by the Centre for Contemporary Culture on behalf of the city government. The theme involved the recovery of the largest heating plant in all of Spain, St. Adrià de Besòs, a work of architecture with a strong symbolic value and a point of social identification, destined to be decommissioned within the year. It is a building of outstanding construction whose strong symbolic values have made it the object of urban movements calling for the conservation of at least its three tall smokestacks, characteristic elements in the landscape of Barcelona's periphery. The project is articulated through a variety of strategies at different scales that rotate around the "soft repairing" of the main structure, to be transformed into a multicultural centre of Euro-Mediterranean attraction (The Officina Mediterranea). The Centre is functionally connected to the nearby Forum 2004, and the new centralities called for along the coast towards St. Adrià de Besòs, extending the effect of coastal regeneration already promoted in Barcelona. The recovery of the industrial area currently being decommissioned is also associated with the redevelopment of the extended urban and industrial periphery that develops just inland from the coast, beginning in Ensanche di Cerdà and functioning as a space capable of triggering future urban transformations. The planned new networks of sustainability assume a strategic role, called upon to act as dynamic catalysts ('enzymes') for processes of requalifying the periphery. The project is intended as an exemplary application of the new principles for the city - "more sustainable, more inclusive and more intelligent", as sanctioned by the European Charter of Toledo (2010).

Bibliographical References

Clementi, A., (2010a), "*Quod. Un dottorato per l'Europa*", in Clementi, A., Angrilli, M., eds., "*Quod. Quality of Design*", List, Barcelona –Trento.
Clementi, A., (2010b), ed., "*EcoGeoTown*", List, Barcelona Trento.
Clementi, A., Ricci, M., 2004, "*Ripensare il progetto urbano*", Meltemi, Rome.
Corner, J., (2003), "*Landscape Urbanism*", in Mostafavi, M. and Najle, C., eds., "*Landscape Urbanism. A Manual for the Machinic Landscape*", AA publications, London.
Mertins D., (2003), "*landscapeurbanismhappensintime*", in Mostafavi, M. and Najle, C., op. cit.
Purini F., (2008), "*La misura italiana dell'architettura*", Laterza, Rome-Bari.
Sampieri A., (2008), "*Nel paesaggio. Il progetto per la città negli ultimi venti anni*", Donzelli, Rome.

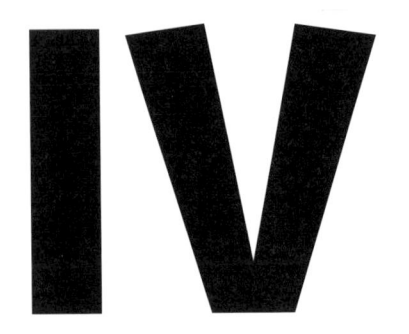

IV
Infrastructures and New Centralities

Pepe Barbieri
Matteo Di Venosa*

English

The Design of Infrastructures as the Design of the Territory

The *design of infrastructures* assumes the value of the *design of the territory* when it manages to trigger the widespread requalification of the contexts involved, orienting the multiple actions of transformation made by different territorial actors (public and private) towards a *shared and sustainable idea of the future*. Thus, not only the design of infrastructures distinguished for their technical efficiency and formal values, but also as an opportunity for generating added territorial value, activating complementary policies that qualify the contexts involved, increasing their levels of competitivity and the quality of dwelling. Assuming the centrality of these themes means attempting to invert the disciplinary and operative self-referentiality that connotes many infrastructural projects, affirming, on the contrary, the necessity of exploring, through an intersectoral and trans-scalar approach to design, the multiple relational meanings of infrastructural networks. In particular, this means assuming a twofold and interrelated design strategy. On the one hand, investigating the potentials of networks of mobility to *reconfigure the patterns of associated spaces associated*; on the other, *triggering devices of contextual valorisation within the territories crossed by networks* (new urban and metropolitan centralities, facilities, services, logistics platforms), which act as levers within infrastructural networks on matrices of development and territorial qualification. Within this twofold perspective of research we find a number of the most interesting design experiments recently conducted in Italy in the field of the territorial design of infrastructural networks. The proposals for the new *Pedemontana lombarda* (figs.1 & 2) and the *Passante di Mestre* (figs. 3 & 4) are configured, in fact, as strategic designs that interpret the theme of *environmental compensations as projects for the valorisation of open spaces* (residual and agricultural), located at the margins of road beds. The requalification of these spaces thus becomes an opportunity for creating new landscapes and for increasing the inhabitability of extensive and densely populated conurbations (the sprawling urbanizations of Lombardy and central Veneto).

Comprehensive Visions

Infrastructural projects, intended as projects for the territory, find their most effective representation and communication in *comprehensive images and frameworks of coherence*, within which to attempt to construct the social, political and territorial feasibility of design decisions. The *guideline visions* allow us to focus on the spatial figure associated with hoped for transformations, simultaneously identifying those cardinal actions to be pursued in order to safeguard and develop a geographical area. The rhetorical strength and the strategic nature of the *guideline visions* connote numerous experiences of infrastructural design, both in Italy and abroad. In the most advanced examples, the reorganization of networks of mobility promotes a more balanced use of the territory, offering incentives to low-emission collective transport (rail, maritime, river and bicycle); the integration of different modalities of transport; the qualification of infrastructural networks as *intelligent systems* within which to apply the most innovative information and digital communication technologies. The design strategies mentioned above have oriented the Guideline Vision associated with the *project for the variation to the Adriatica state road*, recently promoted by ANAS [Italian National Highway Authority] as part of a specific *Feasibility Study*. This research stands out as a result of a number of elements of interest. On the one hand, the design of the new Adriatic transport network, in the section between [the Regions of] Marche and Molise, is configured as a nucleus-key of a territorial project, with respect to which the coherence and strategic value of different specific choices promoted by numerous institutional subjects have been evaluated (fig. 5); on the other hand, the territorial project associated with the networks of mobility involves and organizes a city with a vast scale, which develops along the Adriatic coastal backbone for some 400 km and, thanks to the integrated design of infrastructures, attempts to increase its level of inhabitability, competitivity and internal cohesion (figs. 6 & 7). The Adriatic example, like Lombardy and Veneto, demonstrates that it is possible, through an advanced and integrated vision of networks of mobility, to organize

Translation | 215

extensive and articulated conurbations that exceed municipal administrative boundaries and aspire to becoming reticular and metropolitan hyper-cities. It must be pointed out that the holistic aspiration towards which comprehensive visions tend is not the result of a rationalist and omni-comprehensive pretext. On the contrary, the design of infrastructure/the territory takes form within a dynamic process of reflexive learning, in which different stakeholders recognize one another as belonging to a common and shared future. And it is within this perspective that we affirm the *cultural value* of the design of infrastructure and the territory.

Diffuse quality

What definitively connotes the design of infrastructures as a project for the territory, in an innovative manner, is the search for the *diffuse quality* of the sought after spatial transformations. A contextual quality that regards processes and relations; which exalts the relative value of consonances and harmonies between the parts, rather than the properties of exceptional and isolated works. The notion of diffuse quality tends to be associated with the identifying values of sites, as well as their topological and connective properties, underlining the importance of context as a design material. These themes qualify the experiences of research conducted in recent years in various Italian schools of architecture, as part of the *Progetti di Rilevante Interesse Nazionale* [Projects of Relevant National Interest]. The notion of *diffuse quality* is thus closely tied to that of *context*. This latter is intended as a physical space, as well as a shifting collection of normative, social and cultural aspects that condition design and its configurative outcomes. Ordering and weaving together (*cum-textere*), connecting and ensuring continuity represent the strategies that bring perspective to the design of infrastructures intended as a cultural and territorial project.

Four Strategies for Improving Urban Quality
An Architecture of Flows and Networks

One of the principal indicators of the quality of cities – at the new scale of the metropolis – is provided by the level of efficiency in guaranteeing widespread and diffuse *accessibility*. The diverse networks of mobility – road, underground, rail – must be carefully laid out and opportunely interconnected in hubs of interchange, strategically located throughout the urban territory. However, efficiency on its own is not enough. The different networks and relative hubs must also be designed as a vast and differentiated sequence of architectural projects, capable of expressing the multiple and articulated characteristics of diverse contexts. The design of infrastructures must work towards making the diverse parts of historical and new urban territories evident and recognizable, and ensuring their continuous use. This process of "intelligent differentiation" must modify standard processes of transformation and growth that, through the homogeneity of construction, erase important values of identity. The design of infrastructures must be associated with *the formation of new poles of urban and territorial centralities* and, at the same time, with the redefinition of *existing centralities* within a strategic vision of development capable of interpreting the significant values of the original morphology of the territory, through its relationship with the historical stratifications of urban construction. In these strategic nodes it is opportune to bring together multi-level and multi-sectorial projects, destined to confirm a transformation of the territory in which infrastructural networks and new poles of centralities become the matrices of contemporary patterns of settlement, coherent with more general objectives of sustainability, competitivity and cohesion.

Infrastructure and Public Space

In order that they fully perform their role in the design of contemporary territories, infrastructures must not only be considered as "services for mobility", but also as "public space". We must imagine – *once again* – the street as a succession of spatial events that can be used in a multi-form manner, both by those travelling the street itself, as well as by the inhabitants of the territories being crossed. This perspective brings together the latent demand for new forms of metropolitan social interaction – the relationship with the new centralities in the territory and the new values of traditional spaces of services associated with the street – as well as a more congruous valorisation of the street as fixed capital, given that it can be used *not in a mono-functional manner, but in a plurality of ways, innovating practices and uses*. The street as a system of public spaces must be designed in the pursuit of the *hybridization* of functions and figures. We must, in particular, forecast the *articulated and varied utilization of sections*, in relationship with the possibility of accompanying different speeds and possibilities of movement: including stoppage. We thus alter the mono-functionality of the street in favour of multiple users, for whom it is possible, case-by-case, to valorize relationships with the ground, its edges, the very width of the street: in other words, the possibility of considering infrastructure not only as a segment of a network or as a ribbon, but as a complex work of architecture. Thus formed of multiple parts and stratifications serving a greater richness of uses and meanings. (Viadotto Pescara Barbieri-Pavia)

Territories of Energy
The infrastructural system may represent the "incubator" for the positive transformation of the territory, including the possibility of bringing relevance to themes of innovation, not only with regards to the procedures, materials and techniques to be adopted at different levels and phases of plans and projects, and their realization; there is also the possibility of uniting specific strategies for the management of different network services, in particular regarding innovations related to *sustainable transport and the production of renewable energies*. In general, even in the urban environment, we are overcoming the concept of the centralized hub serving large territorial areas, prefiguring a scenario of distributed energy production, differentiated and consumed *in loco* (self-produced/consumed). This results in the formation of an *archipelago city*, organized using territorial spatial devices (clusters or platforms), conceived as islands of energy with varying sizes and configurations. The energy-oriented design of the territory may be also able to express diverse symbolic and configurative potentials, extracted from existing identities that, with all-new aesthetic values, call upon diverse natural and artificial components – new centralities, open areas and parking lots, interchanges – generating a new landscape of sustainability and energy. In the eco-city, vast infrastructural networks – above all through the utilization of the "road-edge" – may provide various devices (photovoltaic, mini-wind, etc.) useful to the production of renewable energy. (Città adriatica..Workshop Pescara)

Producing Figures
In the contemporary city we test plural, multi-directional and multi-layered space that requires the *production of figures – landmarks –* capable of transforming what tends to be undifferentiated perceptive chaos into a *structured whole*. A framework of diverse identity-providing components, placed in relationship to and in tension with one another. Large infrastructures and diverse "centralities" are amongst the *monuments* of this space. it is indispensable, in fact, to *also architecturally understand* the salient characteristics of infrastructural systems – their *figure* within the territory, the design of their patterns, the form of buildings and equipment – in order to identify the strategic nodes of *connection* with the form of sites and settlements, and to establish new relationships with the urban landscape. The exceptional nature of particular infrastructures, their form and, often, their "excessive size", may represent a problem, as well as an opportunity, with regards to the confrontation between their (often) cumbersome presence – their *unfamiliar* nature – and the more common form of inhabited spaces. This generates spaces with an uncertain destiny, which can be activated in the relationship with networks: multi-material and multi-meaning devices that coincide with new centralities: *complementary infrastructures, service centres, ancient symbolic sites and new urban monuments*. (Morandi Roma; Nouvel Km.rosso)

* This text is the result of the combined work of two authors: In particular, Pepe Barbieri is responsible for the paragraph entitled *Four Strategies for Improving Urban Quality*, while Matteo di Venosa has provided that entitled The Design of Infrastructures as the Design of the Territory.

V
Public Space: The Italian Tradition

Umberto Cao

English

The principal iconographic reference to the ideal city is found in the 15th perspectival painting (anonymous, from the school of Piero della Francesca) that summarizes the Italian tradition of urban spaces: from the Roman "forum" to the studies of Filarete, Leonardo Da Vinci and Giorgio Martini, to the spaces depicted by Mantegna and Crivelli. Beyond the classical, beyond symmetries, Architecture exists in a ponderal equilibrium that expresses an open space that can be defined as an "urban landscape".

Contemporary Public Space

In Italy, studies of architecture and the city immediately following the Second World War were founded on a substantial separation between the problem of safeguarding historical memory and the need to stimulate the country after the difficult years of fascism and war: on the one hand the buildings and monumental complexes to be conserved, on the other the development and transformation of the city in order to respond to the rapid growth of industrialization and consumerism (the so-called Italian "economic miracle" of the 1950s and 60s). A condition that recalls – with the opportune differences in scale and intensity – the extraordinary development of the economy in the People's Republic of China over the past twenty years, witness to the exponential growth of its indicators of wellbeing.

However, something changed in Italy at the end of the 1960s, taking form and assuming strength during the 1970s in the wake of the serious oil crisis that struck the West: the inheritance of antiquity, made of monuments and urban spaces, was no longer under the exclusive protection of architectural historians, but became the object of scrutiny of the designing architect. New urban studies were begun, rooted in considerations of the historical and consolidated city, in the characteristics of monuments, in the typology of ancient factories, in the permanence of patterns and logics of constructing the city, sedimented over the course of time. This opened up new frontiers for urban design that sought their reasons in the memories and patterns of history and, alongside the recovery of the existing, spread the concept of transformation that did not exclude adding the new to the old, in a close union of spaces, forms, typologies and materials. This season of urban studies and projects was exhausted during a period of twenty years – its end could be said to coincide with the apex of its affirmation, the 1985 Venice Biennial directed by Aldo Rossi – overrun in part by the excesses of Post Modernism, in part by new urban phenomena that invaded peripheries and landscapes with sprawl. What remains today of the Italian architectural culture of those years?

The concept of "polis", that of a city of democratic participation, has remained strong throughout the history of a country that, as divided as it was, was home over the centuries to strong traditions related to the role of public spaces; the plaza as a space of encounter and exchange, as well as of religious or political power; the plaza as the ritual space of collective life, as the "principal" space defined by quality architecture; but also a garden designed as a margin between city and countryside, using the geometries of architecture or the sculptures and fountains of great artists. Thus, even when the accelerations of globalization modified the meaning of public spaces throughout the West, transforming the "city of stone" into the "city of tin", even when the city of politics was confined within the virtual dimension of the network, the Italian tradition of architecture remained alive, with its profound sense of urban space determined by the vestiges of history: recovery and transformation were the keywords in many projects for public space created in deteriorated historical centres. Within this general framework, today, the Italian contribution to the design of public spaces as an opportunity to regenerate the consolidated city can be subdivided into four main themes: *interventions in the heart of the large and monumental city; interventions in smaller historic centres; interventions for requalifying urban peripheries; interventions in the landscape of infrastructures.*

Public Spaces for the Historical Metropolis

Intervening through the requalification of public space (streets, plazas, gardens) in the heart of large Western metropolises means rediscovering the memory of place, restoring the characteristics and identity cancelled by globalization and the market, moving vehicular traffic away, avoiding the obsession with commerce; it means identifying relations, paths, and lost or ignored patterns. Even when they are set alongside or around important monuments, public spaces must not be presented as urban voids for tourists seeking monuments and shops, but as a living part of a spatial system constructed by history over time; it must be a new urban configuration determined by a modern culture projected into the future, which presents itself in continuity or in dialogue with antiquity. We are not seeking a "Disneyland" city that closes when the lights are turned off in shops and restaurants; rather we are seeking a historical city that continues to be inhabited, where people live and work.

Public Spaces for Small Towns

In the many, small historical centres spread across Italy, along its coasts, hills and mountains, public space must be rediscovered in the tradition of the *"piazza di paese"* [town square], where people meet in the bar, talk or play cards; or within the already constructed fabric, re-designing spaces and surfaces, rediscovering the taste for local traditions and materials. In the small town, public space must be a driving force for re-introducing tourism and other local economies. The architect must work in the interstitial spaces between old homes, seeking to deposit new signs that are not diverse from ancient ones, though without imitating the past; we must propose new surfaces, furnishings and spatial figures that belong to the past and present – as well as the future – of small inhabited centres.

Public Spaces as Periphery

In the peripheries of large cities, public space must be completely reinvented: we must attack leftover void spaces, abandoned areas, decommissioned industrial warehouses, gardens or parks that have never been cared for, standardised spaces that are the result of incomplete lot divisions, illegal constructions and widespread deterioration. As compensation there is still a great deal of land with which to work. The progressive government of Rome, after years of abandonment and poor administration, in the 1990s began to implement a plan to requalify its peripheries, entirely founded on the design of new plazas-parks: the programme was known as *"Centopiazze"* [One Hundred Plazas] and, notwithstanding its late arrival with respect to discussions that were already examining new problems, it was able to regenerate quality by beginning precisely with public space.

Public Spaces in the Landscape of Infrastructures

The diffuse city, invaded by sprawl, has five characteristics: it is low density; it is not designed; its perimeter cannot be established; it changes rapidly over time; it is dominated by infrastructures. The countryside – it would be better to speak of natural terrain that has not yet been consumed – is its element of connection, though not yet public space. The only ordering element is the network system composed of streets, highways, railways, as well as networks of energy and waterways. This system finds its nodes in its centres. Within these centres we must search for and design the Public Spaces of the landscape of infrastructures: gardens that favour the aggregation of residents spread across the territory, small stations, service areas. Certainly the new spaces will depend upon the laws of the market, and thus be focused on the consumption of free time: not only outlets and shopping malls, but also small urban parks, Public Spaces in the enclaves of culture, for playing and festivals. These new collective spaces can be the receivers of new territorial energies, requalifying and uniting what is currently dispersed.

VI

Policies for Historical Centres in Italy

Manuela Ricci

English

1. From Conservation to Valorization

Italy offers a vast richness and diversity of historical heritage; a recently conducted statistical survey has demonstrated the existence of no less than 22,000 historical centres, of various origins, compared to 8,094 municipalities. *This means that the "historical centre" is not only the central nucleus of the municipality (the so-called administrative centre), but also includes numerous inhabited and rural nuclei (hamlets) spread across the territory.* In truth, Italy has no formalized and institutional definition of the historical centre: instead there are numerous local and specific definitions coined by regional and local entities when activating processes of planning, programming and financing. All too often, for the definition of the historical centre, we utilize the "Zone A" in municipal master plans, its perimeters defined according to criteria that date back to the 1968 national urban planning law.

This problem is not formal, but substantial, given that the "recognizability" of the historical centre assumes fundamental importance, both with respect to the *structure of the master plan*, as well as with respect to the *policies to be implemented* in historical territories. For this reason much has been said, and on many occasions, about the concept of the historical centre and related policies of conservation/valorization: beginning with the Charter of Gubbio from 1960, promoted by the *Associazione Nazionale per i Centri Storici*, during the European Landscape Convention in 2000 and in the new *Codice dei beni culturali* from 2004, and it successive modifications. At present, the definition of the perimeters of historical centres already identified under various titles (generally the Zone A of the master plan), must be remodelled in relationship to new Regional Landscape Plans, codified by the 2004 *Codice*. The *Codice* asks the municipalities to revise these borders in relation to the objectives defined in the Regional Plan, both with respect to processes for the valorization of the territory, as well as the conservation of outstanding landscapes. It is important to point out the tendency to reason based on a *"broadened" idea of the historical centre*: the historical centre is no longer only the central settlement, but also the filaments and nuclei that can be found in peripheral urban areas and diffuse territories of small towns. Meanwhile, the policies applied to historical centres have undergone an evolution (as listed in the documents mentioned in note 3) that range from *the pure and simple conservation of a monument, to the valorization/regeneration of the historical centre, intended as the fabric of settlement and production.*

In synthesis, within Italian experience it is possible to retrace four approaches that varyingly thematize the issue of the historical centre. In particular:

- the conservation and requalification of historical heritage (monumental and non), overcoming in any case the logic of the single monument, and moving on to that of the entire settlement;
- the integration of strategies for the requalification of settlements with those for the development of immaterial activities (commerce, small businesses, education, culture, services), based on the assumption that the regeneration of a historical settlement is also to be found in a sort of "social rebirth", founded on the promotion of new activities aimed at maintaining the population by offering adequate levels of inhabitability, together with a capacity to attract new residents and flows of tourism;
- the construction of suitable systems of local governance, in order to elaborate shared strategies of urban/local development;
- the extension of the theme to the territorial scale, based on the conviction that heritage to be conserved and promoted is not related only to a single nucleus, but to the entire territorial system, in all of its articulations – environmental, landscape, production, agricultural and rural – with the objective of organizing networks of institutional interdependence, both administrative and for the common management of services.

On the other hand, the significant variety of historical centres present throughout the Italian territory imposes the consequent diversification of strategies according to local contexts, in particular based on adequate considerations of history, geographic position (lowlands, hills, mountains), the region of reference (north, centre, south), and whether they belong to large, medium or small cities, or territorial nuclei. Through considerable simplification, we can distinguish between strategies for historical centres by referring to three typological categories: large cities and metropolitan areas; medium-sized cities; small cities and diffuse territories.

2. Large and Medium-sized Cities

In large cities, and metropolitan areas in particular, two main problems emerge in relation to strategies for the conservation/valorization of heritage:
- the first involves the 'true' historical centre, represented initially as the urban *"heart"*, with characteristics of concentrated settlement, and secondly by what have been defined above as the "filaments" of external peripheries;
- the second deals with *historical centres in municipalities in urban areas surrounding large cities*, which also belong to metropolitan areas, generally medium-small in size, and whose dynamics of development are subject to the attraction exercised by the larger centre.

2.1 The Urban Heart

It could be said that initially, *within large cities*, we often find ourselves confronting a variety of situations, such as:
- areas which are already wholly requalified, both in terms of construction and urban planning, often the site, above all in the past, of significant phenomena of *gentrification*, and the expulsion of residents with lower incomes;
- areas in which initial gentrification induced the over-utilization of existing spaces, with risks of congestion and a lack of sustainability, also caused by flows of access to activities present in the area (commercial, cultural, free time, dining), postulating recourse to adequate policies for the regulation of transport and uses;
- other areas in which we can observe significant levels of degradation of buildings inhabited by under-privileged classes of the population, often constituted of immigrants.

With respect to these diverse situations, independent of municipal master plans, which have sought to discipline admissible interventions in their own manner, we find no codified policies, primarily due to the non-existence of specific national legislation (with the exception of L. 457/1978, which instituted the "Recovery Plans", an instrument that is still applicable). After initial hopes, the Recovery Plan demonstrated itself to be of scare effectiveness, with limits imposed above all by economic feasibility and the possibility of reaching an agreement between the various owners of the structures involved. Today we tend to make progressively less frequent use of this tool in the historical centre. In reality, this Plan often ends up constituting only the final act of a process of programming and participation that, from the outset, seeks to resolve the critical issues mentioned here. It must be remembered that Italy has never promoted true policies for historical centres at the national level, nor in more general terms for the city. However, there have been numerous experiments. One of these occurred with the "Urban" Programmes and the *"Programmi di riqualificazione urbana"* [Programmes for Urban Requalification], which belong to the category of so-called "integrated programmes", used to construct an intersectoral project, aimed at involving the interests of administrations, local communities and private operators. Within this logic, the "Urban" Programmes are of particular importance. Co-financed by the European Union, they were also applied to historical centres in large cities (such as Bari, Lecce, Napoli, Palermo and Catania) and medium-sized cities (Trieste, Cosenza, Catanzaro, Syracuse). These programmes, perhaps for the first time, attempted to unite measures focused on physical requalification with immaterial measures of social assistance. A number of them were highly successful, such as that in Bari, witness to the requalification of an extensive part of the historical centre, consenting the local community and tourists to visit areas once off limits for reasons of public safety and access. Even the *"Programmi di riqualificazione urbana"* (PRU), launched in 1994 by the Ministry of Public Works, pursued the logic of integrated programmes, finding interesting applications in the historical centres of large cities (Turin, Genoa and Rome) and medium-sized cities (Alessandria, Comacchio, Livorno, The Island of Liri, Sora, Potenza, Caltanisetta and Syracuse).

The logic of the integrated programmes, founded on a strong public-private partnership, triggered heated competition in Italy between cities, which also obviously included their historical centres. Moreover, this objective was announced by the Central Government, which set aside specific financing for local Entities, distributed through "briefs for competitive public comparison", explicitly created to award the quality, importance/value and economic feasibility of the proposed projects.

Outside of this national structure, each city tends to act above all within a regional framework, even if it is often not very well defined. A number of interesting policies for the requalification of historical centres thus originate with large events (for example the Winter Olympic Games in Turin, or the Colombiadi in Genoa). Other interventions have involved the social requalification of central neighbourhoods, together with programmes of physical requalification (as in Turin), as well as the requalification of parts of the historical centre using successive instruments to the PRU, promoted at the national level, such as the *"Contratti di quartiere"* [Neighbourhood Contracts] (of particular interest is that implemented in Genoa).

2.2 Small and Medium-sized Historical Centres Surrounding Large Cities: The Example of Rome

In Italy, as elsewhere, an interesting phenomenon involves the support offered to large cities by small and medium-sized historical centres, almost always present as a crown around the principal city. An exemplary case is that of the historical centres of the *Castelli Romani*, located in a ring just outside of Rome. They are a rich collection of layered heritage concentrated in villages and spread across the countryside. These peri-urban municipalities became, in particular during the 1980s, one of the preferred residential destinations for Roman families unable to pay the elevated rent costs requested in the capital. The social fabric thus developed in new territories, rotating around minor centres, and creating new social compositions with strong co-penetrations with the resident population.

Towards the end of the 1980s historical centres began to be abandoned. Family nuclei with a discrete income, with the objective of improving their living conditions, preferred to move into new homes, located outside the centre, and generally belonging to typologies of widespread construction (row houses, semi-detached or detached homes, small apartment buildings), which guarantee improved comfort and above all better accessibility (parking and transport). As a consequence, historical constructions were left to deteriorate – buildings and public spaces – with a sharp downward drop in prices and rents, favouring the arrival of immigrant populations.

The distribution of the population, above all in cases of the much sought after *mixité*, generally highlights an "oil slick" structure. The native population lives in the best areas, often home to the town hall, library and services, generally located within historical buildings once owned by extinct patrician families or examples of consolidated public property. The presence of public offices is of fundamental importance, as it constitutes a fundamental garrison for the resident population, conserving the attractive quality of the centre, even for population living outside the area. We are thus witness to a singular phenomenon. Historical centres are largely abandoned and inhabited to varying degrees by underprivileged and immigrant populations. On the one hand, these centres are of interest to low-income families seeking an "autonomous" solution (without public support) to dwelling, and on the other property owners who, rather than investing in the modernization of their properties, prefer to earn the profits derived from the exploitation of this type of rent, without committing to operations oriented towards markets that provide uncertain return on investment. The result is the creation of a perverse loop of deterioration, which appears unstoppable though perfectly functional to economic dynamics. In fact, this process nurtures specific circuits of the metropolitan economy, providing dwelling space for labour unable to support the elevated costs of living in large cities. In the absence of explicit state and regional policies, the problem is generally confronted at the local level. municipal governments have begun to coordinate social policies (which absorb a great deal of municipal budgets) with those of physical requalification (buildings and public spaces, transport infrastructures, incentives to private subjects to recover historical heritage). However, these initiatives rarely meet with success. In fact, what is required are more incisive policies for properly confronting the key structural nodes: the real estate market, demand for housing and the quality requested by resident, semi-nomad and nomad communities. Of equal necessity are policies capable of *framing the problem within the metropolitan context* and defining specific spaces through strategies at the vast scale to be united with those at the local scale.

3. Small Towns

Small towns represent a very important reality in Italy, both numerically and in terms of territorial area, even if, evidently, the population is concentrated in large cities. There are 7,593 Italian municipalities with less than 20,000 inhabitants, containing 48.3% of the country's population. With regards to towns with historical centres (utilizing as a proxy the presence of at least 20 residential buildings constructed prior to 1919), we arrive at 7,131 towns (88%), with a population of 49.39% and an area of 76.91%. Between 2001 and 2009, the population grew by an average or 5.3%; towns with less than 5,000 inhabitants instead grew by 4.6%, with differentiated percentages in the North (7.51), Centre (4.44) and South (-1.80). *This means that in the smallest centres the population is growing, and may also find its specific residential references within historical centres, through operations of requalification and revitalization, minimizing the consumption of land for new constructions.*

The processes of transforming these small centres follow two opposing trends:

- "philological" recovery, which restores a village's original appearance – even in the presence of depopulation and the abandonment of activities – frequently associated with their utilization as vacation homes, inhabited only on weekends and during holidays, often by residents from nearby cities (as with numerous villages in Umbria and Tuscany);
- the abandonment of the centre. Deterioration spreads in light of the lack of interest or the impossibility for property owners and public administrations to invest in requalification. The result is a an evident decline in physical structures, which often hinder their inhabitability or alternatively consent only an offering of dwellings for the poorest quota of the population, above all immigrants (as discussed in the examination of the *Castelli Romani*); immigrant populations, other than inhabiting certain parts of historical centres, thus avoiding their abandonment, constitute an ulterior resource for the territory. In fact:

- they provide labour for agricultural businesses (in particular fruit and vegetables, wine and flowers), local construction companies (a characteristic of the region of Lazio), and manufacturing businesses (characteristic of Central-Northern Italy);
- they assist the elderly in continuing to live in their native homes, working as live-in help and personal assistants;
- they contribute to the permanence of native populations, offering services for small businesses, whose management has long been abandoned by locals;
- they recover, alongside the elderly, a number of trades that no longer interest younger generations.

Beginning with these observations, our attention focuses on promoting new models of integrated valorization in which small towns can assume two important roles:

- responding to the need for housing for underprivileged populations, (an alternative to new construction and the related use of land), including the utilization of innovative models of assisted housing;
- triggering processes of local development (in particular cultural activities, tourism, agriculture and services) that contrast abandonment and favour the return of autochthonous populations, offering support to large urban areas in terms of residential space and labour, improving the role of immigrant populations.

In general terms, we can speak of the emergence of two basic orientations for the valorization of minor historical centres, which comport:

- a consideration of the inter-municipal dimension and networks, which consent the creation of added territorial value;
- a structure that seeks out integration, not only territorial, but also intersectoral, composed of diverse material and immaterial components (see the UNESCO Convention for the safeguarding of immaterial cultural heritage), involved in the process of valorization (cultural heritage, small business, tou-

rism, agriculture, professional training, landscape). Within this perspective, even the Central Government is seeking to promote the aggregation of Municipalities, currently under the institutional form of the "Union", including the use of different incentives. There are still few Unions in Italy: only 338, uniting 1,638 Municipalities, 30% of which are located in North-Western Italy. Of the Municipalities belonging to a Union, 77% have less than 5,000 inhabitants; 50% of the Unions are composed of 3 to 5 Municipalities. In general these Unions promote:
- Projects tied to systems of regional programming and planning (strategic plans);
- Projects tied to interventions by extra-municipal entities (integrated projects);
- Projects tied to the valorization of food quality, and the immaterial resources of knowledge and memory possessed by local populations, and the promotion of widespread territorial tourism (diffuse hotels).

The Umbrian Example

In 2008, the Region of Umbria developed an innovative law known as the "*Norme per i centri storici*" [Regulations for Historical Centres], with the objective of promoting the requalification of historic settlements in significant conditions of physical and social deterioration (known as ARP- *Ambiti di rivitalizzazione prioritaria* [Priority Environments to be Revitalized]). The regulation aims at stimulating the interest of private property owners to intervene not through monetary incentives, but rather by offering bonuses in terms of buildable area inside historical centres. New realizations must respect a series of rules, in terms of location and quality, a defined by local administrations are responsible, in order to avoid damaging the image of historical centres. This instrument finds its structural reference in the "*Quadro strategico di valorizzazione*" (QSV) [Strategic Framework of Valorization], obligatory for Municipalities with more than 10,000 inhabitants; it focuses on defining the future development of municipal territories and the role that can be played by historical centres. The QSV can also be utilized as a connection between local and regional strategies for the construction of a cooperative network aimed at regeneration. To date 22 municipalities (24% of those in Umbria) have submitted a request for financing to prepare the QSV; a total of 14 were assigned the resources to prepare the QSV, while others were assigned the resources for a city manager, responsible for managing the new instrument.

It must be pointed out that the QSV may also constitute a backdrop against which to construct *a strategy for the creation of earthquake resistant urban structures*. With regards to this theme, Umbria has focused its attention in the law for the government of the territory and the recent guidelines emanated regarding micro-zoning within historical centres.

The PUC 3: Towards Inter-Municipal Valorization

The Regional Government recently promoted a new typology of integrated programmes, known as the PUC3 (*Programmi Urbani Complessi di terza generazione*) [Third Generation Complex Urban Programmes] to be applied to historical centres at an inter-municipal scale. The inter-municipal PUC3, in particular, is characterized by a unitary strategy with common objectives for all centres involved, focused on realizing or reinforcing "networks of relations" and "territorial or thematic systems".

In particular, the network or inter-municipal system is focused on: the integration of functions, between public, scholastic, social, cultural and recreational services; the regeneration of historical centres and urban centres; the valorization and development of economic activities at the territorial scale.

The planned integrated interventions of the PUC3 must allow for: improved living quality and the promotion of social housing projects; improved accessibility and mobility; the requalification of existing spaces and buildings, with suitable levels of safety and environmental sustainability; the reduced vulnerability of strategic buildings and infrastructures essential in the event of an earthquake; the maintenance, insertion and valorization of small, craft-based commercial and tourist-hospitality activities; the activation of interventions according to genre and category, tailored to particular citizens, such as the elderly, small children, the disabled, students and immigrants.

VI

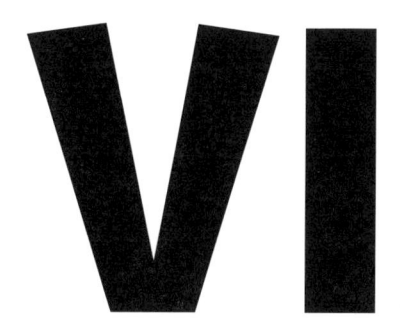

The Revitalization of Santo Stefano di Sessanio

**Coordinated by
Lelio Oriano Di Zio**

English

The project for the revitalization of the medieval village of Santo Stefano di Sessanio, in the province of L'Aquila, is a significant testimonial to the best practices tested in Italy for abandoned historical centres. What is more, because it was promoted and realized by a private subject, who developed the strategies of intervention together with public administrations at different levels of government. The site is a medieval village, in a state of semi-abandonment until only a few years ago, located in the mountains of L'Aquila, at 1,250 meters above sea level, inside a National Park (the *Gran Sasso and Monti della Laga*). Built during the period of encastellation (11th-14th century), its urban configuration is typical of inhabited hilltop landscapes from the central medieval period, characterized by a fortified perimeter of homes-walls. During the feudal period, Santo Stefano belonged to the political-territorial domain of the Barony di Carapelle, later coming under the control of other families, in particular the important Tuscan families (initially Piccolomini and later Medici). The ties with Florence and the rest of Europe were the result of the mercantile importance of primary material produced by sheep herding, indispensable to the working of wool, whose most important international centre of production and trade was Florence. Particular to this historical centre, like the many other villages inside the National Park, is its extraordinary fusion with its landscape and environmental context, and the urban-architectural homogeneity of its built fabric. The most important contents of the Project, in an advanced phase of realization, can be synthetically summarized as follows:

- The *identification* of the heritage of buildings, in a condition of fragmentary and often uncertain ownership, consolidated over the centuries through trade rather than written documents.
- *Direct surveying*, aimed not only at dimensioning, but above all an understanding of autochthonous materials, local building techniques, and the evolution of the urban fabric.
- A project of *renovation and use for tourism (diffuse hotel)*, based on the conviction of the priority, over any other needs, of the rigorous conservation of the complex spatial articulation of the interior spaces, their dimensional characteristics, ancient materials, functional elements (heating stoves, ovens, fireplaces) and any other element capable of maintaining the evocative capacity of a context that has so miraculously escaped the transformations of recent decades.
- Construction, carried out according to local craft, using building techniques capable of borrowing from ancient ones in order to valorize the structural importance of the historical buildings, avoiding both invasive and non-effective interventions.
- The use of evolved building systems, with minimum visual impact, capable of offering elevated levels of comfort without altering the appearance of the interior spaces.
- Attention to the concept of global quality and zero tolerance of detractors, pursued through the joint actions of the various protagonists, focused on the start-up of programmes of conservation and valorization of the urban and architectural beauty of the village and its surrounding territory.

The identification of the existing buildings ran up against the serious problem of the fragmentation of property ownership, one of the primary obstacles to heritage recovery interventions. The fragmentation of ownership is frequently the result of hereditary successions to often disinterested, or uninformed heirs, or to those who live at a great distance from these properties. This difficulty is further complicated by uncertainty regarding ownership, typical of the poor constructions of the central-southern Apennines where, due to economic necessity, exchanges or transfers of property were not generally accompanied by formal documentation. What is more, even when it is possible to identify property ownership, we are often presented not with the graphic identification typical of urban land registry maps, but rather rural parcels of land that often correspond with piles of rubble, assisted by those who have no knowledge of the property beyond their condition as an abstract direct heir. The phases of surveying, the recovery project and organization of the construction site were developed by considering the most advanced acquisitions in the disciplines of restoration that, in Italy, are particularly evolved, even beyond the typological-morphological analyses that has allowed for an understanding and appreciation throughout the world of our experience with heritage conservation. In Santo Stefano di Sessanio, the aspects of the construction site had a determinant importance on the quality of the interventions of recovery. In fact, it was necessary to guarantee a specific and continuous control of the works, conducted by trades that, in the best scenarios, were armed more with good intentions than elevated specialization; on the other hand, a logic of costing compatible with this heritage does not permit the use of specialized trades, what is more not functional to widespread interventions to restore heritage that is all together of minor importance with respect to the monumental constructions typical of more famous historical centres.

Moreover, we wished to avoid an invasive approach excessively oriented towards the modern that would cancel even the poorest evidence of ancient know-how, fragments of masonry, plaster, minute constructions (fireplaces, votive offerings, pantries, windows and doors), uniting this desire with the necessity of modernizing the structures by inserting opportune technological elements and structural reinforcements. In light of these two considerations, the building systems adopted are inspired by two fundamental conditions: the least possible intrusion with respect to the nature and appearance of the interior spaces; the ability to ensure adequate conditions of environmental comfort. The attention to these needs suggested, for example, the adoption of an under floor/wall radiant heating system, and a low voltage electrical system. Finally, it is worthwhile mentioning the significant attention paid to the values of context, which are equally important to the quality of the experience of using the historical centre. Of particular significance is the adoption of a "Charter of Values", shared with territorial governing bodies operating in Santo Stefano di Sessanio, an extract from which is presented below: The President of the Parco Nazionale del Gran Sasso e Monti della Laga,
The Mayor of the Town of Santo Stefano di Sessanio
The Sole Administrator of Sexantio s.r.l.
- *Expressly recognize the elevated value of the town of Santo Stefano di Sessanio and its territory, ...(omiss);*
- *Re-confirm the commitment to the safeguarding of these values...(omiss);*
- *Declare their intentions that town of Santo Stefano di Sessanio and its context continue to be...(omiss).*

Each party, in light of his responsibilities, commits to:
1. removing any detractors to architectural and environmental quality present in Santo Stefano di Sessanio and its surroundings;
2. impeding any action that may prejudice and/or alter the authenticity and quality of individual structures, the urban fabric as a whole and the natural context;
3. requalify the spaces surrounding constructions, recognizing in the integration between anthropic space and the natural context a particularity of elevated value for the Parco Nazionale del Gran Sasso e Monti della Laga and the town of Santo Stefano di Sessanio;
4. safeguard the environment of Santo Stefano di Sessanio, the historical centre, the built fabric and surrounding natural environment, against any form of pollution or alteration caused by human actions or presence, whether resident or visitor;
5. protect and promote the awareness of the exceptional rural landscape in the area surrounding the settlement of Santo Stefano di Sessanio;
6. conserve and promote the characteristic forms of rural settlement spread throughout the territory, such as the "condole" and sub-urban grottoes used to store and conserve food products;
7. promote the awareness of Santo Stefano di Sessanio as representative of the environmental, anthropological and historical-cultural values of the Parco Nazionale del Gran Sasso e Monti della Laga;
8. implement and/or support initiatives focused on the development of tourism sensitive to the qualities and authenticity of Santo Stefano di Sessanio and the Parco Nazionale e Monti della Laga;
9. promote and support any action that respects the principles expressed in the "Charter of Values";
10. impede any action contrary to the principles expressed in the "Charter of Values";
11. inspire, on the part of the Town of Santo Stefano di Sessanio, its general and implementational urban planning instruments on the values expressed in the "Charter of Values".

VII
The Rehabilitation of Abandoned Areas

Giancarlo Carnevale
Esther Giani

English

The theme of recovering abandoned areas has many declensions; leaving aside the most thoroughly studied, related to the rehabilitation of abandoned industrial areas (a vast, multi-year design investigation was made by the authors and for any eventual further study reference should be made to the bibliography under note), it is our intention here to discus the recovery of marginalized urban areas.

The theme has at least two primary interpretations, what is more necessarily overlapping: on the one hand the socio-urban, intended as the functional rehabilitation and restoration of deteriorated contexts; on the other, the re-evaluation of obsolete and abandoned structures, capable of offering elevated performance and being morphologically re-adapted.

The first of the these two conditions refers to all those situations, primarily though not exclusively located in peripheral contexts, demonstrating a progressive deterioration of buildings, which slowly lose their value (the phenomenon is known as *filtering down*), in the wake of the succession of progressively less qualified social fruition. Maintenance, ignored over time, and gradually declining conditions of use, in relationship to minimum functional standards, lead not only single units, but also entire buildings and, consequently, an increasing number of urban areas, into a state of material deterioration, the impoverishment of common services and a general condition of marginalization.

Intervening in these contexts, apparently destined to irreversible impoverishment, requires different types of instruments: above all a detailed analysis that frames the phenomenon within its micro-history, describing the origins of processes of deterioration; this must be followed by a morphological and typological analysis that classifies levels of obsolescence at various scales, from urban infrastructures (parks, public spaces, transport, services, facilities) to individual buildings.

The strategic policies adopted to date have generally been those of the specific rehabilitation of the most evident critical elements, via interventions of functional and urban restoration, temporarily relocating residents to new neighbourhoods in nearby areas, re-assigning the renovated units in a short period of time. Exemplary of this approach is the city of Bologna and the experience to recover the historical centre carried out between 1963-66 by Benevolo and Cervellati.

With regards to the re-evaluation of abandoned urban areas, we must point out the numerous recent experiences that have confirmed it to be a highly effective strategy of intervention; in particular, we refer to industrial structures such as overpasses, abandoned urban railway lines, stations, covered markets, or interstitial spaces and interchanges in conditions of abandonment.

The most convincing interventions have worked towards the renewal of these spaces, restoring their social and collective role, assigning them with a new function capable of attracting public interest, guaranteeing an initial social control and, successively, leading towards its identification with/by the local community. The attribution of an identifying role comports the recognition of its value, followed by its protection and a sense of belonging. The array of functional re-definitions is relatively vast, ranging from environmental recovery that converts spaces originally destined for services into a public park (for example, abandoned metropolitan rail lines), to the conversion of large abandoned spaces into exhibition halls, such as rail stations or markets.

Another strategy worthy of mention is that tied to exceptional interventions, such as the organization of an expo or sporting event: in these cases, the driving force is precisely the exceptional nature of the occasion, the temporary availability of significant resources, and the definition of interventions in a particularly rapid and efficient manner. There are many brilliant examples of "salvaging" urban areas that have fallen into social and environmental abandonment, for example Rome (the EUR), Milan (Fiera Milano Rho), Naples (Bagnoli) and Turin (the Olympic park). There is also no shortage of unsuccessful examples, caused by errors in scale, poor realization, or the abandonment of maintenance programmes (for example Bari, or numerous exhibition structures in a host of contexts).

Of particular interest is the theme of intervening in deteriorating urban fabrics, whose buildings demonstrate evident, though not profound aspects of deterioration. In other words, while the envelope and, in many cases, the building systems may be compromised, building structures and urban infrastructures are still intact; we are thus dealing – and this is the most frequent and "invalidating" phenomenon for entire neighbourhoods – with a loss of overall quality, evident in formal aspects, which comports serious, though not irreversible economic and social consequences. Much research is being made at an interdisciplinary level into strategies of intervention in these contexts. This requires analyses that overlap design aspects related to the redesign of external envelopes and the examination of functional reorganization, structural restrictions, technological aspects, as well as economical and environmental issues.

The methods, however, are clear: interventions composed of "light" demolitions to remove internal divisions and only in a few cases also external doors and windows; the verification of structural integrity; new electrical, plumbing and mechanical systems that meet current standards; the rationalization of internal layouts; this is followed by work on the façades, based on orientation and using applied elements (verandas or loggias) in lightweight materials, creating spaces that can capture energy and improve the performance of dwelling units; the cladding of exterior walls with a second skin to improve insulating qualities; the use of rooftops for photovoltaic systems. At the level of design current studies tend to define standardized and serial solutions; in technological terms they tend to identify methods of intervention that consent short construction times and reduced maintenance; an evaluation of costs (the factor of time is essential to reducing costs) and a verification of energy consumption complete the panorama of current experiments. The definition of a protocol of intervention that identifies diverse examples and options is an objective that, to a vast degree, has already been achieved, tending also to define economies of scale. A separate discussion must be made of the formal quality of interventions: the overlapping of different languages and technologies may result in a positive outcome, improving and elevating the appearance of original structures or, on the contrary, it may have catastrophic effects. We can draw on a vast number of examples of the latter, often the result of uncoordinated, individual and often spontaneous interventions. In Italy, the vigilance of the Superintendents, while in some cases pervasive and oppressing, has managed to limit damages in urban contexts of greater historical value. Instead, the greatest complaints about the most evident mediocrity of interventions to modify the existing are to be found in small towns, realized without attention or, worse yet, as self-constructions or illegal constructions, leaving us in the hands of the confused fantasy of individual property owners.

The observation of this vast and – unfortunately – diffuse phenomenology has only recently assumed scientific attention, which only recently (perhaps in harmony with the worsening and spreading of this phenomenon) has begun to provide important contributions.

Firstly it must be said that the analysis of pathological manifestations is of great utility to the prevention of the disastrous results discussed above, the identification of the causes of the spontaneous spreading of such a serous deviance and, above all, to avoiding approaches that may lead to such aberrant results. That which we can strongly confirm is that the urban quality of smaller towns appears severely compromised, above all by partial interventions or small additions and apparently modest transformations, almost possible to confuse with regular maintenance.

The substitution of a wood window with one in anodized aluminium, the enclosure of a loggia, a projection in reinforced concrete, a synthetic plaster used to cover a stone wall, the substitution of cobblestone paving, excessive public illumination, an incorrect road surface job. These are all modest interventions that, stratified in chaos and anarchic freedom, denature the original characteristics of an urban site, even while not profoundly affecting its original typological and morphological structure.

In conclusion, we can insist on the scientific aspect that must be assumed when we decide to intervene to valorize any urban context, held to be the primary guarantee of quality; there is no doubt that design (and thus the designer) has a significant responsibility when rehabilitating an abandoned context, though we believe it is necessary to debunk the myth of the originality or genius of a design intervention. We are dealing – as always – with a rational activity. Design, particularly when implemented in a condition rich with restrictions and limits, requires an articulated intellectual process, rich with interferences and exchanges with other disciplines and, given the need for comparison and dialogue, it must be an activity of ideas that can be transmitted.

When intervening in abandoned contexts, analysis is part of design and the choice of phenomena to observe and the search for their causes, anticipate and prepare the design approach.

We conclude by underlining that the achievement of positive design results requires, in our opinion, two fundamental qualities amongst the group of professionals responsible for the design: patience and culture. The patience to carry out reflections and investigations, with the opportune prudence and capacity for dialogue; the culture necessary to confront the vast inheritances of the past, using knowledge that, from different angles, affects any project by drawing attention to it.

XX
Guangdong Urban Quality Program

English

Institutional Framework

The project is part of the actions of the Italy-Guangdong Committee for Territorial Partnerships created in the wake of the agreements stipulated between the Italian Ministry of Foreign Affairs (MAE) and the Government of the Province of Guangdong in the People's Republic of China.

In light of the agreement signed on 10 December 2008 in Guangzhou (Canton), all of Italy's Faculties of Architecture were joined together based on territorial criteria, in close relationship with their relative Regional Governments and business organizations representing our system's economic and operative interests. These groups completed an initial survey of themes related to the organization and quality of the settlements indicated by the Chinese partners during the first site visit to Guangdong. Discussions were made of the work realized in both the construction of relationships with the Italian territory as well as the preparation of individual interventions. During the most recent visit to Guangdong by the Representatives of the *Conferenza dei Presidi delle Facoltà di Architettura* (CPA) [Council of Deans of the Italian Faculties of Architecture], numerous meetings were held with representatives of the Province of Guangdong and the Municipalities involved in the project, to define the contents and schedules of the collaboration projects.

For the city of Guangzhou, considerations were made of projects for the historical areas of Shamien and the 13 Hongs, the urban villages of Huangpu, Guangfu and Changha Yuan, and the preparation of a computer model of the city, which can be used for the design of interventions. The group of Architectural Faculties from Reggio Calabria, Naples-Aversa, Matera, Palermo and Syracuse defined the first working hypotheses, based on the documentation provided by the "Centre for Planning and Urban Research" in Guangzhou. The meeting concluded with the signing of a MoU memorandum that defines the objectives and phases of the collaboration (see attached). The city of Foshan hosted meetings with the directors of the "Foshan Urban Planning Bureau" to discus methodologies of urban regeneration. Based on the MoU signed with the CPA (attached), the Municipality commits to identifying, in a short period of time, the areas for the specific application of the proposed methodologies. What is more, the Municipality will invite the group of three Faculties of Architecture from Rome and the Faculty of Architecture in Bari, to participate in the competition for interventions related to the new western station in Foshan and the new station in Guangzhou.

The city of Zhongshan further defined the contents of the projects requested as part of the collaboration with the CPA (central area of Sunwen Xi Lu, Xishanshi, Sunwenzhong, Congshanfang and the village of Shachong), which the Faculties of Architecture of Pescara, Ascoli Piceno-Camerino, Ferrara, Venice (IUAV) and Trieste have already begun developing. A MoU indicating the contents of the phases of work was agreed upon with the Municipality of Zhongshan's Planning and Design Institute (see attached). With regards to the areas of Zhaoqing and Huizhou, assurance was given of the continuity of the collaboration already begun with the two groups composed, respectively, of the Faculties of Architecture at the Politecnico di Torino, Genoa, Cagliari, Alghero and Florence, and the Faculty of Civil Architecture at the Politecnico di Milano and of Architecture in Parma and Bologna-Cesena.

Finally, the "Direction of Constructions" of the Province of Guangdong, was used to discus the contents and date of the *forum* listed in the MoU date 10 December 2008. With regards to the above, in order to consider the reorganization or responsibilities currently taking place within the local governments of Guangdong, and the intention to present and discus, during the *forum*, the first results of the collaboration of the CPA, it was agreed to hold a *forum* in 2010. The *forum* will be preceded by working meetings in Guangdong and Italy. A specific *addendum* to the aforementioned MoU was agreed upon with the Chinese (attached). The result of the mission confirmed the advancement of the works begun by the Council of Deans of the Italian Faculties of Architecture with the Municipalities selected by the Provincial Government of Guangdong for the experimentation with the "Programme for Urban Quality in the Province of Guangdong". The total satisfaction of the local Parties was made clear by all interlocutors and testifies to the progressive broadening of the fields of collaboration. In particular, a number of projects added to the first group, such as the historical settlements of Shamien and the 13 Hongs in Canton, depend upon the progressive interest raised by Italian skills and their explicit recognition by the Municipal and Provincial Governments. The result of the initiatives currently underway should facilitate the identification of interventions of possible Italian interest, also of a technical and economic nature, in the field of sustainability and the regeneration of urban structures. Naturally, the continuation of the works through the selected projects will be possible only as part of the Partnership Programme with the Province of Guangdong, included amongst the actions supported by the multi-regional programme entrusted by the CIPE to the MAE, to support relations between regional territories and China. They are to be implemented in the near future, as communicated by the Secretary General of the MAE, Ambassador Giampiero Massolo, on 1 September 2009 (attached).

Organization of the Platforms
The "Programme for Urban Quality in the Province of Guangdong" involves (through the Council of Deans) the entire system of Italian Faculties of Architecture, organized in five "platforms" to respond to the expectations of the Province of Guangdong, which has asked them to work with five specific cities. The five platforms, and the relative Chinese cities in which to apply the design proposals are:
- Mediterranean Platform (Reggio Calabria, Palermo, Naples, Aversa, Syracuse, Matera) *Guangzhou*
- Rome-Bari Platform (Rome, Bari) *Foshan*
- Adriatic Platform (Pescara, Ascoli Piceno, Ferrara, Venice, Trieste) *Zhongshan*
- Po' Valley Platform (Milan, Parma, Cesena) *Huizhou*
- Tyrrhenian Platform (Turin, Genoa, Florence, Cagliari, Alghero) *Zhaoqing*
As the methodological structure was unitarily agreed upon, the phases of work are analogous in each platform (with the exception of the specific details of the respective activities) and the groups may assume the same dimensions (independent of the number of Faculties belonging to each platform), and thus the determination of costs was made for one platform and multiplied by five.

Description of the Requirements of the Intervention
Within the more general structure of the collaboration agreement, the specific "Programme for Urban Quality in the Province of Guangdong" involves the satisfaction of the demand for *know-how* that the Chinese partners request from the system of Italian Faculties of Architecture, related to the theme of quality reconversion of programmes of urban development in the major cities of the Pearl River Delta (PRD Region). Local expectations regarding the contents of the project are related to architectural recovery, urban redevelopment and, more in general, socio-economic revitalization. We are thus dealing with confronting the issue of "recovery" not only in physical-formal terms, but also and above all socio-economically, with a strong focus on implementation procedures and the realization of the design proposals. In fact, within the general framework of local urban planning, essentially founded on structural planning and the successive "delegation" of construction to developers, it is difficult to insert an operative practice applicable to the contextual situations that characterize the sites in question. In this sense, the Italian experience may be of assistance, under the condition that we confront the theme based on approach focused on the operative conclusion of the research programme, with a significant level of attention towards the feasibility of the design proposals.

Project Objectives
The general objective that we intend to pursue with the project (medium-term strategic objective) consists of reinforcing economic, commercial, financial and industrial relations with China, both in relation to the planning of interventions as well as their coordination and realization. We intend to favour a new approach as the *"Sistema Italia"* [Italian System] in relations between regional territories in Italy and China, with priorities given to territorial partnerships and specific projects that involve those regions held to be the primary beneficiaries

of the FAS, and which present unexpressed potentials in economic ties with this country, privileging, in the first module, the actions of the system (in this context each regional government has offered its availability to work on the project together with the universities). The project thus intends to promote the conditions for the involvement of the regional system of production in the creation of new opportunities for economic, commercial, technical, cultural and tourist relations and exchanges between the two regional territories. In coherence with the aforementioned medium-term strategic general objective, the project intends to pursue in the following short-term specific objectives:
- the definition and presentation of a proposal for intervention (method and relative action protocols), capable of presenting in a complete manner to the Chinese partners Italian know-how related to the specific requested theme;
- the joint identification of specific programmes, supported by suitable financial coverage provided by the Chinese, within which to unite the system of national excellence expressed by the productive system and that of research and education;
- the start-up of technical actions aimed at the preparation of guideline and/or prefeasibility study projects based upon which to request the involvement of the most advanced and most dynamic sectors of manufacturing in Italy.

These specific medium-term objectives are coherent and relevant to the strategic general objective for the creation of new market opportunities for the system of Italian businesses working in this sector.

Expected Results and Effects for Italian Territories

The results expected from the project are connected to the possibility of penetrating the Chinese market, both in terms of the exportation of Italian know-how in the field of urban analysis, urban planning and the design of interventions for the recovery and requalification of the city (the system of Universities), as well as in terms of the successive exportation of goods and services related to interventions of urban requalification (the system of businesses). The expected results are thus, *in primis*, the possibility of capturing the trust of the Chinese partners and obtaining more specific commissions in the field of intervention design, and accessing funds provided by local institutions for this purpose (Province of Guangdong and the Prefectures of Guangzhou, Foshan, Zhongshan, Huizhou and Zhaoquing).

Another expected result, which would generate useful effects for the Italian territory, consists of the possible exportation of goods and services related to interventions for the recovery and requalification of the city.

These are possible commissions for Italian companies working in the field of architectural recovery, urban requalification, the organization of the complex services behind any programme of urban requalification.

It is evident that the results of the project may open up numerous opportunities in favour of vast economic sectors, which range from contractors specialized in construction and building systems, to suppliers of technologies, companies specializing in environmental services, transport, engineering, and the aforementioned system of university and post-university education.

Gli autori
Authors

Arch. Piergiorgio Ramundo
Consulente progetti di internazionalizzazione, ministero Affari Esteri

Prof. Alberto Clementi
Urbanista, Preside della Facoltà di Architettura dell'Università G. D'Annunzio di Chieti - Pescara

Prof. Giuseppe Barbieri
Architetto, direttore del DART Dipartimento Ambiente Reti Territorio, Università G. D'Annunzio di Chieti - Pescara

Arch. Matteo Di Venosa
Ricercatore in Urbanistica presso l'Università G. D'Annunzio di Chieti - Pescara

Prof. Umberto Cao
Architetto, Preside della Facoltà di Architettura della Università di Camerino, sede di Ascoli Piceno

Prof. Manuela Ricci
Urbanista, direttore del Master universitario in "Valorizzazione e gestione dei centri storici minori", Facoltà di Architettura *Ludovico Quaroni*, Università degli Studi di Roma La Sapienza

Prof. Giancarlo Carnevale
Architetto, Preside della Facoltà di Architettura dell'Università IUAV di Venezia

Arch. Esther Giani
Dottore di ricerca in Composizione architettonica, docente presso lo IUAV di Venezia

Prof. Roberto Mascarucci
Urbanista, Presidente del Corso di Laurea in Urbanistica sostenibile, Università G. D'Annunzio di Chieti - Pescara

Arch. Luisa Volpi,
Dottore di ricerca in Urbanistica, Facoltà di Architettura dell'Università G. D'Annunzio di Chieti – Pescara

Arch. Mariarosaria Rosa
Dottoranda di ricerca in Architettura e Urbanistica, Università G. D'Annunzio di Chieti – Pescara

Arch. Ester Zazzero
Dottore di ricerca in Urbanistica, Facoltà di Architettura dell'Università G. D'Annunzio di Chieti - Pescara

Arch. Claudia Di Girolamo
Dottoranda di ricerca in Architettura e Urbanistica, dottorato Europeo Quod Quality of Design, Facoltà di Architettura dell'Università G. D'Annunzio di Chieti - Pescara

Arch. Susanna Ferrini
Ricercatore in Composizione architettonica e urbana presso la Facoltà di Architettura dell'Università G. D'Annunzio di Chieti - Pescara

Arch. Luigi Coccia
Ricercatore in Composizione architettonica e urbana presso la Facoltà di Architettura della Università di Camerino, sede di Ascoli Piceno

Arch. Marco D'Annuntiis
Ricercatore in Composizione architettonica e urbana presso la Facoltà di Architettura della Università di Camerino, sede di Ascoli Piceno

Prof. Maria Federica Ottone
Ricercatore in Tecnologie dell'architettura presso la Facoltà di Architettura della Università di Camerino, sede di Ascoli Piceno

Prof. Massimo Sargolini
Urbanista, docente presso la Facoltà di Architettura della Università di Camerino, sede di Ascoli Piceno

Prof. Lucio Zazzara
Urbanista, docente presso la Facoltà di Architettura dell'Università G. D'Annunzio di Chieti - Pescara

Prof. Livio Sacchi
Architetto, docente presso la Facoltà di Architettura dell'Università G. D'Annunzio di Chieti - Pescara

Arch. Antonello Stella
Ricercatore in Composizione architettonica e urbana presso la Facoltà di Architettura dell'Università di Ferrara

Arch. Andrea Pasquato
Facoltà di Architettura dell'Università di Ferrara

Arch. Marco Zuppiroli
Dottorando di ricerca in Restauro, docente presso la Facoltà di Architettura dell'Università di Ferrara

Arch. Giovanna Fanello
Facoltà di Architettura IUAV di Venezia

Prof. Francesco Guerra
Docente presso la Facoltà di Architettura IUAV di Venezia

Edito da/Published by
LISt Lab Laboratorio Internazionale Editoriale
SPAGNA
Calle Ferlandina,53
08001-E, Barcelona
ITALIA
Piazza Lodron, 9
38100-IT, Trento
info@listlab.eu
www.listlab.eu
www.momboo.net

PROGRAMMA PER LA QUALITA' URBANA NEL GUANGDONG/ GUANGDONG URBAN QUALITY PROGRAMME

Accordo tra/ Agreement between

Conferenza dei Presidi delle Facoltà italiane di Architettura /Conference of Deans of the Italian Faculty of Architecture

Associazione per la Pianificazione Urbana del Guangdong/ Association for Urban Planning of Guangdong

Progetto Zhongshan/ Zhongshan Project

A cura di/Edited by
Alberto Clementi, Roberto Mascarucci

Cura redazionale/Publishing curator
Claudia Di Girolamo

Traduzioni/Translations
Paul David Blackmore

Disegno Grafico/Graphic Design
Niccoló Albani
Massimiliano Scaglione

Stampa/Print
Rubbettino

ISBN 978-88-95623-22-1

Stampato e rilegato in Unione Europea/Printed and bounded in the European Union
Settembre 2010

tutti i diritti riservati
© dell'edizione, LISt Lab
© dei testi, gli autori
© delle immagini, gli autori;
eccetto tutte le immagine della Cina
© Roberto Mascarucci

List è un Laboratorio editoriale, con sede a Barcellona, che lavora intorno ai temi della contemporaneità. List ricerca, propone, elabora, promuove, produce, mette in rete e non solo pubblica.

Board Scientifico delle edizioni List
Eve Blau (Harvard GSD), Maurizio Carta (Università di Palermo), Alberto Clementi (Università di Chieti), Alberto Cecchetto (Università di Venezia), Stefano De Martino (Università di Innsbruck), Corrado Diamantini (Università di Trento), Antonio De Rossi (Università di Torino), Franco Farinelli (Università di Bologna), Carlo Gasparrini (Università di Napoli), Manuel Gausa (Università di Barcellona/Genova), Giovanni Maciocco (Università di Sassari/Alghero), Josè Luis Esteban Penelas (Università di Madrid), Rosario Pavia (Università di Chieti), Mosè Ricci (Università di Genova), Roger Riewe (Università di Graz), Pino Scaglione (Università di Trento)

In copertina/Cover: Hong Kong (2005), fotografia di/ picture by Nunzio Battaglia

Promozione e Distribuzione Internazionale/ Promotion and international distribution

ACTAR D
Roca i Batlle, 2
08023-E Barcelona
T: +34 934174993
F: +34 934186707
office@actar-d.com
www.actar-d.com

ACTAR D USA
158 Lafayette Street 5th Fl.
New York, NY 10013 (USA)
officeusa@actar-d.com
www.actar-d.com